U0133515

墨人著

本全集保留作者手批手稿

墨人博士作品全集【全60冊】

第四十六冊 斷腸人

文史哲出版社印行

國家圖書館出版品預行編目資料

墨人博士作品全集 / 墨人著 -- 初版 -- 臺北
市:文史哲, 民 100.12
頁： 公分
ISBN 978-957-549-987-7 (全套 60 冊：平裝)

1.現代文學 2. 中國文學 3.別集

848.6 100022602

墨人博士作品全集【全60冊】

第四十六冊 斷腸人

著　者：墨　人
出版者：文史哲出版社
http://www.lapen.com.tw
登記證字號：行政院新聞局版臺業字五三三七號
發行人：彭正雄
發行所：文史哲出版社
印刷者：文史哲出版社
臺北市羅斯福路一段七十二巷四號
郵政劃撥帳號：一六一八〇一七五
電話886-2-23511028 · 傳真886-2-23965656
【全60冊】定價新臺幣 36,800 元
中華民國一百年（2011）十二月初版

著財權所有・侵權者必究
ISBN 978-957-549-987-7 08992

墨人博士著作品全集 總目

一、散文類

紅塵心語	全集一
文學醫學命學與人生（山中人語）	全集二
大陸文學之旅	全集三
中國的月亮	全集四
年年作客伴寒窗	全集五
心在山林	全集六
小園昨夜又東風	全集七
三更燈火五更雞	全集八
環繞地球心影	全集九
人的生死榮辱	全集一〇

二、長篇小說

紅塵	全集一一—一八
白雪青山	全集一九—二〇
靈姑	全集二一
同是天涯淪落人　原名鳳凰谷	全集二二
娑婆世界	全集二三—二四
紫燕	全集二五
浴火鳳凰　原名火樹銀花	全集二六—二七
滾滾長江	全集二八
大風大浪	全集二九
春梅小史	全集三〇
富國島	全集三一

魔障　全集三二
黑森林　全集三三
碎心記　全集三四
龍鳳傳　全集三五
閃爍的星辰　全集三六
張本紅樓夢　全集三七－四〇
洛陽花似錦　全集四一

三、中短篇小說散文合集

青雲路　全集四二
亂世佳人　全集四三
第二春　全集四四
塞外　全集四五
斷腸人　全集四六
沙漠王子　全集四七
水仙花　全集四八
扶桑花　全集四九
墨人自選集（短篇小說、詩選）　全集四一

四、詩詞及論評

全唐詩尋幽探微　全集五二
全唐宋詞尋幽探微　全集五三
全宋詩尋幽探微　全集五四
墨人詩詞詩話　全集五五
墨人半世紀詩選　全集五六
紅樓夢的寫作技巧　全集五七
墨人新詩集㈠自由的火焰國　全集五八
墨人新詩集㈡山之禮讚、哀祖國　全集五九
詩人革命家（胡漢民傳）　全集六十

附：外篇

㈠隔海答問・十三家論文
㈡論墨人及其作品

墨人的一部文學千秋史

張萬熙先生，筆名墨人，江西九江人，民國九年生。爲一位享譽國內外名小說家、詩人、學者。歷任軍、公、教職。六十五歲始自從國民大會簡任一級加年功俸的資料組長兼圖書館長公職崗位退休，但已是中國文壇上一位閃亮的巨星。出版有：《全唐詩尋幽探微》、《紅樓夢的寫作技巧》、二百九十多萬字的大長篇小說《紅塵》、《白雪青山》、《春梅小史》；詩集：《哀祖國》；散文集：《小園昨夜又東風》……。民國五十年、五十一年連續以短篇小說，兩次入選維也納納富出版公司出版的《世界最佳小說選集》。七十歲時自東吳大學中文系教席二度退休，仍著述不輟，爲國寶級文學家。墨人博士在臺勤於創作六十多年（在大陸時期已創作十年），並以其精通儒、釋、道之學養，綜理戎機、參贊政務、作育英才，更以其對傳統文學的精湛造詣，與對新文藝的創作，在國際上贏得無數榮譽，如：美國世界大學榮譽文學博士、美國馬奎士國際大學榮譽文學博士、美國艾因斯坦國際學院榮譽人文學博士（包括哲學、文學、藝術、語言四類）、英國劍橋國際傳記中心副總裁（代表亞洲）、英國莎士比亞詩、小說與人文學獎得主，現在出版《全集》中。

壹、家世・堂號

張萬熙先生，江西省德化人（今九江），先祖玉公，明末時以提督將軍身份鎮守雁門關，蒙古騎兵入侵，戰死於東昌，後封爲「河間王」。其子輔公，進士出身，歷任文官。後亦奉召領兵「三定交趾」，因戰功而封爲「定興王」。其子貞公亦有兵權，因受奸人陷害，自蘇州嘉定（即今上海市一區），謫居潯陽（今江西九江）。祖宗牌位對聯爲：嘉定源流遠，潯陽歲月長；右書「清河郡」、左寫「百忍堂」。

貳、來臺灣的過程

民國三十八年，時局甚亂，張萬熙先生攜家帶眷，在兵荒馬亂人心惶惶時，張先生從湖南長沙火車站，先將一千多度的近視眼弱妻，與四個七歲以下子女，從車窗口塞進車廂，自己則擠在廁所內動彈不得，千辛萬苦的從湖南長沙搭火車南下廣州，從廣州登商輪來臺。七月三日抵基隆，由同學顧天一先生，接到臺北縣永和鎮鄉下暫住。

參、在臺灣一甲子奮鬥的過程

一、初到臺灣的生活

家小安頓妥後，張萬熙先生先到臺北萬華，一家新創刊的《經濟快報》擔任主編，但因財務不濟，四個月不到便草草結束。幸而另謀新職，舉家遷往左營擔任海軍總司令辦公室秘書，負責紀錄整理所有軍務會報紀錄。

民國四十六年，張先生自左營來臺北任職國防部史政局編纂《北伐戰史》（歷時五年多浩大工程，編成綠布面精裝本、封面燙金字《北伐戰史》叢書），完成後在「八二三」炮戰前夕又調任國防部總政治部，主管陸、海、空、聯勤文宣業務，四十七歲自軍中正式退役後轉任文官，在臺北市中山堂的國民大會主編研究世界各國憲法政治的十六開大本的《憲政思潮》，作者、譯者都是台灣大學、政治大學的教授、系主任，首開政治學術化先例。

張先生從左營遷到臺北大直海軍眷舍，只是由克難的甘蔗板隔間眷舍改爲磚牆眷舍，大小一般，但邊間有一片不小的空地，子女也大了，不能再擠在一間房屋內，因此，張先生加蓋了三間竹屋安頓他們。但眷舍右上方山上是一大片白色天主教公墓，在心理上有一種「與鬼爲鄰」的感覺。張夫人有一千多度的近視眼，她看不清楚，子女看見嘴裡不講，心裡都不舒服。張先生自軍中假退役後，只拿八成俸。

張先生因爲有稿費、版稅，還有些積蓄，除在左營被姓譚的同學騙走二百銀元外，剩下的積蓄還可以做點別的事。因爲住左營時在銀行裡存了不少舊臺幣，那時左營中學附近的土地只要三塊多錢一坪，張先生可以買一萬多坪。但那時政府的口號是「一年準備，兩年反攻，三年掃蕩，五年成功。」張先生信以爲真，三十歲左右的人還是「少不更事」，平時又忙著上班、寫作，實在不懂政治、經濟大事，以爲政府和「最高領袖」不會騙人，五年以內真的可以回大陸，張先生又有「戰士授田證」。沒想到一改用新臺幣，張先生就損失一半存款，呼天不應。但天理不容，姓譚的同學不但無后，也死了三十多年，更沒沒無聞。張先生作人、看人的準則是：無論幹什麼都是「誠信」第一，因果比法律更公平、更準。欺人不可欺心，否則自食其果。

二、退休後的寫作生活

張先生四十七歲自軍職退休後，轉任台北市中山堂國大會主編十六開大本研究各國憲法政治的《憲政思潮》十八年，時任簡任一級資料組長兼圖書館長。並在東吳大學兼任副教授二十年、香港廣大學院指導教授、講座教授、指導論文寫作、不必上課。六十四歲時即請求自公職提前退休，以業務重要不准，但取得國民大會秘書長（北京朝陽大學法律系畢業）何宜武先生的首肯，六十五歲依法退休。當時國民大會、立法院、監察院簡任一級主管多延至七十歲退休，因所主管業務富有政治性，與單純的行政工作不同，六十五歲時張先生雖達法定退休年齡，還是延長了四個月才正式退休，何秘書長宜武大惑不解地問張先生：「別人請求延長退休而不可得，你爲什麼反而要求退休？」張先生答以「專心寫作」，何秘書長才坦然不疑。退休後日夜寫作，因胸有成竹，很快完成了一百九十多萬字的大長篇小說《紅塵》，在鼎盛時期的《臺灣新生報》連載四年多，開中國新聞史中報紙連載最大長篇小說先河。但報社還不敢出版，經讀者熱烈反映，才出版前三大冊。當年十二月即獲行政院新聞局「著作金鼎獎」與嘉新文化基金會「優良著作獎」，亦無前例。《台灣新生報》又出九十三章至一百二十二章，只好名爲《續集》。墨人在書前題五言律詩一首：

浩劫未埋身，揮淚寫紅塵，非名非利客，孰晉孰秦人？
毀譽何清問？吉凶自有因。天心應可測，憂道不憂貧。

二〇〇四年初，巴黎 youfeng 書局出版豪華典雅的法文本《紅塵》，亦開「五四」以來中文作家大長篇小說進入西方文學世界重鎮先河。時爲巴黎舉辦「中國文化年」期間，兩岸作家多由政府資助出席，張先生未獲任何資助，亦未出席，但法文本《紅塵》卻在會場展出，實為一大諷刺。張先生一生「只問耕耘，不問收穫」的寫作態度，七十多年來始終如一，不受任何外在因素影響。

肆、特殊事蹟與貢獻

一、《紅塵》出版與中法文學交流

《紅塵》寫作時間跨度長達一世紀，由清朝末年的北京龍氏家族的翰林第開始，寫到八國聯軍、滿清覆亡、民國初建、八年抗日、國共分治下的大陸與臺灣，續談臺灣的建設發展、開放大陸探親等政策。空間廣度更遍及大陸、臺灣、日本、緬甸、印度，是一部中外罕見的當代文學鉅著。墨人五十七歲時應邀出席在西方文藝復興聖地佛羅倫斯所舉辦的首屆國際文藝交流大會，會後環遊地球一周。七十歲時應邀訪問中國大陸四十天，次年即出版《大陸文學之旅》。《紅塵》一書最早於臺灣新生報連載四年多，並由該報連出三版，臺灣新生報易主後，將版權交由昭明出版社出版定本六卷。由於本書以百年來外患內亂的血淚史為背景，寫出中國人在歷史劇變下所顯露的生命態度、文化認知、人性的進取與沉淪，引起中外許多讀者極大共鳴與回響。

旅法學者王家煜博士是法國研究中國思想的權威，曾參與中國古典文學的法文百科全書翻譯工作，他認為深入的文化交流仍必須透過文學，而其關鍵就在於翻譯工作。從五四運動以來，中西文化交流一直是西書中譯的單向發展。直到九十年代文建會提出「中書外譯」計畫，臺灣作家才逐漸被介紹到西方，如此文學鉅著的翻譯，算是一個開始。

王家煜在巴黎大學任教中國上古思想史，他指出《紅塵》一書中所引用的詩詞以及蘊含中國思想的博大精深，是翻譯過程中最費工夫的部分。爲此，他遍尋參考資料，並與學者、詩人討論，歷時十年終於完成《紅塵》的翻譯工作，本書得以出版，感到無比的欣慰。他笑著說，這可說是「十年寒窗」。

《紅塵》法文譯本分上下兩大冊，已由法國最重要的中法文書局「友豐書店」出版。友豐負責人潘立輝謙沖寡言，三十年多來，因對中法文化交流有重大貢獻而獲得法國授予文化「騎士勳章」的榮譽。他於五年前開始成立出版部，成爲歐洲一家以出版中國圖書法文譯著爲主業的華人出版社。

潘立輝表示，王家煜先生的法文譯筆典雅、優美而流暢，使他收到「紅塵」譯稿時，愛得不忍釋手，他以一星期的時間一口氣看完，經常讀到凌晨四點。他表示出版此書不惜成本，不太可能賺錢，卻感到十分驕傲，因爲本書能讓不懂中文的旅法華人子弟，更瞭解自己文化根源的可貴之處，同時，本書的寫作技巧必對法國文壇有極大影響。

二、不擅作生意

張先生在六十五歲退休之前，完全是公餘寫作，在軍人、公務員生活中，張先生遭遇的挫折不少。軍職方面，張先生只升到中校就不做了，因爲過去稱張先生爲前輩、老長官的人都成爲張先生的上司，張先生怎麼能做？因爲張先生的現職是軍聞社資料室主任（他在南京時即任國防部新創立的「軍事新聞總社」實際編輯主任，因言守元先生是軍校六期老大哥，未學新聞，不在編輯之列）。但張先生以不求官，只求假退役，不擋人官路，這才退了下來。那時養來亨雞風氣盛行，在南京軍聞總社任外勤記者的姚秉凡先生頭腦靈活，他即時養來亨雞，張先生也「東施效顰」，結果將過去稿費積蓄全都賠光。

三、家庭生活與運動養生

張先生大兒子考取中國廣播公司編譯，結婚生子，廿七年後才退休，長孫修明取得美國南加州大學電機碩士學位，之後即在美國任電機工程師。五個子女均各婚嫁，小兒子選良以獎學金取得美國華盛頓大學化學工程博士，媳蔡傳惠爲伊利諾理工學院材料科學碩士，兩孫亦已大學畢業就業，落地生根。

張先生兩老活到九十一、九十二歲還能照顧自己。（近年以一印尼女「外勞」代做家事）張先生一伏案寫作四、五小時都不休息，與臺大外文系畢業的長子選翰兩人都信佛，六十五歲退休後即吃全素。低血壓十多年來都在五十五至五十九之間，高血壓則在一百一十左右，走路「行如風」，年輕人很多都跟不上張先生，比起初來臺灣時毫不遜色，這和張先生運動有關。因爲張先生住大直後山海軍眷舍八年，眷舍右上方有一大片白色天主教公墓，諸事不順，公家宿舍小，又當西曬，張先生靠稿費維持七口之家和五個子女的教育費。三伏天右手墊塡著毛巾，背後電扇長吹，三年下來，得了風濕病，手都舉不起來，花了不少錢都未治好。後來章斗航教授告訴張先生，圓山飯店前五百完人塚廣場上，有一位山西省主席閻錫山的保鑣王延年先生在教太極拳，勸張先生天一亮就趕到那裡學拳，一定可以治好。張先生一向從善如流，第二天清早就向王延年先生報名請教，王先生有教無類，收張先生這個年已四十的學生，王先生先不教拳，只教基本軟身功攀腿，卻受益非淺。

四、耿直的公務員性格

張先生任職時向來是「不在其位，不謀其政」。後來升簡任一級組長，有一位「地下律師」的專員，平時鑽研六法全書，混吃混喝，與西門町混混都有來往，他的前任爲大畫家齊白石女婿，平日公私不分，是非不明，借錢不還，沒有口德，人緣太差，又常約那位「地下律師」專員到家中打牌。那專員平日不簽到，甚至將簽到簿撕毀他都不哼一聲，因爲爲他多報年齡，屆齡退休時想更改年齡，但是得罪人太多，金錢方面更不清楚，所以不准再改年齡，組長由張先生繼任。

張先生第一次主持組務會報時，那位地下律師就在會報中攻擊圖書科長，張先生立即申斥，並宣佈記過。簽報上去處長都不敢得罪那地下律師，又說這是小事，想馬虎過去，張先生以秘書處名譽紀律爲重，非記過不可，讓他去法院告張先生好了。何宜武祕書長是學法的，他看了張先生簽呈同意記過，那位地下律師「專員」不但不敢告，只暗中找一位不明事理的國大「代表」來找張先生的麻煩。因事先有人告訴他，張先生完全不理那位代表，他站在張先生辦公室門口不敢進來，幾分鐘後悄然而退。人不怕鬼，鬼就怕人。諺云：「一正壓三邪」，這是經驗之談。直到張先生退休，那位專員都不敢惹事生非，西門町流氓也沒有找張先生的麻煩，當年的代表十之八九已上「西天」，張先生活到九十二歲還走路「行如風」，一坐到書桌，能連續寫作四、五小時而不倦，不然張先生怎麼能在兩岸出版約三千萬字的作品？

（原載新文豐《紮根台灣六十年》，墨人民國一百年十一月十三日校正）

墨人博士作品全集

文學是千秋藝業

秦皇漢武今何在

李白杜甫仍風流

全集共分四大類

一、散文類　二、小說類

三、文學理論類

四、新詩古典詩詞類

我出生於一個「萬般皆下品，惟有讀書高」的傳統文化家庭，且深受佛家思想影響，因祖母信佛，兩個姑母先後出家，大姑母是帶著賠嫁的錢購買依山傍水風景很好，上名山廬山的必經之地的「天后宮」出家的，小姑母的廟則在鬧中取靜的市區。我是父母求神拜佛後出生的男子，並寄名佛下，乳名聖保，上有二姊下有一妹都夭折了，在那個重男輕女的時代！我自然水漲船高了。我記得四、五歲時一位面目清秀，三十來歲文質彬彬的李瞎子替我算命，母親問李瞎子，我的命根穩不穩？能不能養大成人？李瞎子說我十歲行運，幼年難免多病，可以養大成人，但是會遠走高飛。母親聽了憂喜交集，在那個時代不但妻以夫貴。也以子貴，有兒子在身邊就多了一層保障。母親的心理壓力很大，李瞎子的「遠走高飛」那句話可不是一句好話。

到現在八十多年了，我還記得十分清楚。母親暗自憂心。何況科舉已經廢了，不必「進京趕考」，更不會「當兵吃糧」，安安穩穩作個太平紳士或是教書先生不是很好嗎？我們張家又是大族，人多勢眾，不會受人欺侮，何況二伯父的話此法律更有權威，人人敬仰，去外地「打流」又有什麼好處？因此我剛滿六歲就正式拜孔夫子入學啓蒙，從《三字經》、《百家姓》、《千字文》、《千家詩》、《論語》、《大學》、《中庸》……《孟子》、《詩經》、《左傳》讀完了都要整本背，在十幾位學生中，也只有我一人能背，我背書如唱歌，窗外還有人偷聽，他們實在缺少娛樂。除了我父親下雨天會吹吹笛子、簫，消遣之外，沒有別的娛樂，我自幼歡喜絲竹之音，但是很少聽到。讀書的人也只有我們三房、二房兩兄弟，二伯父在城裡當紳士，偶爾下鄉排難解紛，他是一族之長，更受人尊敬，因爲他大公無私，又有一百八十公分左右的身高，眉眼自有威嚴，能言善道，他的話比法律更有效力，加之民性純樸，真是「夜不閉戶，道不失遺」。只有「夏都」廬山才有這麼好的治安。我十二歲前就讀完了四書、詩經、左傳、千家詩。我最喜歡的是《千家詩》和《詩經》。

關關睢鳩，在河之洲，
窈窕淑女，君子好逑。

我覺得這種詩和講話差不多，可是更有韻味。我就喜歡這個調調。《千家詩》我也喜歡，我背得更熟。開頭那首七言絕句詩就很好懂：

雲淡風清近午天，傍花隨柳過前川。
時人不識余心樂，將謂偷閒學少年。

老師不會作詩，也不講解，只教學生背，我覺得這種詩和講話差不多，但是更有韻味。我也了解大意，我以讀書爲樂，不以爲苦。這時老師方教我四聲平仄，他所知也止於此。

我也喜歡《詩經》，這是中國最古老的詩歌文學，是集中國北方詩歌的大成。可惜三千多首被孔子刪得只剩三百首。孔子的目的是：「詩三百，一言以蔽之，曰思無邪。」孔老夫子將《詩經》當作教條。詩是人的思想情感的自然流露，是最可以表現人性的。先民質樸，孔子既然知道「食色性也」，對先民的集體創作的詩歌就不必要求太嚴，以免喪失許多文學遺產和地域特性。楚辭和詩經不同，就是地域特性和風俗民情的不同。文學藝術不是求其同，而是求其異。這樣才會多彩多姿。文學不應成爲政治工具，但可以移風易俗，亦可淨化人心。我十二歲以前所受的基礎教育，獲益良多，但也出現了一大危機，沒有老師能再教下玄。幸而有一位年近二十歲的姓王的學生在廬山一未立案的國學院求學，他問我想不想去？我自然想去，但廬山夏涼，冬天太冷，父親知道我的心意，並不反對，他對新式的人手是刀尺的教育沒有興趣，我便在飄雪的寒冬同姓王的爬上廬山，我生在平原，這是第一次爬上高山。

在廬山我有幸遇到一位湖南岳陽籍的閻毅字任之的好老師，他只有三十二歲，飽讀詩書，與民國初期的江西大詩人散原老人唱和，他的王字也寫的好。有一天他要六七十位年齡大小不一的學生各寫一首絕句給他看，我寫了一首五絕交上去，廬山松樹不少，我生在平原是看不到松樹的，我是即景生情，信手寫來，想不到閻老師特別將我從大教室調到他的書房去，在他右邊靠牆壁另加一桌一椅，教我讀書寫字，並且將我的名字「熹」改爲「熙」，視我如子。原來是他很欣賞我那首五絕中的「疏松月影亂」這一句。我只有十二歲，不懂人情世故，也不了解他的深意。時任漢口市長張群的侄子張繼文還小我一歲，卻是個天不怕、地不怕的小太保，江西省主席熊式輝的兩個小舅子大我幾歲，閻老師的侄子卻高齡二十八歲。學歷也很懸殊，有上過大學的、高中的，多是對國學有興趣，支持學校的袞袞諸公也都是有心人士，新式學校教育日漸西化，國粹將難傳承，所以創辦了這樣一個尚未立案的國學院，也未大張旗鼓正式掛牌招生，但聞風而至的要人子弟不少，校方也本著「有教無類」的原則施教，閻老師也是義務施教，他與隱居廬山的要人嚴立三先生也有交往。（抗日戰爭一開始嚴立三即出山任湖北省主席，諸閻老師任省政府秘書，此是後話。）同學中權貴子弟亦多，我雖不是當代權貴子弟，但九江先組玉公以提督將軍身分抵抗蒙古騎兵入侵雁門關戰死東昌(雁門關內北京以西縣名，一九九〇年我應邀訪問大陸四十天時去過。)而封河間王；其子輔公。以進士身分出仕，後亦應昭領兵三定交趾而封定興王；其子貞公亦有兵權，因受政客讒害而自嘉定謫居潯陽。大詩人白居易亦曾謫爲江州司馬，我另一筆名即用江州司馬。我是黃帝第五子揮的後裔，他因善造弓箭而賜姓張。遠祖張良是推薦韓信爲劉邦擊敗楚霸王項羽的漢初三傑之首。他有知人之明，深知劉邦可以共患難，不能共安樂，所以悄然引退，作逍遙遊，不像韓信爲劉邦拼命打天下，立下汗馬功勞，雖封三齊王卻死於未央宮呂后之手。這就是不知進退的後果。我很敬佩張良這位遠祖，抗日戰爭初期（一九三八）我爲不作「亡國奴」，即輾轉赴臨時首都武昌以優異成績考取軍校，一位落榜的姓熊的同學帶我們過江去漢口。中共未公開招生的「抗日大學」（當時國共合作抗日，中共在漢口以「抗大」名義吸收人才。）辦事處參觀，接待我們的是一位讀完大學二年級才貌雙全，口才奇佳的女生獨對我說負責保送我免試進「抗大」一期，因未提其他同學，我不去。一年後我又在軍校提前一個月畢業，因我又考取陪都重慶中央政府培養高級軍政幹部的中央訓練團，而特設的新聞「新聞研究班」第一期，與我同期的有爲新詩奉獻心力的覃子豪兄（可惜五十二歲早逝）和中央社東京分社主任兼國際記者協會主席的李嘉兄。他在我訪問東京時曾與我合影留念，並親贈我精裝《日本專欄》三本。他七十歲時過世，這兩張照片我都編入「全集」一百九十多萬字的空前大長篇小說（紅塵）照片類中。而今在台同學只有兩位了。

民國二十八年（一九三九）九月我以軍官、記者雙重身分，奉派到第三戰區最前線的第三十二集團軍上官雲相總部所在地，唐宋八大家之一，又是大政治家王安石，尊稱王荊公的家鄉臨川，（屬撫州市）作軍事記者，時年十九歲，因第一篇戰地特寫《臨川新貌》經第三戰區長官都主辦的行銷甚廣的《前線日報》發表，隨即由淪陷區上海市美國人經營的《大美晚報》轉載，而轉爲文學創作，因我已意識到新聞性的作品易成「明日黃花」，文學創作則可大可久，我爲了寫大長篇《紅塵》、六十四歲時就請求提前退休，學法出身的秘書長何宜武先生大惑不解，他對我說：

「別人想幹你這個工作我都不給他，你爲什麼要退？」我幹了十幾年他只知道我是個奉公守法的張萬熙，不知道我是「作家」墨人，有一次國立師範大學校長劉真先生告訴他張萬熙就是墨人，劉校長看了我在當時的「中國時報」發表的幾篇有關中國文化的理論文章，他希望我繼續寫，劉校長真是有心人。沒想到他在何宜武秘書長面前過獎，使我不能提前退休，要我幹到六十五歲多四個月才退了下來。現在事隔二十多年我才提這件事。鼎盛時期的（台灣新生報）連載四年多的拙作《紅塵》出版前三冊時就同時獲得新聞局著作金鼎獎和嘉新文化基金會「優良著作獎」，劉真校長也是嘉新文化基金會的評審委員之一，他一定也是投贊成票的。「世有伯樂而後有千里馬」。我九十二歲了，現在經濟雖不景氣，但我還是重讀重校了拙作「全集」我一向只問耕耘，不問收穫，我歷任軍、公、教三種性質不同的職務，經過重重考核關卡，寫作七十三年，經過編者的考核更多，我自己從來不辦出版社。我重視分工合作。我頭腦清醒，是非分明，歷史人物中我更敬佩遠祖張良，不是劉邦。張良的進退自如我更歎服。在政治角力場中要保持頭腦清醒，人性尊嚴並非易事。我們張姓歷代名人甚多，我對遠祖張良的進退自如尤爲歎服，因此我將民國四十年在台灣出生的幼子依譜序取名選良。他早年留美取得化學工程博士學位，雖有獎學金，但生活仍然艱苦，美國地方大，出入非有汽車不可，這就不是獎學金所能應付的，我不能不額外支持，他取得化學工程博士學位與取得材料科學碩士學位的媳婦蔡傳惠雙雙回台北探親，且各有所成，幼子曾研究生產了飛機太空船用的抗高溫的纖維，媳婦則是一家公司的經理，下屬多是白人，兩孫亦各有專長，在台北出生的長孫是美國南加州大學的電機碩士，在經濟不景氣中亦獲任工程師，我不要第三代走這條文學小徑，是現實客觀環境的教訓，我何必讓第三代跟我一樣忍受生活的煎熬，這會使有文學良心的人精神崩潰的。我因經常運動，又吃全素二十多年，九十二歲還能連寫四、五小時而不倦。我寫作了七十多年，也苦中有樂，但心臟強，又無高血壓，一是得天獨厚，二是生活自我節制，我到現在血壓還是60—**110**之間，沒有變動，寫作也少戴老花眼鏡，走路仍然「行如風」，十分輕快，我在國民大會主編《憲政思潮》十八年，看到不少在大陸選出來的老代表，走路兩腳在地上蹉跎，這就來日不多了。個人的健康與否看他走路就可以判斷，作家寫作如在八十歲以後還不戴老花眼鏡，沒有高血壓，長命百歲絕無問題。如再能看輕名利，不在意得失，自然是仙翁了。健康長壽對任何人都很重要，對詩人作家更重要。

一九九〇年我七十歲應邀訪問大陸四十天作「文學之旅」時，首站北京，我先看望已九十高齡的老前輩散文作家，大家閨秀型的風範，平易近人，不慍不火的冰心，她也「勞改」過，但仍心平氣和。本來我也想看看老舍，但老舍已投湖而死，他的公子舒乙是中國現代文學館的副館長，他也出面接待我，還送了我一本他編寫的《老舍之死》，隨後又出席了北京詩人作家與我的座談會，參加七十賤辰的慶生宴，彈指之間卻已二十多年了。我訪問大陸四十天，次年即由台北「文史哲出版社」出版照片文字俱備的四二五頁的《大陸文學之旅》。不虛此行。大陸文友看了這本書的無不驚異，他們想不到我七十一高齡還有這樣的快筆，而又公正詳實。他們不知我行前的準備工作花了多少時間，也不知道我一開筆就很快。

我拜會的第二位是跌斷了右臂的詩人艾青，他住協和醫院，我們一見如故，他是浙江金華人，卻體格高大，性情直爽如燕趙之士，完全不像南方金華人。我們一見面他就緊握著我的手不放，侃侃而談，我不知道他編《詩刊》時選過我的新詩。在此之前我交往過的詩人作家不少，沒有像他如此豪放真誠，我告別時他突然放聲大哭，陪我去看他的北京新華社社長族侄張選國先生，陪我四十天作《大陸文學之旅》的廣州電視台深圳站站長高麗華女士，文字攝影記者譚海屏先生等多人，不但我為艾青感傷，陪同我去看艾青的人也心有戚戚焉，所幸他去世後安葬在八寶山中共要人公墓，他是大陸唯一的詩人作家有此殊榮。台灣單身詩人同上校軍文黃仲琮先生，死後屍臭才有人知道，他小我二歲，如我不生前買好八坪墓地，連子女也只好將我兩老草草火化，這是與我共患難一生的老伴死也不甘心的，抗日戰爭時她父親就是我單獨送上江西南城北門外義山土葬的。這是中國人「入土為安」的共識。也許有讀者會問這和文學創作有什麼關係？但文學創作不是單純的文字工作，而是作者整個文化觀、文學觀，人生觀的具體表現，不可分離。詩人作家不能「瞎子摸象」，還要有「舉一反三」的能力。我做人很低調。寫作也不唱高調，但也會作不平之鳴、仗義直言。我不鄉愿，我重視一步一個腳印，「打高空」可以譁眾邀寵於一時，但「旁觀者清」，讀者中藏龍臥虎，那些不輕易表態的多是高人。高人一旦直言不隱，會使洋洋自得者現出原形。作品一旦公諸於世，一切後果都要由作者自己負責，這也是天經地義的事。

我寫作七十多年無功無祿，我因熬夜寫作頭暈住馬偕醫院一個星期也沒有人知道，更不像大陸的當代作家、詩人是有給制，有同教授的待遇，而稿費、版稅都歸作者所有。依據民國九十八年一月十日「中國時報」A十四版「二〇〇八年中國作家富豪榜單」二十五名收入人民幣的數字統計，第一高的郭敬明一年是一千三百萬人民幣，第二名鄭淵潔是一千一百萬人民幣，第三名楊紅櫻是九百八十萬人民幣。最少的第二十五名的李西閩也有一百萬人民幣，以人民幣與台幣最近的匯率近一比四・五而言，現在大陸作家一年的收入就如此之多，是我一九九〇年應邀訪問大陸四十天作文學之旅時所未想像到的，而現在的台灣作家與我年紀相近的二十年前即已停筆，原因之一是發表出版兩難，二是年齡太大了。民國九十八年（二〇〇九）以前就有張漱菡（本名欣禾）、尹雪曼、劉枋、王書川、艾雯、嚴友梅六位去世，嚴友梅還小我四、五歲，小我兩歲的小說家楊念慈則行動不便，鬍鬚相當長，可以賣老了。我托天佑，又自我節制，二十多年來吃全素，又未停止運動，也未停筆，最近在台北榮民總醫院驗血檢查，健康正常。我也有我的養生之道，每天吃枸杞子明目，吃南瓜子抑制攝護腺肥大，多走路、少坐車，伏案寫作四、五小時而不疲倦，此非一日之功。

民國九十八（二〇〇九）己丑，是我來台六十周年，這六十年來只搬過兩次家，第一次從左營搬到台北大直海軍眷舍，在那一大片天主教白色公墓之下，我原先不重視風水，也無錢自購住宅，想不到鄰居的子女有得神經病的，有在金門車禍死亡的，大人有坐牢的，有槍斃的，也有得神經病的，我退役養雞也賠光了過去稿費的積蓄，讀台大外文系的大兒子也生病，我則諸事不順，直到搬到大屯山下坐北朝南的兩層樓的獨門獨院自宅後，自然諸事順遂，我退休後更能安心寫作，遠離台北市區，真是「市遠無兼味，地僻客來稀。」同里鄰的多是市井小民，但治安很好，誰也不知道我是爬格子的，連警察先生也不光顧舍下，除了近十年常有人打電話來騙我，幸未上大當外，我安心過自己的生活。當年「移民潮」去不了美國的也會去加拿大，我是「美國人」的祖父，我不移民美國，更別說去加拿大了。娑婆世界無常，早年即移民美國的琦君（本名潘希真）、彭歌，最後還是回到台灣來了，這不能說台灣是「天堂」，以我的體驗而言是台北市氣候宜人，夏天三十四度以上的日子少，冬天十度以下的日子也很少，老年人更不能適應零度以下的氣溫，我只有冬天上大屯山、七星山頂才能見雪。有高血壓、心臟病的老人更不能適應。我不想做美國公民，做台灣平民六十多年，也沒有自卑感。

娑婆世界是一個無常的世界，天有不測風雲，人有旦夕禍福，老子早說過：「福兮禍所倚，禍兮福所伏。」禍福無門，唯人自招。我一生不起歪念，更不損人利己，與人爲善。雖常吃暗虧，只當作上了一課。這個花花世界是我學不完的大教室，萬丈紅塵其中也有黑洞，我心存善念，更不造文字孽，不投機取巧，不違背良知，蒼天自有公斷，我本著文學良心寫作，盡其在我而已，讀者是最好的裁判。

民國一〇〇年（二〇一一）辛卯七月二十九日下午六時二十三分於紅塵寄廬

1951 年墨人 31 歲與夫人曾麗春女士（30 歲）結婚十周年紀念合影於左營

墨人博士七十壽辰與夫人曾麗春女士合影。此照為大翻譯家、文學理論家黃文範先生所攝，並在照片背後題「南山北海惟仁者壽」。

民國二十九年(1940)作者墨人在江西南城戎裝照。

1939 年墨人即自戰時陪都四川重慶奉派至江西臨川王安石家鄉，第三戰區前線任軍事記者創辦軍報，提供抗日官兵精神食糧。時年 19 歲。

2010 年「五四」作者墨人 91 歲在花蓮和南寺家人合影

2003 年 8 月 26 日作者墨人（中）在含鄱口觀山景點與作者長女韻華、長子選翰、三女韻湘、二女韻真合影。

2005 年 2 月作者次子選良（右一）回台北與父（右二）及作者夫人（中）三女韻湘（左二）二女韻真（左一）合影。

作者墨人在書房留影，時年八十五歲。

《墨人博士大長篇小說〈紅塵〉法文譯本封面照片》

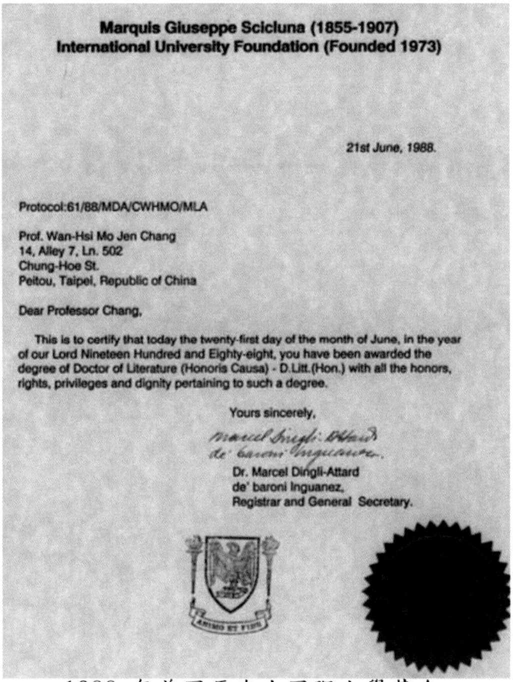

Marquis Giuseppe Scicluna (1855-1907)
International University Foundation (Founded 1973)

21st June, 1988.

Protocol:61/88/MDA/CWHMO/MLA

Prof. Wan-Hsi Mo Jen Chang
14, Alley 7, Ln. 502
Chung-Hoe St.
Peitou, Taipei, Republic of China

Dear Professor Chang,

This is to certify that today the twenty-first day of the month of June, in the year of our Lord Nineteen Hundred and Eighty-eight, you have been awarded the degree of Doctor of Literature (Honoris Causa) - D.Litt.(Hon.) with all the honors, rights, privileges and dignity pertaining to such a degree.

Yours sincerely,

Dr. Marcel Dingli-Attard
de' baroni Inguanez,
Registrar and General Secretary.

1988 年美國馬奎士國際大學基金會，授予張萬熙墨人教授榮譽文學博士學位證書。

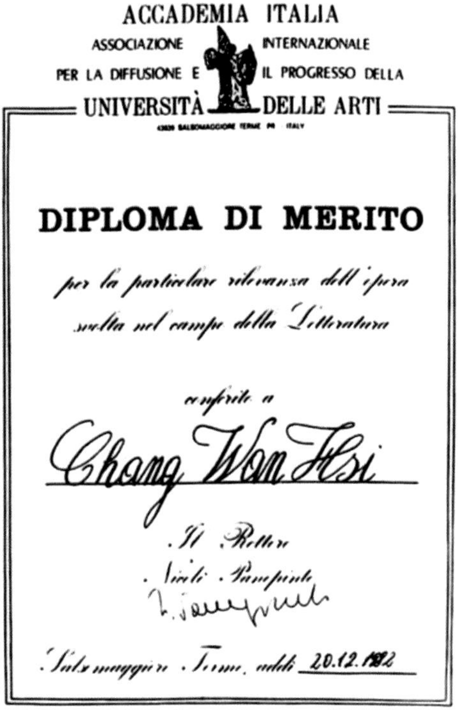

ACCADEMIA ITALIA
ASSOCIAZIONE INTERNAZIONALE
PER LA DIFFUSIONE E IL PROGRESSO DELLA
UNIVERSITÀ DELLE ARTI

DIPLOMA DI MERITO

per la particolare rilevanza dell'opera svolta nel campo della Letteratura

conferito a

Chang Wan Hsi

Il Rettore

Salsomaggiore Terme, addì 20.12.1982

義大利出版英、法、德、義四種文字的「國際文學史」的 ACCADEMIA ITALIA, 1982 年授予墨人的文學功績證書。

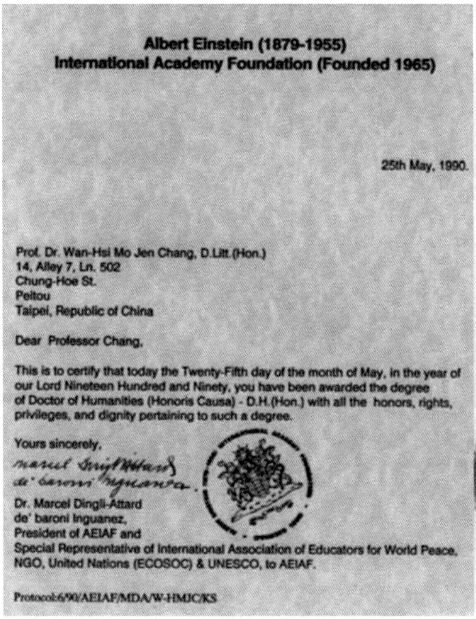

Albert Einstein (1879-1955)
International Academy Foundation (Founded 1965)

25th May, 1990.

Prof. Dr. Wan-Hsi Mo Jen Chang, D.Litt.(Hon.)
14, Alley 7, Ln. 502
Chung-Hoe St.
Peitou
Taipei, Republic of China

Dear Professor Chang,

This is to certify that today the Twenty-Fifth day of the month of May, in the year of our Lord Nineteen Hundred and Ninety, you have been awarded the degree of Doctor of Humanities (Honoris Causa) - D.H.(Hon.) with all the honors, rights, privileges, and dignity pertaining to such a degree.

Yours sincerely,

Dr. Marcel Dingli-Attard
de' baroni Inguanez,
President of AEIAF and
Special Representative of International Association of Educators for World Peace, NGO, United Nations (ECOSOC) & UNESCO, to AEIAF.

Protocol:6/90/AEIAF/MDA/W-HMJC/KS

1990 年美國愛因斯坦國際學院基金會授予張萬熙墨人教授榮譽人文學（含哲學文學藝術語言四種）博士學位

WORLD UNIVERSITY ROUNDTABLE
In Corporate Affiliation with the World University
Greetings
In recognition of Distinguished Achievement within the principles and purposes of the World University development, the Trustees of the Corporation, upon the nomination of the Secretariat, confer doctoral membership and this honorary award upon
Chang Wan-Hsi (Mo Jen)
The Cultural Doctorate in Literature
with all rights and privileges there to pertaining.

Witness our hand and seal at the International Secretariat
Regional Campus, Benson, Arizona
April 17, 1989
President of the Board of Trustees
Secretary of the Board of Trustees

1989 年美國世界大學授予張萬熙墨人榮譽文學博士學位，文化大學創辦人張其昀（曉峰）先生亦獲此榮譽。

THIS PICTORIAL TESTIMONIAL OF ACHIEVEMENT AND DISTINCTION
proclaims throughout the world that
DR. CHANG WAN-HSI (MO JEN)
is the recipient of the above-mentioned Honour granted by the Board of Editors of the
2000 OUTSTANDING SCHOLARS OF THE 20TH CENTURY
meeting in Cambridge, England, on the date set out below,
and that the Board also resolves that a portrait photograph of
DR. CHANG WAN-HSI (MO JEN)
be attached to this Testimonial as verification of the Honour bestowed.
2000 OUTSTANDING SCHOLARS OF THE 20TH CENTURY
First Edition
Signed and sealed on the
14th December 1999
Authorized Officer

1999 年 10 月張萬熙墨人博士榮登英國劍橋國際傳記中心《二十世二千位傑出學者》第一版證書。

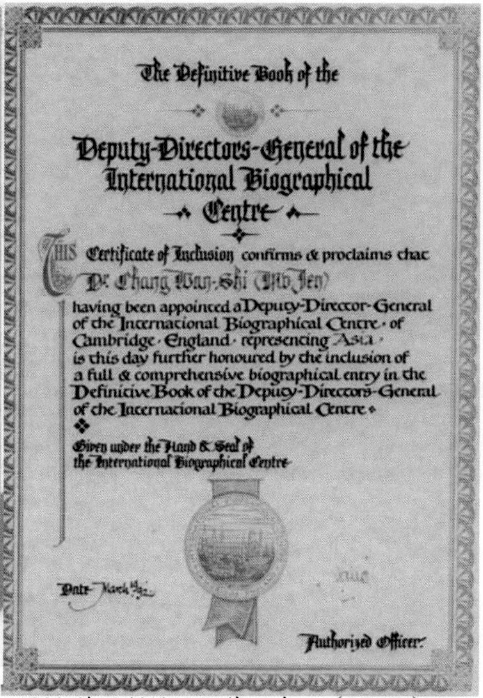
The Definitive Book of the
Deputy-Directors-General of the International Biographical Centre
This Certificate of Inclusion confirms & proclaims that
Dr. Chang Wan-Shi (Mo Jen)
having been appointed a Deputy-Director-General of the International Biographical Centre of Cambridge, England, representing Asia, is this day further honoured by the inclusion of a full & comprehensive biographical entry in the Definitive Book of the Deputy-Directors-General of the International Biographical Centre.
Given under the Hand & Seal of the International Biographical Centre
Date
Authorized Officer

1992 英國劍橋國際傳記中心（I.B.C.）任張萬熙墨人博士為代表亞洲的副總裁。

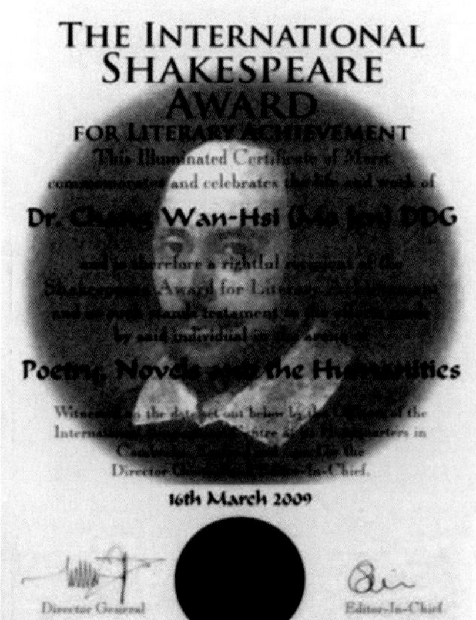
THE INTERNATIONAL SHAKESPEARE AWARD
FOR LITERARY ACHIEVEMENT
This Illuminated Certificate of Merit commemorates and celebrates the life and work of
Dr. Chang Wan-Hsi (Mo Jen) DDG
Poetry, Novels and the Humanities
16th March 2009
Director General
Editor-In-Chief

2009 年 3 月 16 日英國劍橋國傳記中心總裁與總編輯聯合授予張萬熙墨人博士國際莎士比亞文學成就獎。

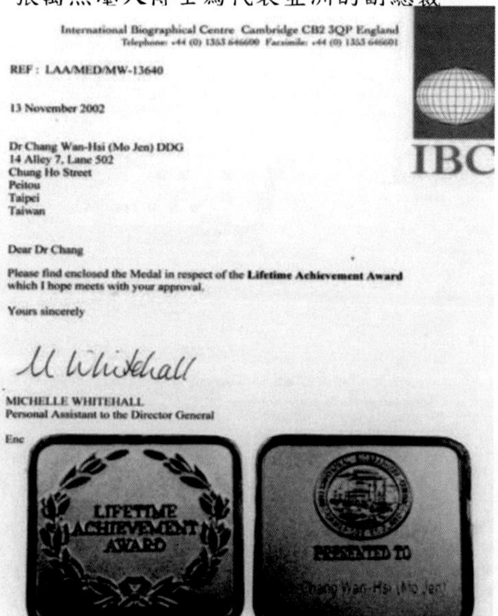
International Biographical Centre Cambridge CB2 3QP England

REF : LAA/MED/MW-13640

13 November 2002

Dr Chang Wan-Hsi (Mo Jen) DDG
14 Alley 7, Lane 502
Chung Ho Street
Peitou
Taipei
Taiwan

Dear Dr Chang

Please find enclosed the Medal in respect of the Lifetime Achievement Award which I hope meets with your approval.

Yours sincerely

MICHELLE WHITEHALL
Personal Assistant to the Director General

Enc

英國劍橋國際傳記中心(I.B.C.)2002 年頒發詩人作家張萬熙（墨人）博士終身成就獎，英文信及金牌正反面照片墨人早年即被 I.B.C.推選為副總裁。

斷腸人目次

墨人博士作品全集總目……一
墨人的一部文學千秋史……三
墨人博士作品全集總序……一一
前 記……一
一、小 說
斷腸人……三
薇薇……二九
相見歡……五五
滄桑記……七七
恩 怨……一〇一
夜 宴……一二一
卿本佳人……一三一
窮人恩古債……一四五
生死戀……一五一
華 玲……一六五
敵人的故事……一八一
姚醫生……一九一
二、散 文
文學系與文學創作……二〇三
大學國文教學我見……二一五
作家之死……二一九
貝克特高風……二二三
關於「墨人自選集」……二二七
可爲與不可爲……二三一
不夠藝術的生活……二四七
五十年華……二五三
王駝子……二五九
廬山之冬……二六三
環島散記……二六七
重遊雲仙樂園……二七九
花的世界……二八三
香爐贅語……二九五
對 聯……二九九
後 記……二九九
墨人博士著作書目……三七一
墨人博士創作年表……三八〇

前記

這本書是民國六十一年（一九七二）十月台灣学生書局的精裝本，到現在已經三十五年了，書名「斷腸人」是寫中國最佳翻人鄧嶽不幸的遭遇，朱淑貞的二十二歲的淒涼歲月，她年過魏夫人以翻友相待，「斷腸集」前魏仲父作序，夜晴人陳樹基筆記「斷腸集」搭說明後漢寫而成，我是根據此書與香港國及台灣最受重視而又暢銷的雜誌，今日世界上發表的。那時軍人待遇最低，我是以短篇小說維持基本生活和五個子女的教育費用，又以短篇養長篇，「朱淑貞」的不幸是當時才女的悲劇，我的「九死一生」及顛沛流離則是日本侵略中國八年造成的，我能活到九十歲還在繼續寫作，「紅塵」兩一百九十多萬字的大長篇，則是對八國聯軍尤其是日本軍閥的抗議和暗示自己的同胞如何走上富國強康樂之道的。詳看二十一世紀的中國人不但不會做亡國奴，而且揚眉吐氣了。

二〇〇六年九月七日補記於北投紅塵寄廬

小說

斷腸人

朱淑貞的舅父吳少江，是個遊手好閒的無賴，杭州人給他取了個綽號：皮球。他最初在大瓦巷開了一個酒店，因爲好賭，把酒店輸垮了，而且欠了一屁股債。其中有一個較大的債主是同巷開雜貨店賣雨傘木屐的金三老官。他借了金三老官二十兩銀子，一拖好幾年，分文不還。金三老官向他討債時他會躲在房裡說「不在家」，避不見面。要是給金三老官碰個正着，他就嬉皮笑臉，今天約明天，明天約後天，反正不還錢。他對付一切債主都用這個法寶。數目少的，一討再討，要不到錢，知道他耍無賴，有的自認倒楣，算了，有的罵他一頓，拍拍屁股走了。只有金三老官，是一筆大數目，辛辛苦苦賺來的血汗錢，怎麼也不放棄，三朝兩日總要討一次。有一天，金三老官瞄着他從外面回來，也悄悄尾隨進來。他一看見金三老官，就賠個笑臉說：

「金三老官，你請坐，對不起，我要出恭，暫時失陪。」

金三老官知道他又使金蟬脫殼詭計，以前上過他的當，這次可不讓他溜走，一個箭步趕上去，抓住他的胸襟，氣憤地說：

「皮球，你別和我再耍這一套，今天非還錢不可！」

他又嬉皮笑臉，哄着金三老官坐下。故意嘆口氣說：

「唉！金三老官，我們幾十年的街坊鄰居，你怎麼還信我不過？」

「皮球，不是我信你不過，是你自己太拆濫污！」

「金三老官，說良心話，不是我姓吳的拆濫污，俗話說：一文錢逼死英雄漢。我實在沒有錢，叫我拿什麼還你？」

「你沒有錢？」金三老官打量他：「你沒有錢怎麼喝得臉紅脖子粗？你這不是當面撒謊？」

「金三老官，我老實告訴你，是三朋四友請我喝的，現在我又不開酒舖，自己那有錢喝酒？」

「你既有三朋四友請你喝酒，就沒有三朋四友替你還債？」金三老官說。

「金三老官，現在那有這麼好的人？」吳少江狡黠地一笑：「要是你有這麼好，就不會向我討債了，何必要別人代我還。」

「你別做夢，我借給你的是血汗辛苦錢，你想賴掉？」

「金三老官，我並沒有賴。」他又嬉皮笑臉：「不過現在手頭特別窘，一時還不起。」

「你這種廢話說了幾百次，我不要聽！」金三老官發狠說：「今天非還錢不可！」

「金三老官，你叫我拿什麼還你？」他笑吟吟地說，又指指堂屋的破桌破椅：「你看，你認為那樣值錢，你拿好了。」

「你別想搪塞我，今天不還錢，我就扭住你送進官府去，告你賴債不還。」金三老官驀地站了起來。

吳少江也不免一怔，以前金三老官從來沒有說過這種絕情的話，看樣子今天是準備反臉了。他摸摸後腦殼，思忖了一下，「賴債不還」，並沒有什麼重罪，了不起打幾十板屁股。只是自己還做了許多見不得人的事，萬一送進官府牽扯了出來，那可承當不了。他忽然靈機一動，想到一個最好的搪塞法子。他把後腦殼一拍，笑嘻嘻地說：

「金三老官，我們幾十年的街坊鄰居，你何必為了這幾個錢反臉無情？我雖然沒有錢還債，可是倒有一個頂好的抵債法子。」

「你有什麼狗屁法子？」金三老官氣沖沖地說。

「你家罕貨不是還沒有定親嗎？」

「這條大瓦巷裡誰不知道他討不到老婆？」金三老官生氣地說：「你不還錢反而尋我開心，你這是什麼意思？」

「金三老官，我是好意。我保險他討到老婆。」

「你保險？」金三老官嗤之以鼻。「你又沒有女兒，你保什麼險？」

「我雖然沒有女兒，可有一個好外甥女兒。」

「以前怎麼沒有聽你說過？」金三老官有點心動，說話的語氣緩和了許多。

「唉，事情不到節骨眼兒上，我何必說它？」吳少江故意賣弄。

「你說說看，你的外甥女兒是那一個？」

「朱淑眞。」吳少江說。

金三老官倒退兩步，然後指着吳少江說：

「皮球，你這不是故意開我的玩笑？」

「我怎麼故意開你的玩笑？」

「聽說朱淑眞是個才女，寫得一手好詩詞？」金三老官說。

「我不知道她是不是才女，不過人倒長得十分標緻。」

「這就益發不敢當了！」金三老官連忙搖手：「我那罕貨是個醜八怪，他怎麼配得上？」

金三老官講的是良心話，他的兒子金罕貨一個大字不識，只會紮傘頭，釘木屐釘，人又奇醜無比，綽號金怪物。有位輕薄文人曾作了一首鷓鴣天詞兒形容他：

蓬鬆兩鬢似灰鴉，露嘴吡牙額角斜。高聳前胸駝似鱉，平鋪後背曲如蝦。
鐵包面，金裹牙，十指搖搥滿臉疤。如此形容難匹敵，兒童相遇競諠譁。

「這倒不妨事，」吳少江說：「配不配全憑我一句話。」

「恐怕他父母不會答應？」

「放心！」吳少江拍拍金三老官的肩膀：「我那妹婿是個沒有主見的老實人，我妹妹很聽我的話，加之他們又不認識你家罕貨。」

「你那外甥女兒要是問起你呢？」

「女孩兒家，怎好意思問自己的親事？」

金三老官聽了十分高興，握着吳少江的手說：

「皮球，要是你眞能做成這個大媒，你借我的那二十兩銀子連本帶利我一概不要，另外還有重謝。」

「金三老官，你說話可要算話？」吳少江聽了金三老官的話正中下懷，不過他是個狡猾的人，馬上將金三老官的軍。

「君子一言，快馬一鞭！」金三老官拍拍胸脯回答：「我又不是三歲的小孩子，說話怎可不算話？」

「好，我們一言爲定，你把借票還給我。」吳少江說。

金三老官遲疑了一下，望望他說：

「你的話要是不算數呢？」

「唉！金三老官！」吳少江脚一跺。「還錢我沒有辦法，做媒我可有幾套。別說是我嫡親的外甥女兒，就是張家小姐，李家姑姑，憑我吳少江三寸不爛之舌，保險馬到成功。」

金三老官想想也對，他知道吳少江這張嘴，比婊子的嘴還厲害。自己七八年前借給他那二十兩銀子，當時言明一個月本利歸還，可是一直被他哄到現在，還分文未還。現在就是殺了他，他也還不起。如其久拖着嘔氣，不如和他這樣交換。他很爽快地從內衣口袋摸出借票交給他，又買些燒鵝和羊肉請他吃媒酒，好好地安撫他。

吳少江滿心歡喜，更加開懷暢飲。酒醉飯飽之後，金三老官對他說：

「少江兄，我看打鐵趁熱，現在就麻煩你去令妹那裡走一趟。事成之後，我還要重重謝媒。」

「現在我吃得暈頭暈腦，走路恐怕摔跤，摔傷了辦事不成，最好是坐轎。」吳少江故意賣俏。

「好，好，好，我叫頂轎子送你。」金三老官連忙打發小厮去叫了一頂兩人抬的轎子來。

金三老官先付好轎錢，再請他上轎。吳少江這才擺起大爺架子上轎，得意揚揚地坐到妹妹家來。

妹夫妹妹看他突然到來，又是這般氣派，連忙趕到門口迎接。妹妹笑着問他：

「哥哥，你無事不登三寶殿，今天是有什麼事來的?」

「你到底是我的妹妹，猜得不錯。」吳少江笑着走下轎來，灌妹妹的米湯。

「哥哥，到底是什麼事來?」妹夫問他。

「是一件大喜事，」吳少江大模大樣坐下說：「我來替外甥女兒作媒。」

妹妹妹夫同時哦了一聲，有點喜不自勝。隨後又問：

「是什麼人家?」

「是我大瓦巷裡金三老官的少東。」吳少江說。

「家世怎樣?」妹夫問。

「金三老官開雜貨店，殷實得很。」吳少江故意望望妹夫，大聲大氣地說：「妹夫，我說老實話，這門親事你是高攀。」

妹夫臉有點紅，他知道自己是小戶人家，又沒有什麼財產。

「哥哥，我倒不想高攀，只問金家少老板人品如何？」

「妹妹，這你倒可以放心，金家少老板誠實本分，子承父業，有吃有穿，生計不愁。外甥女兒能嫁到這樣的婆家，是她的造化，你們二老也不必牽腸掛肚。」

妹夫眞是個老實人，信以爲眞，妹妹還補充了幾句：

「哥哥，但願你講的是實話。只是淑眞認識幾個字，不免心高氣傲，她當然希望姑爺是個讀書人。」

「妹妹，不是我說你，我們小戶人家，女兒會做針線就行，何必舞文弄墨？嫁男人只要可靠，有吃有穿就行，小白臉肩不能挑，手不能提，稂不稂，莠不莠，有什麼出息？」

妹妹被他一頓搶白，也無話可說。

「哥哥，淑眞的親事那就全仗你了。」妹夫怕他不悅，連忙說。

「妹夫，外甥女兒是親骨肉，我還不是當自己的女兒一樣看待？還會送她下火坑不成？」

「哥哥，我也是這樣想。」妹妹說。

「這才像話，那就一言爲定了。」吳少江說。

妹夫妹妹都點頭。於是約好日子下聘，吳少江便得意揚揚地走了。

吳少江來時，朱淑眞剛好寫着中春書事七律：

乍暖還寒二月天，釀紅醞綠鬥新鮮。
日烘春色成和氣，風弄花香作瑞烟，
鶯舌似簧初學語，柳絮如線未飛綿。
金杯滿酌黄封酒，欲勸東君莫放權。

吳少江一走，她馬上從閨房出來。只見她蓮步輕移，如臨風玉樹。兩眼如盈盈秋水，面如芙蓉。她剛滿十七歲，正是花樣的年華。她用右手纖纖的玉指，掠掠鬢邊的烏髮，慢慢走到母親面前。母親問她：

「剛才舅舅的話妳都聽見了？」

她紅着臉，點點頭。母親又問她：

「妳的意思怎樣？」

「娘，」她似羞似怨地說：「你們已經答應了，這叫我從何說起？」

「舅舅是自己人，我看這門親事不錯。」父親說。

「爹，你眞是俗話說的飛來峯的老鴉，專門啄石子。我看舅舅一向貧嘴利舌，大楊樹上的老鴉他都說得下來。他的話不一定可靠。」

「舅舅和我是同胞骨肉，難道他會騙我？」母親說。

「娘，就算他句句實話，也不算是什麼合適的人家。」她說。她一向以曹大家、蔡文姬、謝道韞等古人和今人李易安自許，對於市井傖夫俗子，完全不在眼中。

「眞兒，妳別心比天高。」母親說：「我們小戶人家，能找到金家這樣的婆家，也就不錯了。」

「娘，妳還不知道人家是橫鼻子直眼睛呢？」她扭着身子說。

「妳這孩子的想法總和別人不同！」母親憐愛地一笑：「世界上那有橫鼻子直眼睛的人？」

「駝子、跛子、賭子總有。」她說。

「妳舅舅未必會給妳選個十不全的男人。」母親說。

「眞兒，妳太多心。」父親說。

「爹，我不過說說，希望你留意留意。反正這種事兒我作不得主，好歹全在你們。」她說。

「要是別人作媒，我也不會完全放心。舅舅和我是同胞骨肉，自然是爲妳好，難道還會害妳不成？」

她想想也有道理，便不再作聲。又回到閨房裡來，看看桌上那首七律，又提筆寫了一首七絕：

楊花擾亂少年心，怕雨愁風用意深；付與酒杯渾不管，從教天氣作春陰。

第三天吳少江將金家聘禮和金罕貨的時辰八字送來，朱淑眞的父親收了。將女兒的八字交給吳少江帶回去。吳少江滿心歡喜，回到金家，金三老官又送了他一筆謝媒禮，十兩銀子折現。

定親之後，朱淑眞的父親覺得可以和親家來往。一天忽然心血來潮，來到吳少江家裡，要舅老爺帶他去看新女婿。吳少江摸摸後腦殼，半天不說話。隨後一想，生米已成熟飯，還能悔掉不成？也就硬着頭皮帶他去金家，恰巧金罕貨正蹲在地上紮傘頭，頭脚合在一處，背上突起一個駝峯。吳少江向金罕貨吠了一聲說：

「罕貨，你丈人來了，還不趕快磕個頭。」

金罕貨頭一抬，淑眞的父親看他臉如黑炭，疤疤癩癩，突嘴，暴牙，鷄胸，不禁倒退兩步。金罕貨連忙爬在地上磕頭，淑貞的父親調頭便走。吳少江匆匆趕來，淑貞的父親流着眼淚對他說：

「哥哥，郎舅如手足，我把你當作心腹，你怎麼欺我老實，給我找個殘疾的女婿？」

「妹夫，你別生氣。我好有一比——」吳少江嬉皮笑臉說：「自古只有女人隱疾要先說明，不然任憑退婚。男人只要當得家，做得活計，賺得錢來，養得活老婆兒女，醜陋一點又有何妨？」

「哥哥，不是我誇口，你外甥女兒如花似玉，又能詩能文，要她嫁這樣一個男人，我又於心何忍？」

「妹夫，可惜外甥女兒投錯了胎，生在你們小戶人家，飛不上高枝兒。」吳少江諷刺妹夫。

「哥哥，俗語說一家養女百家求，雖然我是小門小戶，可是淑貞人有人才，文有文才，未必嫁不到一位好姑爺！」

「妹夫，外甥女兒的長相的確不錯。說到文才，我讀書不多，你一個大字不識，怎麼知道她有文才？」

「我聽見別人說的。」淑貞的父親回答。

「妹夫，不是我取笑你。」吳少江冷笑一聲：「是人家吃了飯沒事做，故意尋你這個睜眼睛子開心，想不到你竟拿着鐵棒槌當綉花針。」

淑眞的父親被他說得臉上紅一陣，白一陣。可是心頭的氣仍然難平，斗着胆說．

「不管怎樣，我要退婚。」

「妹夫，你好大的胆子！」吳少江冷笑說：「自古只有男人休妻，沒有女人休夫的道理。難道你不怕王法，想造反不成？」

淑眞的父親被他嚇住了，再也不敢作聲。他又做好做歹地說：「妹夫，俗話說千里姻緣一線牽。一切都是命中註定。福載醜人邊，將來外甥女兒嫁過去，說不定會坐着享福呢！何況你是個言而有信的人，怎麼能說悔婚？要是別人聽見了，你怎麼有臉做人？」

淑眞的父親又羞又惱，一聲不响，低着頭一口氣跑回家，關起房門，把經過的情形一五一十告訴淑眞的母親。淑眞的母親馬上哭了起來。

「別哭！」他連忙用手掩住她的嘴：「千萬不要讓女兒知道！現在生米已經煑成熟飯，沒有辦法。」

「我女兒怎麼能受這樣的委屈？哥哥也太狠心！」

「命！一切都是命！」他無奈何地飲泣。

因爲父母守口如瓶，朱淑眞又深閨獨處，除吟詩塡詞外，不大知道外面的事。因此對自己的夫婿金罕貨究竟是怎樣的人？一直捉摸不定。對於他的不學無文，心裡自然不免悵悵。

更以詩詞消愁解悶。這期間她寫了很多詩，其中有一首七律是：

自入春來日日愁，惜花翻作爲花羞，呢喃飛過雙雙燕，嗔我簾垂不上鈎。

金家怕夜長夢多，在她十八歲時卽來迎娶。她母親有口難言，哭得非常傷心。她更哭得像個淚人，秋水般的眼睛，腫得像兩隻胡桃。母女兩人越哭越傷心，終於抱頭痛哭，難解難分。

「娘，女兒雖不是金枝玉葉，也不比蔡文姬、謝道韜，但怎麼說也不該嫁個紮傘釘木屐的粗人。」朱淑眞邊哭邊說。

「兒，怪只怪妳舅舅黑良心，妳老子娘都是老實人。」她母親摟着她哭泣，還不敢告訴她實情。

外面爆竹噼噼啪啪地响，喇叭嗚哩啦嗚哩啦吹個不停。有人大聲催喊：

「新娘上轎啦！」

她母親一驚，連忙把她推開說：

「乖，快點上轎！」

「娘，我情願一輩子不嫁人。」她哭着說。

「別說傻話，女人那有不嫁的道理？」母親安慰她說。

「娘，嫁一個傖夫俗子，女兒死也不甘心！」她大哭起來。

她母親忍着悲痛，替她擦眼淚，整理頭髮衣襟，聲聲催她上轎。她萬般無奈，站了起來，一眼看見梳粧台上的紙筆墨硯，她抓起筆來在紅紙上刷刷地書寫：

鷗鷺鴛鴦作一池，須知羽翼不相宜；東君不與花爲主，何似休生連理枝？
滿眼春光色色新，花紅柳綠總關情；欲將鬱結心頭事，付與黃鸝叫幾聲。

她母親不知道她寫些什麼，外面催的很急，她母親連忙替她戴上鳳冠，披上霞披，把她扶上轎去。

大喇叭，小喇叭嗚哩啦嗚哩啦把朱淑眞送到金家，和金罕貨拜了堂，入了洞房。

她坐在床沿上。

當金罕貨把她的頭蓋揭開，露着黃牙向她傻笑時，她驚叫一聲，差點暈倒在床上。她原先以爲他只是一個只知道紮傘釘木屐，吃飯睡覺的傖夫俗子，萬萬沒有想到是這副怪樣子！她從沒有見過這樣的怪物，這樣的醜人！傷心得兩淚交流，痛不欲生。她早先夢想嫁個畫眉才子，夫唱婦和，沒想到竟嫁了這麼一個不識之無的醜八怪！

金罕貨從來沒看見過朱淑眞的人，在鳳冠霞披之下如帶雨梨花。他目睜口呆地望着她，使她又羞又惱，又氣又恨，不知如何是好。他也不知道說什麼好，像個木頭人一樣站在踏板上。

「走開，不要站在我的面前。」她終於鼓起勇氣說出這兩句話。

「娘子，我們是夫妻呀！今天是我們的好日子，妳怎麼叫我走開？」他結結巴巴地說。

「寃孽！前世的寃孽！」她心裡這麼說，眼淚簌簌地掉下來。

他看她不回答，只是流淚，也不再叫他走，他自己心裡也十分羞慚。他期期艾艾地對她說：

「娘子，我知道我是烏鴉，妳是鳳凰，我配妳不上。但這是妳舅舅作的媒，怪不得我。現在生米已成熟飯，妳鳳凰也只好跟着我烏鴉飛了。」

朱淑眞聽了他的話，越發傷心地哭了起來。

金罕貨也自苦惱沒趣，他獨自上床去睡。起先還翻來覆去了一會，想要她同衾共枕，又不敢拉她。大概是白天太勞累，或者是剛才多喝了幾盅酒的關係，終於呼呼地睡着了。

朱淑眞本來在傷心落淚，聽見他的鼾聲，不免好奇地回過頭來望望他。他張着嘴，露出黃牙，臉上像抹了鍋煙，太陽穴邊有個大疤，她差點兒嘔了出來。

她不願坐在床上，悄悄走到梳粧台邊，在櫈子上坐下。梳粧台上一對大紅蠟燭燒了一半，燭淚沿着燭身流在梳粧台上。

她獨坐在梳粧台前，千愁萬恨，感慨叢生，她想起古往今來多少恩愛夫妻，梁孟擧案齊眉的故事，再回頭望望床上呼呼大睡的丈夫金罕貨，不禁淚落如雨。

她取下鳳冠，打開小書箱，拿出詩詞來讀，可是心亂如麻，一個字也看不進去。她很疲倦，自知不能坐到天明，便又走到床邊，在金罕貨的另一頭床沿躺下，躺到五更天，鷄叫三遍，還是不能合眼。她看看梳粧台上那對大紅蠟燭還有一寸多沒有燒完，她又悄悄起來，拿出紙筆，寫了一首七絕：

背彈珠淚暗傷神，挑盡寒燈睡不成；卸却鳳釵尋睡去，上床開眼到天明。

不僅新婚之夜她沒有睡，以後她也常常通宵失眠。這年冬天的一個夜晚，她久久不能入睡，望見窗外月色很好，瓦上凝霜，她愁懷難遣，便起來散步。望着天上團圓的月亮，看看地上自己孤獨的身影，又不禁悲從中來，潸然淚下。

「要是這時有個知心的人兒和我共訴心曲多好？」她自言自語。

可是這時人人都在熟睡，她丈夫金罕貨正在打鼾，沒有一個人知道她的心事，了解她的痛苦。只有一隻野狗，在大瓦巷裡竄來竄去，一對叫春的猫兒在瓦上追逐。

她一個人在月下踱來踱去，她一點不怕。她想這時如果有一個知情識趣的鬼來和她談心，她也認爲三生有幸，引爲知己。

快天亮時她纔回到自己房裡，還是不想睡，她又攤開紙來，提筆書寫：

推枕鴛幃不奈寒，起來霜月轉闌干；悶懷脉脉與誰說？淚滴羅衣不忍看。獨行獨坐，獨唱獨酬還獨臥；佇立傷神，無奈輕寒著摸人。此情誰見？淚洗殘粧無一半；愁病相仍，剔盡寒燈夢不成。

寫完以後，她又看了一遍，眼淚滴在素箋上，糢糊一片。丈夫起伏的鼾聲，伴着她的滴滴清淚，滴到天明。她偶爾向鏡中望了一眼，突然發覺自己特別消瘦，先是一驚，隨後又是無限感慨。她重新提起筆寫：

春花秋月若浮漚，怎得心如不繫舟？肌骨大都無一把，何堪更駕許多愁？

她剛寫完，她丈夫正好醒來，睜開惺忪睡眼，看她衣着整齊地坐在梳粧台前寫字，隨口問了一句：

「妳又沒有睡？」

她沒有回答。

他已經習慣了這種冷淡，翻身坐了起來，坐在床中間像個大元寶。隨後又自言自語：

「妳日日夜夜寫，也不知道妳是畫符還是開當票？別人畫符開當票自己不哭，妳偏偏哭啼啼。寫這些東西有什麼益？還不如替我記幾筆賬。」

她聽了又好氣又好笑，但是更想哭。她回過頭來冷言問他：

「官人，你開的是什麼大錢莊寶號？還用得着我來記賬？」

「妳別以爲我的店舖小，前天有人賒了兩把傘，昨天有人賒了三雙木屐，都記在我心裡。萬一天長日久我忘記了，向誰去討？向誰去要？」

「你不賒不就得了？」

「妳不知道小生意難做。一回不賒，二回不賒，三回他就不上門了。」

這些話她不愛聽，她背轉身來雙手蒙住耳朵，又滴下兩滴淸淚。

他披着衣服趿着布鞋，逕自走出房門，她伏在梳粧台上哭了起來，邊哭邊說：「老天爺，我怎麼這樣苦命？偏偏嫁了一個不通氣的旱烟桿！」

可是她的話沒有人聽見。

朱淑眞的婚後生活雖然是度日如年，但時間還是過得很快，新年也悄悄到來。

杭州風俗，元旦清早先吃湯圓，取團圓之意。她婆婆金媽媽好意，接過灶神之後，就送了一盌湯圓進來給她吃，而且輕輕地在耳邊說：

「媳婦，妳趁熱的吃，早吃早團圓，早生貴子。」

她聽了這種話更是火上加油，恨不得一下把盌摔掉，潑它一地。但婆婆和她無寃無仇，又是長輩，她終於忍了下來，也不回答。她婆婆知道她受了天大的委屈，也不怪她。反而笑着問她：

「媳婦，妳圓房許久，到底有喜沒有？」

「婆婆，我愁都愁死了，喜從何來？」她哭着回答。

金媽媽識趣地走開，走到房門外搖搖頭，嘆口氣。

朱淑眞看看景泰藍的大盌裡的湯圓，個個晶瑩圓滿，湯面上浮起一層油花，熱氣騰騰，又有無限感慨，她不吃湯圓，反而提起筆來書寫：

輕圓絕勝鷄頭肉，膩滑偏宜蟹眼湯；縱有風流無處說，已輸湯餅試何郎。

新年之後，接着是元宵，這是杭州人不分老幼最歡樂的一段時間，元宵更是歡樂的高潮。提上遊人如織，街上花燈如海，鑼鼓喧天，爆竹之聲不絕。大瓦巷裡也是人山人海，不少才子佳人，也擠在人堆裡看燈，親密恩愛無比，本來她也想出去看熱鬧，可是一看丈夫那副模樣，她就倒抽一口冷氣，一直冷到心底。她反而閉門獨坐，自思自嘆，想到傷心處，她又和淚磨墨寫詩：

火樹銀花滿眼紅，無邊景色度春風。
新年歡樂歸愁裡，舊事淒涼入夢中；
但願暫離人繾綣，何妨長任月朦朧？
燈前對酒難爲醉，定是前生寃孽逢！

詩成之後，她的心情就輕鬆一點，正像流過眼淚之後一樣。每當愁腸百結，積鬱大多，她就寫詩塡詞。因此嫁後的作品比婚前更多。寫多了自然難免流傳出去，恰巧杭州住了一位魏夫人，她是江西曾子宣的內子，曾鞏的弟婦，是詩詞大家，自視很高。她聽說朱淑眞也會詩詞，起初還不大相信，後來傳的人多了，她才打發人去請朱淑眞。

朱淑眞早知道魏夫人的才名，但無緣識荆，想不到她竟派人來請，眞使她受寵若驚。金三老官夫婦和他兒子金罕貨，看見魏夫人的差人和停在門口的官轎，更嚇了一跳，不知道是怎麼一回事？金媽媽悄悄地問朱淑眞：

「媳婦，妳日夜寫來寫去，該沒有出什麼差錯吧？我們小門小戶惹不起官府。」

「婆婆，魏夫人是請我去談談天，沒有什麼大不了的事。」朱淑眞回答。

「媳婦，我們小百姓，和官太太有什麼天好談？你千萬小心，不要說錯了話，惹出厤煩，那我們就吃不了兜着走！」

「婆婆，妳放心，媳婦不談天下郡國大事，不會出什麼差錯。」

「阿彌陀佛！」金媽媽雙手合十說，「我老婆子就只想求個平安二字。」

朱淑眞換了一雙青緞鞋，一件素淨的新衣，出嫁時那些大紅大綠的衣服第二天她就沒有再穿。脂粉不施。一身素雅。上轎時差人欠着身子把她扶上轎。金罕貨看得眼紅，不知道她一去會不會再囘來？因此趕到門口對她說：

「娘子，你可要記着囘來！」

朱淑眞沒有囘答，把轎帘拉下，轎夫抬起就跑。

魏夫人的家是個深宅大院，處處樓台亭閣，花香鳥語。轎夫把她抬到正廳前面歇下，差人才請她下轎。她下得轎來有點眼花撩亂，她從來沒有進過這樣的深宅大院，沒有見過這樣氣派的官家。她正在發楞時，魏夫人笑着走了出來。差人弓着身子喊一聲「夫人到！」她連忙向魏夫人襝衽下拜，魏夫人打量了她一下，笑着扶她走進大廳。招呼她在一把紅太師椅上坐下，僕人馬上奉上金邊蓋盌茶和一盤水果。

「朱詞友，我久仰才名，今日有幸，能得一見，快慰平生。」魏夫人說。

朱淑眞聽她談吐文雅，暗暗傾服，她從來沒有聽見過女人這樣講話，她所接觸過的那些男人也不會這麼講。因此她回答得更加謙恭：

「淑眞出身寒微，今蒙夫人寵召，得請教益，誠屬三生有幸。」

魏夫人聽了她的話，再打量她的人，這才有幾分相信。

魏夫人請她用茶點，這時有八位穿着彩衣的丫鬟魚貫出來，在大理石地上的綠毯上翩翩起舞，邊舞邊唱，眞個賞心悅目。魏夫人爲了試試朱淑眞的才情，在丫鬟舞畢之後，笑着對她說：

「朱詞友，今日之會，十分愉快，可否請詞友賦詩助興？」

朱淑眞知道魏夫人有意試她，連忙斂衽說：

「請夫人命題。」

魏夫人才捷，不假思索地說：

「恕我失禮，那就以飛雪滿羣山爲韻吧。」

丫鬟隨即捧出文房四寶，朱淑眞接過之後，略一思索，就振筆急書：

管絃初上錦裀時，體段輕盈紙欲飛；若使明皇當日見，阿蠻無計冷楊妃。

香茵穩襯半鈎月，來往凌波雲影滅；旋轉方看大小垂，翩然兩袖驚回雪。

柳腰不被春拘管，風轉鶯回霞袖緩；舞徹伊州力不禁，筵前撲簌花飛滿。

急管繁絃促舞裙，疾徐高下是仙羣；只因到晚人心散，化作巫山一段雲。

燭花影裡玉姿間，秋水分明帶遠山；猶恐趙家飛燕妬，無言小坐斂雙彎。

朱淑眞一落筆，魏夫人就一驚而起，握着她的雙手說：

「高才！高才！果然名不虛傳！」

「謝夫人過獎。淑眞才淺命薄，愧不敢當。」朱淑眞含着眼淚回答。

魏夫人察言觀色，不免心驚，十分同情地問她：

「莫非天妬仙才，朱詞友有什麼傷心的事嗎？」

朱淑眞以彼此初次相見，不便深談。黯然一笑說：

「今日幸會，應當盡歡，不才小事，何勞夫人縈心。」

魏夫人是個福慧雙修的人。馬上牽着她說：

「我們去花園走走。」

她摒退左右，單獨帶朱淑眞來花園散步，走到紫藤架下，四顧無人，便和朱淑眞在石凳上坐下，誠懇地說：

「朱詞友，我們雖係初識，但我相見恨晚。今後我們就情同姊妹，不必見外，妳要是有什麼傷心之事，不妨明言，或者我能效力？」

朱淑眞聽了魏夫人肺腑之言，不禁悲從中來，眼淚簌簌而下。經魏夫人一再催促，她才吐露實情。

「天地不仁，朱詞友眞太委曲！」魏夫人也流着眼淚說：「彩鳳隨鴉，終非久計。我替你設法，另擇佳偶如何？」

朱淑眞又悲又喜，不禁淚流滿面，隨後她說：

「夫人盛意，淑眞感激不盡。但婦人名節爲重，從一而終，古有明訓。淑眞不幸，唯死而已。」

魏夫人聽了亦傷感不已，相對泫然。

魏夫人知道朱淑眞的身世後，更加同情愛憐，留她盤桓整日，吃過晚飯後才打發轎子送她回去。臨別時還對她說：

「以後請常來散散心，解解悶，不要悶壞了玉體。」

朱淑眞回到家時，一家人皆大歡喜。她丈夫金罕貨尤其高興，笑着對朱淑眞說：

「娘子，妳今天去了官府，我臉上也有了光彩。說不定以後我們的雨傘木屐也更好賣。」

朱淑眞哭笑不得，逕自回房。

朱淑眞雖然交了魏夫人這麼一位難得的詞友，得到一點唱和之樂。但彼此終是同性，而且身份地位懸殊，因此，魏夫人不請，她便不去。所以還是眼淚向自己肚裡流的時候多。

由於悲傷過度，朱淑眞終於病倒。她父母聽到這個消息，內疚更深，把她接回家療養。在病中她又寫了很多斷腸詩詞，有兩首七絕最能表現她的心情：

秋雨沉沉滴夜長，夢難成處轉淒涼；芭蕉葉上梧桐裏，點點聲聲有斷腸。

哭損雙眉斷盡腸，怕黃昏後到昏黃；更堪細雨新秋夜，一點殘燈伴夜長。

任何病都有藥醫，只有心病無藥可醫。朱淑眞終於在二十二歲這年的清明節前香消玉殞了。她的遺體和身邊的詩詞文稿也統統被她父母火化了。

附註：本文係根據朱淑眞「斷腸集」、魏仲恭序文及清人陳樹基筆記「斷腸集循環憑月老」後段撰改而成。

原載「今日世界」

薇薇

一

J城是長江邊上的一個大城市，交通四通八達，市面繁榮，風景優美，文風極盛。而J城的女人不但膚色好，說話更是鶯聲燕語，決不下於蘇州姑娘。三女中是個有名的女校，高中國文教員常常被學生轟跑，最後弄得沒有人敢去教。我是當地唯一的一家報紙的總編輯，又兼了上海、南京兩家大報的特派員。校長方芸女士是位能幹的老處女，我們時常在一塊開會吃飯，所以很熟，一天我們開過會後，她突然把我拉到一旁，未語先笑地說：

「楊先生，我想請你幫個忙。」

她從來沒有請我幫過忙，而且她有幾分老處女的矜持，平時不大假人顏色，現在突然請我幫忙，我想不會是太簡單的事，但我又不便一口拒絕，只好委婉地同答：

「如果我的能力辦得到，我自然應該效勞；如果辦不到，也請你不要見怪。」

「楊先生，你一定辦得到，而且游刃有餘。」她笑容滿面地說。

「什麼事？」我問。

「如果你答應幫忙，我再講。」她老練地望着我說。「不然講也無益。」

「你講了我才能量力，能力不够答應你也是枉然。」

她遲疑了一下，打量我一眼，微微嘆口氣說：

「楊先生，不怕你笑話，我們學校又鬧了風潮。」

「什麼風潮？」我沒有聽說過，禁不住問。

「楊先生，你千萬不能登報！」她敏感地望着我說。

我點點頭，她才接着說：

「我們學校高一高二的國文教員又被學生轟走了！」

「什麼緣故？」

「很簡單，學生不滿意。」

「要替你的高足找一個滿意的國文教員太難。」我搖頭一笑。

「是嘛！」她又好氣又好笑：「新的哩，她們說就會的了嗎呢；舊的嘛，她們又嫌淨是四六句兒。老學人，老秀才，她們說是冬烘，新派的她們又嫌淺薄，新舊兩門抱的國文教員可眞難找！」

「你請高三的國文教員暫時兼代一下，等下學期再聘不好？」

「高三的國文教員也是泥巴菩薩過河，自身難保。還能要他再兼？」

「你是不是要我替你介紹一位？」

「不，」她搖頭一笑：「我是想請你偏勞一下，幫我渡過這個難關。」

我倒退一步，連忙搖頭：

「不行，不行！她們更會轟我，我何必送上臉去讓她們打？」

「不會，不會。」她連忙搖頭。「她們是貴報的讀者，久仰大名。而且是她們要我請閣下教的，不然我還不敢冒昧。」

我懷疑方芸故意做圈套讓我去鑽，如其將來弄得灰頭灰臉，不如現在拒絕。我推說工作太忙，無法分身，不能再兼兩班國文。

「楊先生，你不答應，我的困難就沒有辦法解決，也會使她們失望的。」方芸有點皺紋的額頭，出現了兩條電車軌道。兩條眉擠在一塊，搭成一道長橋。現在已經開學一個多月了，找人倒眞不容易。

「方校長，一則是我的事忙，分身不開。另外我也不妨打開天窗說亮話，我不一定敎得好，要是高足轟我，我可下不了台。」

「放心，放心！」她展顏一笑：「要是她們再轟你，我這個校長也不要幹，和你一道走。」

她的態度誠懇堅決，我不能再推。但是和她來一個君子協定，只兼這一學期，下不爲例。

「我絕對遵守這個協定！」她高興地一笑，還有幾分風韻。「要是學生留你，又當別論。」

「要是這幾個月內她們不轟我，那就算給泥菩薩粧金，我決不希望她們留我。」

「謝謝你賞臉！」方芸伸手和我一握：「星期一我派車子來接你。」

方校長有一部自用的新黃包車，鋼圈鋼絲雪亮，紅絲絨坐墊十分舒服。這在J城很够氣派，縣長也是坐自備黃包車。

二

一進校門，我就看見許多女生在校園裏玩，一位十四五歲，短髮，藍衣，黑裙的女生，左脚跪在地上，雙手扶着右腿膝蓋，低頭彎腰地向一位站在她面前比她大的女生俏皮地說：

「好，打是情，罵是愛，我定拜倒在妳的石榴裙下。」

我覺得這個女生倒眞有趣，看來是那個比她大的女生罰她跪，她却把討饒當作打趣。我很想看看她的長相，不禁注視她一眼，她低着頭沒有發現我，那位站着的女生看見我，笑着對她說：

「有人來了，還不快點起來！」

說完就紅着臉溜走，別的女生有的跟着溜走，有的惶惑地望望我。

她慢慢地站起來，回頭望望，一臉的天眞，沒有一點羞態，我發現她皮膚雪白，額上散亂地披了一撮劉海，眉淸目秀，眼珠黑得放亮，聰明天眞而俏皮。她大概看見我坐着校長的黃包車，特別打量了一會。

五十來歲的車夫在台階前停下車子，用藍腰布擦擦額上的汗，笑着說：

「這些學生眞淘氣！要是從前，不把她們關在繡房裏，還許她們在外面野？」

我以前來過這學校，便直接走進校長室，方校長剛好出來迎接。後面跟着一男一女，她介紹我和他們認識，原來男的是訓導主任，女的是教務主任。

不久開始作紀念週，方校長自然替我吹噓了一番。台下的女生交頭接耳，唧唧喳喳，我不知道她們是歡迎我還是存心看我的笑話。

我發現先前向同學跪下一隻脚的女生歪着頭看我，彷彿看猴子和猩猩，我心裏又好氣又好笑。不知道她是那一班的學生？要是在我班上，可要留心。

我先上高一的課。一走上講台，我就向課室掃了一眼，沒有發現那女生，反而有點失望，我實在很想有那麼一位學生，我覺得她有一種別的女生所沒有的特殊氣質：洒脫、自然、天眞。

全班女生都好奇地聽我講課，我發覺她們都很可愛，沒有一個是醜八怪，也沒有一個冥頑不靈，我忽然想起賈寶玉的話，天下鍾靈毓秀之氣，都集於女人。最少這一班學生有一股靈秀之氣。

上高二的課也沒有發現那位女生，我忽然想到她的年齡還不够上高中，上高中的女孩子都在十六七歲以上，高二的女生有一兩位我看足有二十歲。她一定是初中生，我沒有機會教她了。

第一次作文我出了兩個題目，一個是說理的，一個是抒情的。在我的經驗中，我覺得有的人長於說理，有的人長於抒情，我要她們自己選擇，發揮各人的長處，文言白話不拘。

本來我不怕上課，只怕改作文，既費時又費勁，看多了似通不通的作文，我怕寫社論時也變得似通不通。但是出乎我的意料，兩班作文，除了極少數學生不是讀書種子，作文不及格之外，絕大多數無論文言白話，都十分流暢，趣味盎然。看來不但不以爲苦，反而格外愉快。其中有一個叫余克敏的高一學生寫得最好，我特別勉勵她一番。她沒有受寵若驚的樣子，只是平平淡淡地說：

「老師，我的作文不好，我妹妹的作文比我的高明得多。」

「你妹妹會比你寫得好？」我有點不相信，她不過十五六歲，她妹妹自然更小，頂多是初中學生，怎麼會比她作得好？

「老師，她眞的比我作得好，文言白話都行。可惜那位秀才老師不喜歡，頂多打她六十分。」

「那一定是她作不好。」我說。

「不是，」余克敏搖搖頭：「有一次她用白話，老秀才討厭的了嗎呢，只打她五十九分，她偏和老秀才作對，以後每次都用白話，每次都沒有超過六十分。」

「那她很吃虧？」

「她可不在乎。」

「你妹妹倒很有趣，可不可以要她寫一篇給我看看？」

「要是老師願意看，以後我要她寫一篇來。」

我覺得余克敏的作文已經很不錯，她妹妹的既然比她的更好，我倒非看不可。我一再囑咐她要妹妹寫一篇我看。

一星期後，余克敏送了一篇用十行紙寫的「廬山遊記」給我，字體纖秀。我看過後大爲驚奇，三四千字的文章，寫得情文並茂。我問余克敏：

「你妹妹在那裏讀書？」

「本校。」余克敏同答。

「幾年級？」

「初三。」

「我想認識她，你幾時帶她來好不好？」

余克敏點頭而去，不久帶了一個女孩子來，我一看又驚又喜，原來她就是那位向同學跪着一條腿說俏皮話的女孩子！

她看了我隨隨便便地一鞠躬，似笑非笑地望着我，完全沒有把我當作老師，彷彿是一見如故的朋友。

「你叫什麼名字？」我打量了她一眼問。

「我叫余克純。」

「幾歲？」

「虛歲十五。」

「你這篇廬山遊記寫得眞好！」我指着她的作文說。

「大概你不是我班上的老師，才替我戴高帽子？」她似笑非笑地說。

「我大人怎麼會哄小孩子？我講的是眞話。」我說。

「哄死了人不償命，大人才專哄小孩子。」她鼻子一聳，做了一個鬼臉說。

我看了好笑，隨後又對她說：

「我帶同去在報上發表好不好？」

「我也能上報？」她歪着頭笑着問我。

「只要文章好，任何人都能上報。」

「我怕丢人，化個名好不好？」她笑嘻嘻地問。

「隨便你，用筆名也好。」我說。

她望望我又望望姐姐，想了一下，用鋼筆在題目下面寫了「薇薇」兩個字。

我把她的遊記帶回報社，交給副刊編輯黃西令。西令是我的好友，小有文名，風流倜儻，才二十三四，看了後也大加讚賞，說她是才女，他以爲「薇薇」是教員，要我介紹他做朋友。我調侃地說：

「你別自作多情，她才只十五歲的初三學生，談戀愛還早得很！」

他聽說她才十五歲，把桌子一拍，連說：

「奇才！奇才！」

他更要我介紹認識，我只好答應。

遊記一刊出，我就帶了一份當天的報紙給余克純。我仔細觀察她的表情，她不像別人初登一篇文章那麼狂喜，看了一眼，笑嘻嘻地說：

「我的文章也能見報？那天下的文章都不值錢了？」

我把西令誇獎她的話告訴她，她笑着說：

「我不知道他說的是眞話還是假話？」

「自然是眞話，他還想認識你。」我說。

她望望姐姐天眞地一笑：

「姐姐，你看我該不該交男朋友？」

「儍丫頭，老師是介紹你認識編輯先生，又不是叫你去交男朋友。」余克敏笑着駡她。

她故意做出儍里瓜氣的樣子，笑着說：

「我聽說男人和女人在一塊就要談戀愛，我怕我和他談不來？」

余克敏噗哧一笑，她自己一點不笑，我看她那副天眞俏皮的樣子也好笑。

三

想不到她和西令認識之後，感情越來越好，眞的戀愛起來。她接二連三地用「薇薇」做筆名，發表了好多篇散文小品和詩詞，從這些作品中怎麼也猜不出她只有十五歲。尤其是詩詞。她的作品與人不同，處處都含有天機，彷彿不是人的智慧可及。她用「薇薇」筆名發表作品只有她姐姐克敏，西令和我三人知道，連她父親也瞞在鼓裏，她母親已經去世幾年了。

我很想在方校長和她的老師同學面前吹噓她，把她在報紙發表文章的事宣佈出來。因爲很多學生和好幾位老師都佩服「薇薇」的作品，而且封「薇薇」是女作家，可是她不許我走漏半點消息。

「這不但是你個人的光榮，也是學校的光榮，你爲什麼不讓人知道？」我問她。

「寫文章是自己的事，何必敲鑼打鼓讓人知道？」她笑着回答，一臉的天眞，沒有一點做作。隨後又附着我的耳朵輕輕地說：「我在班上的作文常常不及格，這一傳出去，老秀才的臉上怎麼掛得住？同學不轟他才怪！」

「你眞是個好孩子。」我誇獎她。

「你應該叫我傻孩子。」她馬上糾正我的話：「這是同學給我取的綽號，她們說我傻里瓜氣。」

「你一點不傻嘛！」我望着她黑亮的眸子，淸秀的眉毛，俏皮的嘴唇說。

「傻人才快樂，我高興作個傻人，讓別人取笑。」

「那次你爲什麼下跪？」我忽然想起第一天來學校上課時看見的那個鏡頭。

「我愛打愛鬧，又打不過她們，總是被她們打手心，罰跪。」她笑嘻嘻地說：「可是嘴上我決不吃虧。」

「你又談戀愛，又寫文章，又愛打愛鬧，不用功讀書，你的數學怎麼能及格？」我有點替她躭心。

「除了作文以外，我每樣都是九十幾一百。」她輕鬆地回答。

「數學你怎麼辦得到?」

「數學有公式，容易得很，不像寫文章那麼難，十次有九次考一百。」

「奇怪。」我望着她大惑不解。

「一點也不奇怪，世界上最感人的是文學，最難學的也是文學。」

「你不是傻孩子。」我搖頭一笑。

她望望我，那神態又像望着猴子和猩猩。她從來沒有叫我一句老師，既不是輕視，也不尊敬，而是七分親切，三分好奇。她望了我一會忽然問我：

「你能不能給我爹介紹一個女朋友?」

「你姐姐說你父親不想結婚。」克敏告訴過我她父親還在想念母親。

「我想看看我爹再作新郎倌是什麼樣子。」她笑嘻嘻地說。

克敏看望着她又好氣又好笑，說：

「爹要不是怕你這個傻丫頭受氣，不早續絃了?」

「爹要是討了後娘，我只覺得好玩，才不會生氣哩。」她笑着回答。「同學個個欺我，你看我幾時生過誰的氣?」

四

星期天，她們兩姊妹同我和西令打網球。

網球場邊有幾棵大楊樹，楊花正漫天飛舞，像在下雪，天氣溫暖得很。她們兩姊妹打了一會，出了汗，就站在場外休息。我和西令也打得滿頭大汗，薇薇突然把兩肩一抬，頸子一縮，兩手交叉地搭在兩肩上，牙齒咯咯響地說：

「好大的雪呀！好冷啊！好冷！」

我望望她靠在楊樹幹上，身子縮成一團的樣子，身上眞有點寒意。

「薇薇，你又發什麼奇想？我身上在冒汗哩！」西令望望她說。

「眞奇怪，大雪天別人冷得發抖，你們身上倒出汗？」她笑嘻嘻地說。

「傻丫頭，別再傻里瓜氣了。」克敏笑着罵她。「這麼大的人了，也不怕人笑話？」

「姐姐，笑話由人笑話，我好像覺得我比你年輕？」她歪着頭回答。

「傻丫頭！那有妹妹比姐姐老的？」克敏嗤的一笑。

她笑着去追逐楊花。步子很輕，黑裙子輕輕飄揚。克敏追上去，姊妹兩人牽起黑裙子，兜接落花。

第二天，我在副刋上看到她的「三月飛雪記」，兩三千字，我一口氣讀完，她把楊花比雪，寫得眞好，奇怪之處，我們縱然搜索枯腸也想不出來。西令說她下筆如有神，我看她眞有幾分仙氣。

「薇薇」的名氣越來越大，但誰也不知道她是余克純，一個十五歲的初三學生。

有一次我在樓上看見她和幾個同學在校園裏玩，那幾個女生都說薇薇的文章寫得怎樣生動，怎樣幽默俏皮。一個女生說：

「像她這樣好的文筆，如果能請來當我們的老師，我們的作文一定大有進步。」

「哼，人家是作家，我們學校才請她不到。」另一個女生馬上接嘴。

「我們這個小地方怎麼能出這樣的人才？」第三位女生揷嘴。「不知道她是在北平、南京，還是上海？」

「要是在北平、南京、上海，怎麼會在我們這個報紙上寫稿？」

「人家副刋編輯也是個才子，他的面子大，自然有人捧他的場。」

大家七嘴八舌，我聽了好笑。「薇薇」却不動聲色。等大家說完了她才輕描淡寫地說：

「我看你們都是滅自己的志氣，長他人的威風。薇薇那種狗屁文章，有什麼了不得？」

「余克純，你好大的口氣！你寫得出來？」馬上有一個女生堵住她。

「我的作文只有五十九分，自然寫不出來。」她謙虛地回答。

「那你怎麼敢瞧不起她？」

「沒有吃過豬肉也看見過豬走路，寫不出來看總看得出來？」她笑着回答。

「傻丫頭，你的眼光未必比我們都高？我們人人說好，只有你一個人唱反調，你專門搗蛋！」

「她瞧不起薇薇，我們來教訓她。」

一個女生提議，大家一湧而上，把她按在草地上呵癢，她笑得喘不過氣來，斷斷續續地叫：「好啦好啦，饒了我，我介紹你們認識薇薇好不好？」

大家聽她說介紹薇薇和她們認識，馬上把她拖起來，替她拍拍身上的灰塵，檢下頭上的草屑，把她團團圍住，急切地問：

「你認識她。」

她點點頭。

「人家作家總有一點架子，怎麼肯和我們作朋友？」有人躭心地說。

「放心，人家需要女朋友。」她掠掠頭髮一臉正經地說：「我介紹你們他才求之不得哩！」

「她是不是老處女？一個人寂寞？」

「那才不是！」她用力搖搖頭。「人家是二十來歲的白面書生。」

大家聽了又驚又喜。隨後有人說：

「你們別信她的鬼話，薇薇分明是個女人的名字。」

「你眞是死心眼兒，男人不會化名？」她兇那女生兩句。

大家將信將疑地望着她，態度却非常友善，有兩三個女生簡直有點向她討好。她俏皮地說：

「你們誰要我介紹？個別在我這裏登記好了，我一定守密。」

大家紅着臉，你望望我，我望望你。忽然有人酸酸溜溜地說：

「我才不相信她有這麼慷慨！要是她眞認識他，她不死追才怪！」

「姻緣有一定，我才不像你一樣小器。何況我又不像你一樣崇拜薇薇。」

大家不作聲，誰也不好意思請她介紹，只是有兩個女生表示和她特別親暱，她一手扶一個，左擁右抱，我差點笑出聲來。

她上樓來時我輕輕地問她爲什麼這樣淘氣？她歪着頭望望我，又像望着猩猩和猴子，然後天眞地一笑：

「剛才你看見了？」

「從頭到尾我都看見。」

「我尋她們開心，你千萬不能洩漏天機。」

說完笑着一溜煙跑進課室。

五

薇薇突然跑到我住的地方來。一見面就附着我的耳朵輕輕地說：

「我報告你一個好消息。」

「薇薇，你在我面前弄什麼玄虛？」看她那神秘的樣子，我又氣又好笑。

「你別狗咬呂洞賓，人家是好心好意來告訴你。」她輕輕白了我一眼。

「我又不買發財票，你告訴什麼好消息？」

「告訴你，我姐姐愛你！」她跕起脚來大聲地說。

我倒退一步，板着臉對她說：

「你別胡扯！」

「我看了姐姐的日記，她說非你不嫁，想不到你是個大笨瓜！」

這更使我吃驚。我把克敏完全當作學生，當作孩子，和對薇薇一樣。最近我雖然發現她在我面前故意裝作大人，對我除了尊敬之外似乎還有一分關切，但她個性內心，賢淑嫻靜，對別人富有同情心，所以我不大在意，我本無此心，自然不會去揣摩她的心理。聽薇薇這樣說，事情倒有點嚴重了。

「薇薇，這怎麼可能？我快三十了，她才十六歲……」

「你又沒有七老八十，怎麼不可能？再過十年二十年，不就接近了？」

「你快回去對克敏講，千萬不可存此心。我生得又老又醜，不像西令美男子，將來年紀大了，會後悔不及。」

「姐姐是正月初一燒頭香，死心眼兒，你要是不領她的情，你自己對她講好了。」

「薇薇，我眞想不到你突然給我出個難題目。」

「不是我給你出難題目，我和姐姐當面談過。她害羞，不敢向你表示，一直隱在心裏，我到這裏來是她同意的。你要是不愛她，她會傷心死的。」

「薇薇，你太年輕，不懂事，問題實在很多。」

「我知道，你怕閒言閒語。」她又歪着頭看我。「反正你是兼課，下學期不教不就得了？你要是嫌姐姐年輕，再過幾年她不就長大了？她說她處處都可以將就你，只要你愛她。」

我怕出亂子，不好一口拒絕，只好對她說讓我考慮考慮。

六

我和克敏的事沒有別人知道。薇薇和西令的事却傳到她父親的耳裏。她父親完全反對，決定釜底抽薪，突然把她送到上海法租界姑姑家裏，讓她在上海讀書，她和西令連臨別一面也沒有見到。只託她姐姐帶了一封信，要我轉給西令，信裏沒有一個傷感的字眼，倒有這麼幾句話：

「人生聚散無常，這樣我反而可以嚐嚐離別的滋味。偶爾流幾滴眼淚，也許是一種享受。……」

不久，她父親又帶着克敏遷往上海，克敏悄悄地交給我一個地址，要我等她長大。隨後抗戰爆發，我和西令一同到武漢，又一同到重慶，武昌大轟炸時，我只留住一個光人，證件和她們兩姊妹的地址統統被燒夷彈燒光了。加以上海淪陷多時，從此我們音訊斷絕。但是西令和我始終忘不了她們兩姊妹，躲警報時我們自然而然地會談起他們。只是記不起那個複雜的地址。

「克敏該長大了，薇薇的文章該寫得更好了。」西令常常這麼說。好不容易熬到抗戰勝利，我和西令奉派到上海接收。一到上海，我們就翻閱上海的舊報，看有沒有薇薇的作品？但怎樣也找不到薇薇的名字，在最近出版的報紙上也找不到。西令擬了這樣一則尋人啓事：

薇薇女士：

我抵上海，住國際飯店八樓二〇二室，見報請來一晤。

楊西令

這則啓事在上海所有大小報上刊出，一連三四天有十幾位自稱薇薇的小姐來找他，使他啼笑皆非。

第五天，眞的薇薇突然出現，她完全是個大人，人長高了，比八年前更標緻，還是那麼洒脫俏皮。西令高興得一把把她摟進懷裏，她望望西令調侃地說：

「你不怕太太吃醋？」

西令先是一怔，隨後兩手一攤：

「你還把我當作傻丫頭？」

「我可以對天起誓！」西令手指天花板說：「不信你可以問宗良。」

「你呢？」她歪着頭望望我，仍然像望着猩猩和猴子一樣。

「他和我一樣。」西令代我回答。

我想問問她姐姐克敏的情形，西令又搶着說：

「我登了幾天報，你怎麼今天才來？」

「你眞的以爲我會來？」她俏皮地反問。

「我知道你是傻丫頭，一定會傻等。」

「八年不見，物換星移，你相信我沒有嫁人？」她似笑非笑地說。

西令惶惑地望望她，又望望我。我對她說：

「薇薇，你這麼大的人了，別再淘氣。我記得以前你對我說過戀愛不結婚的話，所以西令相信你不會嫁人，他才一直打單身。」

「果眞他相信我不會嫁人，登報找我又有什麼用？」她望望我說。

「薇薇，那我們可以繼續談下去。」西令接嘴。

「清談誤事，你已經三十好幾了，還繼續談下去？」她向西令俏皮地一笑。

「薇薇，你說眞話，你到底結婚沒有?」我問她。

「我坦白告訴你們，家裏準備後天替我結婚。」她望望我們說。

西令像洩了氣的皮球，一屁股跌坐在沙發上。

「對象是誰?」我問。

「表哥。」她淸脆地回答。

西令雙手抱頭，彷彿在哭，她看了好笑，走過去拍拍他的肩說：

「你眞沉不住氣，結婚還差兩天呢!」

「薇薇，」西令一把拉住她的手：「我來了，你告訴我，你到底怎樣決定?」

「我好不容易逃出家來，現在就看你的了。」西令高興得跳起來，抱起她轉了兩圈，兩人一起跌在地上。

「我以爲你是抗戰英雄，想不到還是這樣沒有縛鷄之力?」她笑着調侃他，自己爬起來。

我已經等得有點不耐，她一起來我就問她：

「薇薇，你姐姐呢?」

她望了我半天，才說：

「她在龍華。」

「我可不可以去看看她？」

「自然可以。」她點點頭。

於是我拉着她和西令一道，雇了一部祥生小轎車直開龍華，在車上我探問克敏的情形，她不講，只說見了面自然明白。我就不便多問。

想不到她叫車子開進龍華寺，我心裏就有點嘀咕，我猜是克敏出家了？但是更糟的是，她把我往停靈柩的房間帶，我身上不由得一陣寒意，兩腿發抖。西令扶着我，我一進門，就看見一口黑漆棺材前面放着一張放大瓷相，一眼就認出是克敏，不過比十六歲時豐潤漂亮。她們姊妹兩個一模一樣，只是克敏眉宇間顯得莊敬嫻雅，不像克純洒脫俏皮。看了一眼我撲向棺材，不知怎麼，竟暈了過去。

過了一會我才又醒過來，我問克純：

「薇薇，你姐姐是怎麼死的？」

「跳樓自殺。」

「爲什麼？」

「爹要她嫁人，她不肯，你又杳如黃鶴，爹怕她老了嫁不出去，時常替她提親，她等了七年多，等不下去，所以才走那條絕路。」

這時我眞欲哭無淚，我快四十歲還未成家，也無非是怕辜負伊人，想不到我趕來時，她已香消玉殞！

「她有遺囑沒有？」我問克純。

「只有一句話，希望以你的名義替她立塊碑石。」

我自然同意。

在安葬的那天，我替克敏親自豎立一塊五尺高三尺寬的大理石碑。克純感慨地對墳墓說：

「姐姐，我說了天會亮的，你偏偏想不開，現在我們是三缺一。」

我聽了又感傷又好笑。我問克純：

「那天你怎麼不先告訴我姐姐的情形？」

「我想看看男人的心。」她又歪着頭望望我，像望着猴子和猩猩。

原載「新時代」

相見歡

林花謝了春紅，太匆匆，無奈朝來寒雨晚來風。胭脂淚，相留醉，幾時重？自是人生長恨水長東。

——李後主

一

黃昏。

朱赤子站在文武廟香客招待所臨湖的黃土坪上閒眺。對面的青龍山，樹木茂密，青翠欲滴，玄光寺矗立在山嘴上，和光華島遙遙對峙。玄光寺上面興建的別墅式的大樓房，已經突出樹頂，再有半年就可以完工，他準備明年暑假在那裏住三四個月，那裏比這邊更僻靜，清幽。

湖水碧綠，平靜如鏡。一艘輕舟，在湖中慢慢划動，舟上只有兩個女人，一位是客人，一位是盪槳的船娘。這是一艘奇異的夢遊之舟，最近幾天來，每天黃昏都在湖上出現。既不去德化社，又不去玄光寺，也不靠光華島，只在湖中漫遊，有時也沿着青山慢慢划動。有一次划到文武廟下，也不上來，沿着山脚划了一會，又調頭向涵碧樓那邊划回去。他向下望去，坐在船中間的是位裝束入時的女人，身穿綠旗袍，肩上披着白毛絨短外套。他看不清她的面貌，從服裝上推測，不是年輕的少女，也不像上了年紀的婦人。她雙手抱膝，望着青山綠水出神。划船的却是位健壯的朱歐族婦人。

現在這艘夢樣的輕舟，又向文武廟慢慢划來，和從德化社匆匆回後社那邊的汽艇，情調完全不同。汽艇發出啵啵啵的馬達聲，像隻梭子，穿過平靜的湖面。輕舟慢慢移動，沒有一點聲音，像片樹葉，漂在水上。

船划到文武廟下，又調頭回去。朱赤子心裏有點奇怪，那女人眞好興緻，單身遊湖，一連遊了五六天，還不盡興？

招待所的黃老先生，也走過來望望湖光山色。他七十一了，是位退休的鄉長，身體還很健旺，招待所就是他主持的，他完全盡義務，做公益事情，替香客服務，在湖邊安享餘年。朱赤子在這裏已經住了三個月，兩人處得很好。

黃老先生看了那條船也有點奇怪，通常這種船最多坐四五個客人，最少坐兩個，沒有一個人單獨雇一條船遊湖的。

「這女人倒很稀奇，一個人遊湖有什麼意思？」黃老先生自言自語。

「我看見她遊了好幾天。」朱赤子接嘴。

「那她眞是愛上了日月潭。」黃老先生笑着說：「要是有個人作伴那就更好。」

「遊山玩水也要志同道合，要是趣味不投，寧可一個人單吊。」朱赤子說。

「朱先生，你也奇怪。」黃老先生望望朱赤子說：「你一個人在這裏住了三個月，沒有下一次山，這眞難得。」

「這裏風景好，清靜，沒有煤烟，呼吸幾口空氣也是舒服的，我何必下山去吃灰塵，喝煤烟？」朱赤子回答。

「朱先生，你眞是修養到家。」黃老先生望着朱赤子讚賞地說：「在你之前，有個年輕的王先生住在這裏寫武俠，一個月要去臺中兩三次。」

「不到開學我不下山。」朱赤子說。今年大專開學要到十一月初，在四個多月的暑假期間他沒有課，他安心在這裏研究詩經楚辭。

「朱先生，我眞捨不得你走。可惜你住不到多少天了。」黃老先生默算一下日期，朱赤子是七月二十進招待所的，住了三個月，總要在開學前兩天下山，眞沒有幾天好住了。

「老先生，多謝你和林小姐的招待，要不是教書，我倒情願在這裏長住。」朱赤子說。臺灣的名勝他遊遍了，獨愛日月潭，住在這裏又非常經濟合算，伙食費六百，住宿免費，一個月給三百塊香錢，只當住一夜旅館，再加上洗衣發信，一千塊錢足可以過一個月。此外沒有別的開支，連公共汽車票都省掉，比住在臺北好，有名山勝水作伴，黃老先生和林阿月小姐對他宛如家人，使他沒有作客的感覺。

「現在你還年輕，」黃老先生望望他，除了兩鬢有幾根白髮，在其他方面還看不上四十歲。「要是到了我這一把年紀，那倒可以住在這裏享享清福。」

暮色蒼茫，小舟漸去漸遠，像走在夢中。坐在舟中的那位女客，只現出披在肩上的白色毛絨外套，像一朵大白菊花，開在湖上，開在夢中。

「三十九年，有一位單身女客在那裏投湖。」黃老先生忽然指指湖上那隻小舟說：「希望不要再發生那樣的事。」

「爲什麼投湖?」朱赤子問。

「情死。」黃老先生嘆口氣：「女人總是想不開。」

林阿月小姐出來叫他們吃晚飯，才打斷他們的談話。朱赤子望望湖中那朵大白菊花，緩緩移動，笑着對黃老先生說：

「但願不要發生那種事。這是日月潭十八景之外的一景，比『萬點漁火』更有詩情畫意。」

二

午飯後，遊文武廟的客人漸多，他望見一些人興緻勃勃地爬上三百六十五級的陡坡，他也信步走向文武廟。文武廟和香客招待所不過二三十步路，他偶爾去那邊看看遊客燒香求卦，碰見熟人就邀到招待所來喝杯淸茶，談談天，也是山居生活的另一樂趣。

文武廟很小，沒有六朝古刹那種恢宏氣派。他一走進廟門，就看見一位穿着綠旗袍，白毛絨短外套的女人背影，他覺得有點像每天黃昏時分，獨自遊湖的女客，不禁微微一怔。她正持香向文武二聖作揖，樣子頗爲虔敬。

他凝視着她的背影，她忽然轉身回頭，兩人都楞住了。過了一會，她笑着向他碎步跑過來，停在他的面前，輕輕地說：

「我眞沒有想到會在這裏遇見你！」

「我在這裏住了三個月。」他笑着回答。

「眞的？」她上下打量他，急切地問：「你住在廟裏？」

「不，」他搖搖頭。「我住在旁邊的招待所。」

她同他走出廟門指着招待所問他：

「住在那裏？」

他點點頭。她惋惜地說：

「上個禮拜我來過，可惜沒有去招待所看看。」

「妳來了多少日子？」他問。

「個把禮拜。」

「妳一個人來的？」

「不，」她輕輕地搖搖頭，低沉地說：「和我父親他們一道。」

「今天你怎麼一個人到這裏來？」

「他們早下山賺錢去了，」她淡然一笑：「我歡喜這地方，所以獨自留下來。」

「這幾天黃昏時分，獨自遊湖的是不是你？」他望着她問。

「是，」她連忙回答，驚喜地問：「每次你都看見？」

「每天黃昏，我總在招待所前看看湖光山色。」

「你怎麼不叫我？」她望着他說。

「隔得那麼遠，我看不清楚是誰？」他抱歉地回答，又黯然地說：「而且我們七八年不通消息，我想不到妳也會到日月潭來？」

「要不是父親他們要來休假，我也不會來。想不到這麼巧？」她清癯的臉上浮起一絲微笑。

「既然天可憐見，你陪我遊遊湖，遊遊蕃社和玄光寺好不好？我的船就在下面。」

「如果我不是一住三個月，也會錯過這個機會。」

「好。」他點點頭：「妳要不要看看我住的地方？」

她笑着點頭，兩人一道走向招待所。走到門口忽然問她：

「妳每天都是黃昏遊湖，今天怎麼提早？」

「我上廟燒香許願，準備明天清早下山。」

他沒有問她許什麼願？領先走了進來。

黃老先生看他帶着一位漂亮的女人進來，滿臉堆笑地迎接。他指着她向黃老先生說：

「這位是杜心儀小姐，昨天黃昏獨自遊湖的就是她。」

「嚯！杜小姐眞好興緻。」黃老先生雙手一拍，打量她說。

「日月潭的風景太好，可惜我人太俗。」她笑着回答。

黃老先生招待她在客室坐下，林阿月替他們倒了兩杯茶。坐了幾分鐘，他帶她參觀客房，都是榻榻米的大房間，臨湖一排長窗，湖光山色，盡收眼底。

朱赤子住的是唯一的一個六席大小有床舖的房間，舖蓋齊全，另外還有一個衣橱，一張書桌，桌上排了幾本書。她掃了房間一眼，望望他說：

「清靜倒很清靜，只怕有點寂寞？」

「這種生活已非一日，在紅塵萬丈的臺北，還不是一樣寂寞？」

她打量他一眼，除了兩鬢添了幾莖白髮之外，和七八年前沒有什麼分別。她不想和他在這裏多談，首先走出房間。朱赤子向黃老先生說：

「老先生，我陪杜小姐去玄光寺一趟，說不定幾時回來，晚飯不必等我。」

黃老先生笑着點頭，把他們送到門口。

她挽着朱赤子，走下陡峭的石級。因爲石級太高太陡，望下去有點頭暈，她抓緊朱赤子笑着說：

「這一摔下去，就會骨碌骨碌地滾到潭底。」

朱赤子小心地攙扶着她，要她望着前面，不要望着下面，她望着他說：

「你以爲我眞怕死？」

朱赤子既不想讚美她的勇氣，也不能潑她的冷水，故意雲淡風輕地說：

「到日月潭來是看風景的。」

「難道你是專爲看風景而來？」她望着他的臉問。

「也爲讀書和呼吸新鮮的空氣。」

她嗤的一笑，眼圈却微微一紅。

走到山下，那個搖船的朱歐族婦人連忙向杜心儀招手，她領先上船，朱赤子跟着上去，船上晃了幾下。來臺灣以後他沒有坐過這種用雙槳的瓜皮小船，上次遊湖也是隨着大伴兒坐汽艇的。

「妳雇這種小船遊湖，倒眞別具慧眼。」他坐定之後讚賞地說。

「我不願意和許多人擠在一塊，一個人愛到什麼地方就到什麼地方，三個鐘頭由我支配。她也用不着費什麼力氣，寅時一槳，卯時一槳都可以。」她悠悠地說。

「這才是遊湖之道。」

「傷心人別有懷抱。」

朱赤子望望她，又望望盪槳的朱歐族婦人，朱歐族婦人口裏嚼檳榔，滿嘴紅漿，兩眼望着前面，根本沒有注意他們的談話。

「放心，她不懂我話裏的意思。」杜心儀坦然地說。

「因此妳才雇她的船？」

「這種船本來不多，好在她又不瞭解我的心思。」

朱歐族婦人一心盪槳，沒有講話，杜心儀指指德化社和玄光寺，要她盪到那邊去。她說時間不够。杜心儀笑着對她說：

「我再雇三個鐘頭。」

朱歐族婦人咧嘴一笑，露出兩排赭色的大牙，檳榔汁糊了一嘴。

「還是她好，」她望望朱歐族婦人對朱赤子說：「不知人間有愁苦事。」

「這是世外桃源，他們朱歐族又佔了一潭風水，她識得什麼愁滋味？」他說。

「聽說你還沒有結婚是不是？」過了一會，她突然打量他說。

他點點頭。

「你不打算結婚了？」

「問題不是這麼簡單。」他淡然一笑，望望她說：「妳有幾個孩子？」

「一個。」

「幾歲了？」

「六歲。」

「上學沒有？」

「剛唸一年級。」

「時間過得眞快。」他黯然一笑。

「可是我覺得它一點也沒有走動。」

「妳戴的大概是江西老「銾」?」他故作輕鬆的說。

她也莞爾一笑。

船到德化社，他們上去遊玩。今天的德化社不像當年的蕃社，除了搭蓋的原始「古蹟」之外，已經發展成爲一條小街。朱歐族的服裝，也只有陪照的什麼紅、綠、白、黑牡丹用作道具，平時沒有人穿。

他們一走到那些草亭跟前，牡丹們和照相師就拉着他們拍照，朱赤子討厭他們的惡劣態度，溜過了兩處，走到第三個草亭，又遇到同樣的情形。杜心儀輕輕地對他說：

「我們借他們的服裝，拍一張玩玩好不好?」

「妳有此雅興?」

「權充一次山地人也好。」

那位黑牡丹不待朱赤子同意，便把王爺衣裙向他身上一披，而且替他佩好蕃刀、頭飾。隨後又替杜心儀打扮好。他們兩人看看完全變成了朱歐族，不禁好笑。照相師連忙把他們兩人安排在一個草棚榖倉前面，要他們靠緊一點，替他們拍了一張。黑牡丹連忙往朱赤子旁邊一站，朱赤子還來不及拒絕，照相師又照了一張。黑牡丹塡好收據，一百二十六塊，一文也不能少。杜心儀爽快地照付，約定明天清早送到旅社。

「妳看他們是不是有點敲竹槓？」離開草亭，朱赤子輕輕地對她說。

「上次我沒有拍。明知道他們敲竹槓，這次我也樂意讓他們敲。」

在德化社逛了一會，又上船去玄光寺。朱歐族船娘在德化社買了點東西吃，優哉遊哉地慢慢盪槳。湖水平靜如鏡，青龍山樹木蒼翠欲滴，他們瀏覽沿途湖光山色，抵達玄光寺時已經暮色蒼茫了。

玄光寺已經沒有遊客，一個尼姑正在寺旁種花，看見他們這時雙雙來臨，放下鋤頭，笑臉相迎。

走進寺內，尼姑連忙替他們上香，杜心儀虔誠地作了三個揖，給了十塊香錢，尼姑十分高興。

玄光寺的地勢也高，空場頗大，站在寺前可以望見教師會館、涵碧樓和環湖旅社等旅館區，那邊已經燈火輝煌，幾十條遊艇靜靜地停在湖邊，美麗如畫。

他們在寺前徘徊了二三十分鐘，飽覽日月潭的夜色，直到兩人都感到飢餓，才上船回旅館區。

杜心儀住在環湖旅社，和朱赤子先到旅館，她住的是一間頂好的套房，四百五十塊錢一天。她父親是南部的工業家，很有錢。她丈夫是她父親的助手。

她洗過臉，淡粧了一下，就陪朱赤子到附近的小館子北方飯店吃飯。一方面旅社餐廳開飯的時間已過，一方面她很歡喜這家小館子的大陸口味，比餐廳的好得多。

她選擇臨湖走廊右邊的座位，旁邊有棵柳樹，柳條下垂湖面，十分柔美。對面是德化社，燈光閃爍，如點點漁火。玄光寺一燈煢然，另有一番情趣。

他們邊吃邊談，邊欣賞日月潭的夜色，不覺已經九點。朱赤子說要回文武廟，她望了他一眼，停了一會，隨口唸出一首李清照的「怨王孫」：

湖上風來波浩渺，秋已暮，紅稀香少。水光山色與人親，說不盡，無窮好！蓮子已成，荷葉老；青露洗，蘋花汀草。眠沙鷗鷺不回頭，似也恨，人歸早！

朱赤子聽了嗤的一笑說：

「妳的記性眞好。」

「這首詞你也教過。」她笑着回答。

「可是我倒背不出來。」

「男人總是健忘的。」她艾怨地說。

朱赤子沒有接腔，陪她坐到十點，才走出飯館。

兩人又在街上逛了一會土產店，朱赤子買了一對畫眉標本送她，才向她告別。

當他鑽進計程車時，他突然想起她說過準備明天走，他馬上問她：

「明天幾點下山？我一定趕來送行。」

「我改變了主意，決定多住幾天。」她笑着回答，笑得像朵迎春花。

三

朱赤子回到招待所時，黃老先生和林阿月小姐還沒有睡。他在這裏住了三個月，很少出去，尤其是夜晚。這是第一次遲歸。

「對不起，勞你們久等。」他向他們抱歉地說。因為招待所只有他這麼一位客人。

「別客氣，」黃老先生回答：「睡覺還早。」

「朱先生，吃過晚飯沒有？飯菜還是熱的。」林阿月小姐說。

「謝謝妳，林小姐，我已經吃過。」朱赤子說。

林阿月遞給他一杯茶，黃老先生笑着問他：

「朱先生，杜小姐是你的什麼人？」

「學生。」朱赤子回答。

「你們有好久不見吧?」

「七八年了。」

「杜小姐是不是一個人住在日月潭?」黃先生問。

朱赤子點點頭。

「她一個人單獨遊湖，這份雅興倒眞不淺。」黃老先生摸摸鬍鬚說。

「有些人歡喜鈔票，有些人歡喜山水。他父親有錢，她歡喜山水，所以她能暢遊日月潭。」朱赤子說。

「你一心躲在山上做學問，今天能陪高足遊遊，倒也很好。」黃老先生笑着摸摸山羊鬍鬚。

朱赤子一口氣喝完了半杯茶，林阿月小姐問他洗不洗澡?他點點頭，向林阿月要了換洗的衣服逕自走進洗澡間。

洗完澡他就關起房門睡覺。可是翻來覆去睡不着，十年前的舊事都到眼前來，眞的剪不斷，理還亂。快到天亮才矇矓入夢，夢着兩人暢遊指南宮、陽明山、觀音山，夢着泛舟日月潭……

吃早飯時林阿月把他叫醒，他一共睡了不到四個鐘頭。

上午十點多鐘，杜心儀坐船過來，送給他兩張六寸的番裝照片，他看他們兩人都變成了朱歐族，幾乎認不出來，不禁好笑。

「我們如果眞是山地人，那該多好？」她輕輕地說。

他小心地把照片放進手提箱裏。杜心儀又邀他遊湖，他自然不忍拒絕。

她雇的還是那條船。他發覺艙裏放了三份野餐，幾瓶可口可樂和沙士汽水，另外還有香蕉、橘子、蘋果。他笑着問她：

「妳買這許多東西幹什麼？」

「預備在湖上遊一整天。」她笑着回答，又指指那個朱歐族婦人：「我雇了她九個鐘頭。」

「日月潭只有這麼大，那能遊許久？」

「大家遊的都是日潭，我想去月潭遊遊，就是讓船在湖上漂九個鐘頭，不也很有意思？」

「妳的主意倒很不錯。」他不禁讚賞她一句。他早希望在湖上泛舟一日，但一個人遊沒有意思，想不到她也有這個想法。

朱歐族的船娘，似乎很喜歡她這位客人。她仍然有一下沒一下地盪槳，輕鬆悠閒，不像載着其他的遊客連趕三關。她憑着一雙手要和汽艇競爭那是非常吃力，往往累得滿頭大汗，還是趕不上汽艇，因此雇的人不多。她眞希望杜心儀永遠不要離開日月潭。

他們兩人在光華島吃野餐，他們很歡喜島上那幾棵一人多高，永遠翠綠的樹，坐在樹下彷彿自己也永遠年輕。

月潭形如彎月，午餐後她要船娘把船盪到兩山之間的尖角裏去，在山邊陰影之下停着。水不流，船不動，碧水青天，他們半坐半臥，聽樹林裏的鳥叫，看天空偶爾飄過一片浮雲，享受世外桃源的悠閒寧靜。

他們很少談話，一直靜坐到黃昏，杜心儀忽然唸了一首李清照的「醉花陰」：

薄霧濃雲愁永晝，瑞腦噴金獸；佳節又重陽，寶枕紗廚，昨夜凉初透。東籬把酒黃昏後，有暗香盈袖；莫道不銷魂，簾捲西風，人比黃花瘦。

「妳眞是李易安的知己。」她一唸完，他就接腔。

「易安居士有趙明誠互相唱和，我只有一個賺錢的機器。」她黯然地說：「如果易安居士是我，她的詞一定更令人迴腸盪氣。」

他望望她清癯的面貌，不知道說什麼好？

船娘靠在船舷睡了一覺醒來，忽然發覺已是黃昏時候，連忙雙槳一倒，把船盪開。

「回去?」杜心儀問她。

「時間到了。」船娘點頭一笑，露出一嘴赭色的大牙。

「明天我也搬到你那邊去住。」船到湖中，杜心儀忽然對朱赤子說。

「那邊只有榻榻米的通舖，沒有旅館舒服。」他說。

「我又不住一輩子，睡榻榻米又有什麼關係?」她坦然地說。

「如果妳眞的要去，我的房間讓給妳好了。」過了一會他說。

「你呢?」她連忙問。

「我羅漢一個，那不好辦?」他故作輕鬆地說。

她高興地一笑，他又問她：

「明天妳什麼時候搬過去?」

她翻翻眼睛，考慮了一會說；

「下午。」

他沒有坐車，一個人走回招待所。他在路上一再思考她搬過去的問題，回到招待所時他才作最後決定。他把黃老先生請到他的房間來，告訴黃老先生：

「老先生，我決定明天早晨下山。」

黃老先生對於他這突然的決定，有點驚異，他們相處了這麼久，一旦分開，倒有點捨不得。黃先生望了半天，才說：

「開學不是還有一個多禮拜嗎？你怎麼突然提早下山呢？」

「因爲明天杜小姐要搬過來。」

「那不很好嗎？」黃老先生高興地說：「我們的房間多着哩，你也有個伴哪！」

「老先生，就是因爲她要來陪我，我才決定提早下山。」他苦笑地說。

黃老先生打量了他一會，忽然一笑：

「你們的關係不大尋常吧？」

「其實也沒有什麼，」朱赤子輕輕地搖搖頭：「只是我們曾經相愛。」

「那不很好？你何必下山？」

「老先生，她早已結婚了。」朱赤子悠悠地說：「瓜田李下，不能不避避嫌。何況我不是聖人，萬一犯了錯事，恐怕你是第一個不原諒我？」

黃老先生瞪着眼睛望着他，過了半天，用力把頭一點：

「朱先生，你到底是讀書人，我讚成你的決定。」

「可是我心裏並不好過。」朱赤子嘆口氣說：「說不定她會怨我？」

「下山的事你沒有告訴她？」

「當時我們正在湖心，我不能告訴她，我怕發生意外。」

「對，女人就是想不開。」黃老先生點點頭。忽然望着他問：「當初你們爲什麼不結婚？」

「老先生，」朱赤子望着老先生一笑：「你是長輩，這種事總不外那麼幾個原因。我們的也平常得很，不必細說。」

「可是我看她對你還沒有死心。」黃老先生說。

「老先生，大家都是體面人，當初都沒有辦法，現在還能同天不成？」

「明天你走了，她來了我又怎麼辦？」黃老先生苦笑地說。

「我會留封信給她，你就說我接了急電要趕回臺北。」

「她要是在這裏住我怎麼辦？不在這裏住我又怎麼辦？」

「我想她會在這個房間住幾天，那就特別麻煩你和林小姐多多照顧；如果她不在這裏住，那就麻煩你送她到車站，勸她回南部去。千萬不要讓她遊湖。」

「好！我一定照辦！」黃老先生爽快地回答。

「老先生，謝謝你！」朱赤子站起來向他雙手一揖。

黃老先生雙手抱拳，回他一禮。

黃老先生出去之後，他關起門來寫了這樣一封去頭去尾的信：

開學在即，函電交催，本擬今日下山，爲伴妳遊湖，稽延一日。明日早行，恐驚好夢，恕未告辭，特留字請罪。

遺漱玉詞、白香詞譜各一卷，可消永晝。謹錄李後主「相見歡」一首，願共研讀：

林花謝了春紅，太匆匆，無奈朝來寒雨晚來風。胭脂淚，相留醉，幾時重？自是人生長恨水長東。

五

第二天天剛亮他就起床，把房間收拾得乾乾淨淨，摘了一束帶露的鮮花，挿在瓶裡，將信壓在花瓶底下，含着淚悄悄地走了。

原載「自由談」、「中國文選」

滄桑記

一

王文元看完晚上第一場電影回來，一走進院子大門，就聽見客廳裡一個女人高聲談笑，耳熟得很，但一時又想不起是誰？他停了脚步側耳傾聽，聽見他太太和那個極為熟悉的女人聲音談話，他突然想起一個人——孟繁華。但她遠在屏東，十多年未見面，她怎麼突然跑到臺北來？他想知道究竟，三步兩步趕了過來。一進門，果然發現孟繁華坐在沙發上和太太聊天。她的模樣一點沒有改變，只是容顏蒼老了一點，但怎樣也看不出是五十左右的人，不知者會以爲她纔四十上下呢。

她一看見他進來，連忙站起，笑着說：

「喲！王先生，十多年不見，你怎麼顯得比從前更少年？要不是在你家裡，我眞不敢相認！」

「柳太太，妳別取笑，五十歲的人了，黃土埋了一大半，還少年得起來？除非重新投胎。」王文元說。

他太太馬上白了他一眼，他突然想到自己失言，她早已不是柳太太，是竺太太。他用手在頭上一拍，笑着對孟繁華說：

「該死！我眞老糊塗了！妳千萬別見怪！」

「老朋友，誰見你的怪？」孟繁華爽朗地回答，笑着坐下，問他：「王先生，要是在路上碰見，你還認不認識我？」

「妳還是老樣子，我怎麼不認識？」王文元說。

「現在不比從前，我老多了！」孟繁華感慨地說。

「一點不老，頂多只能看出三十歲。」王文元笑着在她對面的沙發上坐下。

「哎喲，王先生，你眞該打！」孟繁華笑着雙手一拍：「我明年五十了，你還說我只有三十歲，你這不是存心尋我開心？」

「這是良心話，妳一點也看不出老。」王文元說。

「你別哄我，我自己知道。」孟繁華說：「要是像從前在大陸那樣，吃了飯什麼事不管，打打牌，看看電影，看看京戲，那我眞不會老。可是現在上上下下裡裡外外都是我一個人，竺志平賺那幾個死錢又不够用，頭髮都急白了，你還說我不老？」

「妳是眞的看不出老，」王太太說：「不像我滿頭白髮。」

孟繁華掠掠頭髮，高興地一笑，王文元這才問她：

「什麼風把妳吹到臺北來的？」

「這我又得從頭說起，」孟繁華說：「我們幼軒明天出嫁，我和志平特地趕來主持婚禮，同時請你們兩夫婦喝杯水酒。」

「怎麼？幼軒要結婚了？」王文元又驚又喜，幼軒是她和前夫柳春生生的女孩子，在王文元的印象中，幼軒還是十來歲唸小學的小女孩子，怎麼一下子就長大了？

「可不是？」孟繁華笑容滿面地說：「她已經大學畢業兩年了。」

「她在那個大學畢業的？」王文元問。

「臺大國際貿易系。」孟繁華高聲回答。

「嗨！她在臺北這麼多年，怎麼不來我家玩玩？」王文元說。

「你還說呢！」孟繁華指着王文元說：「我幼軒從小就最怕你？」

「我有什麼好怕的？」王文元啞然失笑。

「王先生，不但我幼軒怕你，屏東鄰居的那些小孩子那個不怕你！」

「眞有這囘事？」王文元抓抓頭。

「這還假得了？」孟繁華笑着說：「你那還價不賣的樣子，別說小孩子，連我這個大人都有點怕呢！」

王文元想想也好笑。那時他的環境不好，小孩子又多又吵，加上鄰居的孩子一共有三四十個，成天在十二蓆大小的房子前後吵吵鬧鬧，甚至在房子裡穿出穿進。偏巧孟繁華愛串門子愛講話，她太太也是個愛講話的女人，加之她們在大陸就是朋友，成天喋喋不休，他一看見那麼多孩子，一看見她們兩人喋喋不休，心裡就煩，因此很少笑臉。孩子們一看見他下班囘來，都悄悄溜走，連孟繁華一看見他囘來，也往往藉故離開。當時他恨不得把那些上他家裡來的大人小孩統統轟走，現在囘想起來不免有點歉意。

「眞抱歉，那時我心情不好，如果我們不是老朋友，我眞會把妳轟出去。」王文元笑着說。

「王先生，現在你完全變了。」孟繁華高興地說：「現在你有說有笑，和氣得很。當年你住在屏東時，一個月也聽不見你講一句話，臉上看不到一絲笑容，好像我們欠了你一屁股債似的。要是幼軒知道你現在是這個樣子，她眞會比我還高興。」

「妳請她來玩，我要好好地招待她一下。」王文元說。

「這幾天她忙得很，結婚的事完全是她自己料理，我和志平只是作個現成的主婚人。」孟繁華高興地說，隨後又微微一嘆：「要是她父親看到她結婚，看到她這麼能幹，那眞高興死了！」

這是眞話，幼軒和她弟弟幼亭完全像他們的父親柳春生，王文元也知道柳春生十分疼愛他們，如果他親眼看見女兒結婚，那份高興是可以想像的。爲了沖淡孟繁華的這份感傷，王文元笑着對她說：

「志平待她也不錯，他也會一樣高興。」

「王先生，話雖這麼說，到底總有點不同。」孟繁華說：「志平待幼軒幼亭固然不錯，也是由於我這兩個孩子對他孝順。我幼軒一個月賺三千五百塊錢，按月寄兩千塊接濟家用，減輕他的負擔。逢到志平的生日，又是電報又是信，還要寄錢寄禮物，親生子女也不過如此。」

「的確難得，我自己生的孩子也沒有這麼好。」王太太說。

「王太太，不是我自己誇口，我幼軒幼亭眞是懂事，孝順！當年要不是爲了撫養他們姐弟兩人，我眞不會改嫁志平。」孟繁華說。

「現在妳出了頭了，享福了。」王太太說。

「還是志平的福氣好，他享現成的福。」孟繁華說。

「妳談了半天，我還不知道妳女婿是幹什麼的？」王文元說。

「誰叫你來遲了一步？」孟繁華笑着說：「剛才我告訴了你太太，我女婿是核子工程博士，去年回國講學，不久還要到美國去。」

「啊喲！這可是大熱門！」王文元驚喜地說。「幼軒眞好福氣，嫁了這麼個金龜婿，是誰介紹的？」

「說來也巧！」孟繁華笑着說：「介紹人是我幼亭。」

「這是怎麼回事？」王文元摸摸後腦殼，望着她問。

「我幼亭在淸華唸核子工程，幼軒每個禮拜都去看他，有一天她碰見我幼亭和一位青年教授在一起，就這樣他們認識了，來往了幾個月，他就成了我的女婿。」

「好福氣，好福氣！」王文元拍手點頭。「妳女婿姓什麼，叫什麼名字？」

「他叫徐新模。」

「什麼地方人？」

「江蘇。」

「這更理想，將來可以一道回老家。」

「我也是這樣想。」孟繁華點點頭：「要是她父親還在，希望他們父女父子將來有團圓的一天。」

「春生要是知道兒女這麼成器，他會和妳一樣高興。」王文元說。

「幸好兒女成器，不然我眞對不住他。」孟繁華說。

「也虧了妳，帶着兩個孩子來到臺灣，把他們培養到大學畢業，眞不容易。」王太太說。

「王太太，妳總還記得，當年我帶他們到臺灣來時，幼軒才四歲，幼亭才五個月。」孟繁華說。

「怎麼不記得？」王太太說。

「我覺得他們還是那麼大。」王文元笑着打趣。

「大人看小孩子總是很小，其實小孩子看我們已經很老了。」孟繁華說。

「我們兩夫妻是眞老了，妳還不老。」王文元打量她說。

「王先生，我現在不是二十歲，甜酸苦辣都嘗够了，你不必說這種話來寬我的心。」孟繁華說。「如果不是還有兩個小的，一個老的，我眞想和幼軒幼亭住在一起，享幾年晚福。歲月不饒人，我知道我已經不是和春生在一起時那麼青春年少了，女人一到五十，還能有幾年光景？」

「兩個小的怎樣?」王文元問。他沒有看見她和竺志平生的兩個孩子。

「眞巧，他們都像志平。連佩脾氣都像。」孟繁華說。

「有幾年沒有看見志平，他現在怎樣?」王文元問。

「老了，」孟繁華慨嘆地說：「轉眼六十了。本來他要同我一道來看你們，可是他是勞碌命，這次是出差，有很多公事要辦，他要我向你致意，明天在酒席上見，省掉他跑這一趟。人老了，精力差多了。要是幼軒的爸爸，他一定會同我一道來。」

「春生和我同年，他今年也五十了。」王文元說。

「可是他身體也和你差不多，我相信他現在還會和你一樣少年。」孟繁華說。

「看樣子你對春生還沒有淡忘?」王文元說。

「一夜夫妻百夜恩，我和春生幾年夫妻那怎麼會忘記?」孟繁華回答。

「要是將來你有機會和柳先生見面，妳會不會回到他身邊去?」王太太笑問。

「好馬不吃回頭草，怎樣我也不會回到他身邊去。」孟繁華說。「我只希望他討個好太太，我還是和志平過日子。」

「志平是個老實可靠的正派人，他待妳也不錯。」王文元說。

「就是這一點我才嫁給他，」孟繁華說：「不然論別的條件，他沒有一樣趕得上春生。」

「竺先生家裡有沒有信？」王太太問。

「也沒有，不過聽說他太太還在。」

「不知道改嫁沒有？」

「又老又醜，誰要？」孟繁華笑着說。

「妳怎麼知道她又老又醜？」王太太也好笑。

「她比志平大兩歲，我看過她的照片，十足的土包子。」

「妳別損人。」王太太說。

「我說的是眞話，不是損她，志平自已也承認。」孟繁華說。「以前我家的老媽子也比她强，志平娶了我眞是他的造化。」

「妳嫁了志平，他幫助妳把兩個孩子撫養成人，功勞也不算小。」王文元說。

「說來說去都是爲了幼軒幼亭兩個孩子，不然我怎麼會再嫁？」孟繁華說。

壁上的電鐘指着十一點，孟繁華看了一眼連忙站起來說：

「我要走了，一來就談個沒完。」

「十幾年不見，眞是難得！多坐一會，等會我叫計程車送妳回親戚家。」王太太說。

「不，明天再談。」孟繁華說，「太晏了人家要睡覺，不好打擾。」

「後天請妳和志平來我家吃頓便飯，我們再好好地談談。」王文元說。

「今天我已經談得够多了。」孟繁華說。

「妳還沒有告訴我妳哥哥的情形。」王文元說。「他結婚沒有?」

「他已經退役了，前年才結婚。」

「怎麼拖到前年才結婚?」王文元有點奇怪，他以爲她哥哥不會拖這麼久。

「以前是高不成，低不就，後來越拖年齡越大，我一催再催，他才勉强結了婚。」

「這也算了了妳一樁心事。」

「王先生，我們的事也只有你知道得最清楚。老朋友，希望你不要見笑。」

「那裡的話?你們兩兄妹眞是情同手足，難得的很。」

「現在我眞的要走了，」孟繁華看看手錶，又對王文元說：「王先生，今天我拉拉雜雜談了很多，有些話你可不能對志平講?免得他多心。」

「我自然不會對他講，」王文元笑着回答：「你們老夫老妻了，他還會多什麼心?」

「俗話說，人老心不老，我怕他吃乾醋。」孟繁華笑着說。

王文元夫婦把她送到馬路邊，攔了一輛計程車，先付了車錢，讓她坐進去。她從窗口伸出頭來對他們兩人說：

「明天幼軒的婚禮，你們兩位一定要賞光。」

「我們一定去喝喜酒。」王文元夫婦同答。

她揚揚手，車子開走了。

王文元夫婦望着急馳而去的車子半天沒有作聲，他們想起十幾年前，甚至二十幾年前的往事。

二

孟繁華和柳春生的婚禮是在嘉陵飯店舉行的，男女儐相正是王文元夫婦，那時他們兩人還沒有結婚。

戰時的重慶生活雖然節儉，他們的婚禮却十分隆重。禮堂正中掛着「百年好合」的金字喜幛，周圍還掛了許多「永浴愛河」、「永結同心」、「舉案齊眉」之類的喜幛陪襯，禮堂裡喜氣洋洋，客人們都睜大眼睛看着新郎新娘。

柳春生年輕英俊，高高大大。孟繁華美麗大方，不施脂粉，自然唇紅齒白，面如桃花，而且笑口常開，一身青春氣息。看見她就像看見春天。

一些年輕要好的朋友，在酒席散後，還跟着去鬧洞房，要新郎這樣，要新娘那樣，吵吵鬧鬧，不可開交，鬧到一點多鐘還不肯走，一定要新郎新娘當衆接吻才肯離開，男女儐相說好說歹都不能解圍，最後還是孟繁華大方地答應了表演一下，大家才走。

「妳眞有勇氣！」客人走後女儐相笑着對孟繁華說。

「他們死皮賴臉，不達到目的不肯罷休，今夜是洞房花燭，我怎麼能讓他們老賴着不走？」孟繁華說。

「這樣說來我也該走了？」女儐相識趣地說。

「希望早天吃妳和王先生的喜酒。」孟繁華說。

「文元，對不起，今夜我不能留客。」柳春生也打趣地對王文元說。

「新人進了房，儐相丟過牆，我們識相。」王文元笑着和女儐相走了出來。

結婚不到一年，他們就生了幼軒。兩人感情更好。隨後是勝利復員，他們到了十里洋場的上海。住在狄司威路一棟洋房裡。柳春生少年得志，收入很多，生活過得十分愜意。孟繁華成了十足的少奶奶。孩子有奶媽帶，家事有女傭人作。她除了打牌就是陪柳春生應酬，跳舞、看電影、看平劇。勝利後的上海，繁榮得特別快，京朝派的名角兒紛紛南下演出，柳春生迷上了馬連良、譚富英、紀玉良、李宗義、楊寶森和海派麒麟童這些生角，孟繁華也迷上了梅蘭芳、言慧珠、童芷苓、白玉薇、鄭冰如這些旦角和電影明星金嗓子周璇。儘管別的地方在談談打打，打打談談，可是他們在上海過的是太平盛世紙醉金迷的日子。

這樣無憂無慮，快樂幸福的生活過了三四年，上海也不再是安樂窩了。柳春生爲了孟繁華和孩子的安全，要她帶着孩子跟老朋友王文元夫婦一道先去臺灣。

「要走我們一道走，何必分什麼先後？」孟繁華不同意。

「我的業務不到最後關頭不能離開，王文元夫婦是老朋友，你和他們一道走還不是和我一道走一樣？何必等到臨時慌慌張張？」柳春生說。

「我哥哥有飛機，還怕走不了？」孟繁華說，她哥哥孟繁宗是駕駛員。她們從重慶到上海就是坐他哥哥的飛機。

「話不是這麼說，現在的情況也和那時不同，妳帶着孩子先走比較安全，免得我再分心。」

「萬一隔住了怎麼辦？」孟繁華說：「我們夫妻子女怎麼團圓？」

「放心，放心！」柳春生輕鬆地一笑：「我一個人行動方便得很，臺灣我還不會去？」

聽他這樣說，孟繁華才放心。她知道他很能幹，自己的哥哥又有飛機，還能困住他不成？

臨走的這天，他親自把孟繁華和兩個子女送到龍華機場，他很放心，因爲有她哥哥和老朋友王文元夫婦照顧，這次分離他只當作小別。孟繁華也只當作是一次愉快的旅行，她很歡喜臺灣的菠蘿香蕉，每次她哥哥帶着新鮮菠蘿香蕉到上海送她時，她就說要到臺灣去，看看它們是長在什麼樹上的？現在眞的要去臺灣，心裡就有一股掩飾不住的喜悅。

上飛機時，他吻了吻站在地上的幼軒，又吻吻她懷中的幼亭，然後抱着她吻了一陣。王文元夫婦取笑他們：

「看樣子你們還像在渡蜜月，也不怕難爲情？」

柳春生瀟洒地一笑，向他們揚揚手：

「拜托，拜托！」

「你要快點到臺灣去，不要讓我久等。」孟繁華站在機艙門口說。

× × ×

他們一飛機坐到屏東，安居下來。

時局變得意料之外的快，上海變色了。

孟繁華天天盼望柳春生到臺灣來，可是杳無訊息。

爲了生活，孟繁宗替她母子們報領了眷糧。

一年過去了，柳春生沒有消息；兩年過去了，柳春生還是沒有消息，後來大家都覺得沒有希望，不得不爲她們母子前途着想，她哥哥孟繁宗更急，如果不解決她們母子問題，他就不能結婚。他不能打光桿打一輩子。有一天他就向她提出這個問題，而且拿出一張同事的照片給她看。她當時就哭了，跑來和王文元夫婦商量。王文元沉默了一會之後對她說：

「妳哥哥不但是爲他自己着想，也是爲妳着想。妳還年輕，孩子又小，以後的日子還長得很，這樣下去總不是辦法。」

「王先生，如果我改嫁怎麼對得住春生？」孟繁華哭着說。

「形勢如此，他也不能怪妳。」王文元說：「只要妳能把兩個孩子撫養成人，妳就對得住他。」

「可是我心裡難過？」

「爲了孩子，爲了妳哥哥，妳自然要受點委屈。」王太太說。

「王太太，妳知道我和春生的情感，我怎麼死得了心？」孟繁華一把眼淚一把鼻涕。

「這自然是傷心的事，我說了妳要受點委屈。」王太太說。

「竺志平也是我的朋友，人很誠實可靠。」王文元說。

「聽說他在大陸上有老婆孩子？」孟繁華擦擦淚說。

「這情形還不是和妳一樣？」王文元說。

「那我嫁給他不是作小？」

「放心，他已經有朋友從調景嶺來信，證明他太太死了，以前的婚姻關係已經不存在。現在這種例子不少，事實上也不能不如此。」

「我沒有見過竺志平本人，不知道他到底怎樣？」孟繁華問。

「論外表，自然趕不上春生，不過人很誠實正派，妳哥哥替妳選擇的不會錯。改天我請你們吃頓便飯，見見面如何?」

孟繁華沒有作聲，王太太接着說：

「這不是頭次婚姻，要帶點浪漫色彩。說老實話，我們女人選男人還是人品第一。」

「那就見面再說吧！」孟繁華終於點頭。

第三天，王文元夫婦就安排他們見了面，自然也請了她哥哥孟繁宗。

這次見面他們沒有談任何問題，彼此心照不宣。飯後孟繁宗和竺志平先走。王太太問孟繁華：

「妳覺得竺志平這人怎樣?」

「看樣子倒是個老實人，別的就不能談了。」孟繁華委屈地說。

「老實人才可靠，不然妳哥哥也不會替妳介紹。」王太太說。

「年齡也太大。」孟繁華說。

「竺先生是不修邊幅，所以看來不顯得怎麼年輕。」王文元說：「其實他只大妳十歲，照現在的男女結婚年齡來講，不能算大。」

「可是春生只大我一歲多。」孟繁華說。

「我說了這不是頭次婚姻，」王太太說：「現在的事不能和大陸時期比。很多十幾歲的女孩子嫁四、五十歲的男人，妳和竺先生的年齡還算接近。」

「不知道他歡不歡喜我的孩子，肯不肯負教養的責任？」

「這用不着妳擔心，妳哥哥老早想到了。」王文元說：「我也和竺先生談過，他說一定會當自己的子女看待。」

「現在我還不能答應他，我要考慮一下，」孟繁華說：「也許春生會有信來？」

「這件事情自然不能勉强，」王太太說：「不過妳對柳先生不能存太大的希望。」

「王太太，結髮的夫妻，我實在不能死心！」孟繁華流着眼淚說。

「這也難怪，妳再冷靜地考慮一下也好。」王太太同情地說。

經過了幾天考慮，孟繁華終於同意了這件事。但是過了半年才結婚，因爲她和她哥哥辦理脫離假鳳虛凰的手續要六個月期滿才行。

這次結婚和第一次完全不同，是先在法院公證，隨後請了兩桌客人，都是親戚朋友，不像是吃喜酒。事後王太太悄悄地問孟繁華：

「今天的喜氣不足，是不是爲了節省？」

「那倒不是，」孟繁華搖搖頭：「妳說了這不是頭次婚姻，他也是再娶，所以我們都不想熱鬧。」

「打不打算蜜月旅行？」王太太問。她記得孟繁華第一次結婚去北涪渡了一星期蜜月。

「唉，那有那種心情？」孟繁華向王太太苦笑：「我覺得這次不像結婚，好像是合夥做一件事情？」

王太太也無可奈何地一笑。

婚後，竺志平待幼軒幼亭的確很好。但是他的收入有限，生活只可勉強維持，對於現有的兩個孩子和未來的孩子的教育費不能不先作準備，因此孟繁華找了一個小學教員的工作，而且弄了幾個孩子在家裡補習。

結婚半年，孟繁華懷了孕。柳春生突然從新疆來了信，信是輾轉寄給孟繁宗的。孟繁華看到信，又悲又喜。她拿着信悄悄地來找王太太：

「王太太，現在我眞不知道如何是好？」

王太太摸不着頭腦，怔怔地望着孟繁華，孟繁華眼淚直流，王太太抓住她的臂膀急切地問：

「究竟是怎麼回事？」

「春生來了信。」孟繁華把信交給王太太。

「眞的？」王太太睜大眼睛，幾乎有點不相信。

「妳看吧。」孟繁華說。

王太太匆匆看了一遍，驚嘆地說：

「唉！眞想不到！」

「妳看我如何是好？」

「竺先生知不知道？」

「我沒有告訴他。」

「妳哥哥有沒有對他講？」

「也沒有。」

「這樣就好。」王太太輕輕吐了一口氣。「不必讓竺先生知道。」

「那我怎麼辦？」孟繁華哭着問。

「這封信來了等於沒來。」王太太說：「妳想，他在新疆，妳在臺灣，天南地北，關山萬里，還有什麼辦法？」

「他不會逃到臺灣來？」

「能逃來不早逃來了？還會到新疆去？」

「眞奇怪，他爲什麼要到那種地方去？」

「這有什麼奇怪的？當然是不得已啦！」王太太說；「我看妳連信也不必回。」

「爲什麼？」孟繁華奇怪地問。

「一方面是減少柳先生的痲煩，一方面是免得影響妳和竺先生的情感。現在生米已經煮成熟飯，不能再三心二意了。」

「他如果早半年來信，我一定等他！」孟繁華哭着說。

「別說傻話，」王太太笑着安慰她：「形勢比人強，妳等到頭髮白也是枉然。」

「我眞想不透，老天爲什麼要這樣折磨我？」孟繁華哭着說。

「除了命運以外，沒有別的解釋。」王太太拍拍她：「我看柳先生的信還是存在我這裡好，妳回去，只當沒有這回事。」

「我總不能不告訴孩子？」

「妳現在告訴他們無益，等他們懂事以後再說不遲。」

「讓我一個人悶在心裡難過？」

「那有什麼辦法？妳只好再受點委屈。」

三

不久，王文元夫婦遷來臺北。孟繁華替竺志平生了一個兒子臺生。兩年後又生了一個女兒小華。

他們這次相見，已經事隔十多年了。一切的變動都很大，幼軒明天出嫁，幼亭也已成人，孟繁華年將半百，人類已經上了月球，美麗的幻想已經破滅。

四

幼軒的婚禮在中山堂光復廳舉行，場面很大。

王文元早到一步，他們先到新娘休息室去看幼軒，幼軒打扮得像天仙一樣，她不認識他們，他們依稀認出二十多年前柳春生的面貌，又看着她是新娘打扮，便猜出她是幼軒。

孟繁華站在女兒旁邊，看見王文元夫婦進來，連忙招呼，並且對女兒說：

「幼軒，這就是王伯伯、王媽媽。」

幼軒笑着點頭招呼，王文元夫婦道了喜。孟繁華又拉着一位高了她一個頭的年輕人對王文元夫婦說：

「這就是幼亭。」

「啊，你們兩姊弟長得這麼高這麼大了？要是在路上碰見，我眞不敢認。」王太太說。

「妳眞好福氣！」王文元對孟繁華說。

「我就是盼望有這麼一天，盼望他們兩人長大。」孟繁華說。鞭炮響了，婚禮開始，新郎進來牽着幼軒出去，王文元夫婦和孟繁華一道出來，坐在前排座位上。

竺志平掛着主婚人的紅緞條子和男方家長以及證婚人站在臺上。正當中也掛着「百年好合」的大喜幛，和孟繁華柳春生結婚時的佈置氣氛一模一樣。王文元夫婦有點奇怪？問孟繁華：

「這是誰佈置的？」

「我告訴他們佈置的。」孟繁華回答：「我想重溫一下舊夢。」

在婚禮進行中，孟繁華默然不語，眼中含淚。王太太悄悄地對她說：

「今天你應該高興。」

「我是高興，」孟繁華點點頭：「要是春生主持婚禮我更高興。」

「柳先生有信來沒有？」王太太輕輕地問。

「上次我沒有回信，他怎麼會再有信來？」孟繁華說：「他那封信還在不在？」

「在我皮包裡。」王太太指指手中的皮包。

「請妳還我，讓我留個紀念。」孟繁華說。

王太太打開皮包，把信交給她說：

「現在事過境遷，妳藏着無妨。」

「我想給幼軒幼亭看看，讓他們瞭解我作母親的辛酸。」

恩 怨

一

我是第一批派遣到上海的憲兵，我的部隊駐在四川北路。我的管區是蘇州河以北，北火車站以東的廣大市區，這一帶在戰前就是日本僑民集中地，戰時日本僑民更多，好的住宅區，不管以前是英國人的房屋，還是中國人的房屋，都住着日本人。

我的任務是維持治安，保護日僑，管理身份特殊的戰俘以及有叛國嫌疑的漢奸。我的權力超過警察，雖然我只是一個二十七歲的憲兵上尉。

因爲我的身份和職務關係，有不少日僑透過上海商人找我，他們過去多半在經濟上有着「共存共榮」的關係，我不想惹一身騷，所以一概不見。

一天，我的表叔劉鼎鈞請我吃飯，他是個印刷商人，很有一點兒書卷氣。我從前在上海唸大學時，他就常要我到他家裏吃飯，還不時送點錢作零用。他的好意我自然不能拒絕。勤務兵替我把軍服燙得筆挺，銅鈕扣、長統馬靴擦得發亮。我穿戴得整整齊齊，準時到表叔家去。

表叔家裏不像請客，沒有熱鬧的場面，連一桌麻將也沒有。客廳乾乾淨淨，黑漆圓桌、太師椅、茶几抹得發亮，古色古香。

我一進門，表叔就笑着從房裏迎了出來。他穿着藏青嗶嘰長夾袍，半捲着白袖口，嘴上啣着紙煙，樣子十分瀟洒。他後面跟着一位五十上下，平頭，穿着吊在屁股上面的西裝上衣，比他矮了一拳的日本人；和一位臉孔白得像雪，身材嬌小玲瓏，穿着一身素淨的藍色和服的少女。

我向表叔行了個舉手禮，馬刺喀喳一聲，表叔向我一笑：

「得了，我是個活老百姓，你何必給我來五百塊錢？」

「表叔，你眞是三句不離本行。」我也笑着回答。

他隨即把我一拉，一疊連聲地說：

「來！來！來！我替你介紹日本漢學家有田太郎先生，和他的千金昭子小姐。」有田先生連忙向我九十度鞠躬，昭子小姐雙手往膝上一貼，低頭彎腰，我連忙還禮。有田先生用流利的中國話對我說：

「大尉，剛才您表叔還和我談起您，眞是聞名不如見面，果眞一表人材。他抬舉我可不敢當，以後還請您多多指教。」

我沒有想到他會講出這麼好的中國話，又是這麼客氣，論年齡他是長輩，眞使我不知如何回答好。

表叔是個面面周到的人，他連忙代我回答有田：

「你過的橋比他走的路還多，不必客氣。」

表叔雖然這麼說，有田對我還是十分恭敬。

「有田先生，您到中國好久了？」我問他。

「十年。」他彎腰點頭回答：「事變前兩年，我就到貴國來了。」

「難怪你的中國話講得這麼好。」

「抬舉！抬舉！」他咧嘴一笑。

「他不但中國話講得呱呱叫，四書五經也背得比我還熟，漢詩他也做得很好。」表叔說。

我重新打量有田，他十分謙虛地說：

「大尉，漢學博大精深，我只剽學了一點皮毛。眞是大船拖成糟，小船不用篙，我在貴國十年，比在國內進步不少。」

從他這些話裏，我知道他的漢學到了那種火候。他講的「剽學」這種字眼，和「大船拖成糟，小船不用篙」的諺語，我們一般人都不會用。

有田告訴我他在來中國之前，在漢學方面已化了十幾年功夫。來中國以後，在四川北路開了一家書店，又作了一些蒐集研究的工作。我們一般人所忽視的諺語，他也記錄了不少。他對我們中國語言的優美，人生哲理的豐富，非常佩服。他還舉出「嫂嫂做鞋，嬸嬸有樣」、「人情急似債，頭頂鍋兒賣。」、「一隻虱子頂不起被窩」這些諺語加以說明。

「有田先生，您從文化方面瞭解中國，您才配稱爲中國通。」我說。

「豈敢，豈敢！」他向我拱拱手，一副中國人的派頭：「大尉，您該不會把我看做侵略者吧？」

我心裏感觸很多，沒有及時回答，他又接着說：

「大尉，我知道你心裏有個結，一時解不開。我個人覺得也很遺憾。」

表叔連忙把話岔開，拉我入席。

客人只有我們三個，菜却上了一滿桌。

表叔家人口不多，連我和有田先生、昭子小姐在內，還坐不滿一桌。這完全不像請客，彷彿在吃團圓飯。

有田先生向我敬酒，他雙手捧着酒盅，誠懇恭敬。禮尙往來，我自然回敬。

酒酣耳熱，表叔高興地把袖子輕輕向上一捋，要和我豁拳，他是生意場中人，我自然不是他的對手。他打敗了我，又向有田挑戰，有田和他豁了個平手，兩人都高興的大笑。

「你不要看他拳頭上可以跑馬，本來他是學文的。」表叔用醉眼睨了我一眼，又朝有田說：「要不是遇上七七事變，他不會穿上這身老虎皮。」

有田望我一眼，立刻擧杯，伸到我的面前：

「大尉，我借花獻佛，再敬你一杯。」

我用杯子輕輕一碰，說了聲「先乾爲敬」，一飮而盡。

「海量！海量！」他笑着說，也喝了一大口。

「有田先生，就是因爲戰爭，我才沒有戴上方帽子。」我感慨地說。

他有點尷尬，摸摸杯子，望望我想說什麼，又囁嚅着不能出口，過後望着酒杯，自言自語：

「戰爭起於偏見和愚蠢。」

「再加野心。」我說。

「大尉，宰相肚裏好撐船，千萬包涵包涵，只有互相瞭解，再加上孔夫子的忠恕之道，人類才不會再有戰爭。」

「有田先生，我們不但奉行孔夫子的忠恕之道，而且以德報怨。」

他拉拉昭子小姐的衣袖，兩人同時雙雙捧着酒杯，向我和表叔敬酒。

二

飯後，有田父女先走，我也想告辭，表叔把我的袖子一拉：

「恕人，你慢走一步，我還有話和你說。」

「表叔，您有什麼吩咐！」

「恕人，現在你水漲船高，泥多佛大，不比從前了，我怎敢吩咐你？」表叔和我開玩笑，同時遞給我一枝烟。

「表叔，你葫蘆裏到底賣什麼藥？把我留下來幹什麼？」我忍不住問他。

表叔拍拍袖子，吹吹烟灰，一臉正經地望望我，輕輕地說：

「恕人，我要請教你一件事！」

「表叔，什麼事？你儘管說吧！何必這樣客氣？」

「恕人，你看守所裏是不是有個有田英機憲兵大尉？」

「有的，表叔，你問他幹什麼？」

「有田英機就是有田太郎的公子。有田太郎託我在你面前方圓幾句，請你照顧照顧。」

「他們一天三餐和我們完全一樣，我沒有虧待任何戰俘。」

「這我知道。」表叔把頭一昂：「有田太郎的意思是最好不要把他的公子列爲戰犯。」

「這要看他過去的行爲，我決不寃枉人。表叔，您是老上海，你應該知道有田英機的爲人。」

「說不定是受了他父親的影響，我覺得他比別的日本人好得多。」

「可是有老百姓告他。」

「走多了夜路，自然會碰見鬼，有田太郎就是躭心這些事。」

「捉賊捉贓，捉姦捉雙，一切全憑證據，如果他沒有罪，我不會栽贓；如果他有罪，我也不能作他的護身符。」

「大樹底下好遮蔭，要是案子不大，你就一筆帶過算了。」表叔滿臉堆笑，小心觀察我的臉色。「寃仇宜解不宜結。」

「表叔，有田太郎先生和他的千金，我會全力照顧。有田大尉的事，我騎着驢子看唱本，走着瞧。」

離開表叔的家，我直接去看守所。

所裏有二十幾個日本軍官，有田大尉是下級軍官，是個尙未確定的戰犯。

他是個中等身材的人，光頭，身體結實，服從性强，今年才三十歲，東京人。

他也能講中國話，不過趕不上他父親。我曾經和他作過兩次個別談話，發現他有一種勇於負責的精神，對於中國情形，比比他地位高的普通軍官瞭解得更多更深。

控告他的案件有兩個，一是酷刑逼供；一是被捕的人失蹤。我問過那個被刑訊的李漢平，他已經瘸了一條腿。第二件案子是件無頭公案，我也無從着手。

看了案卷，考慮了一會，我決定再和有田大尉談一次話，隨卽要王班長把他找來。

有田進房之後，我把門關上，不讓別人打擾，使他儘量輕鬆。

「有田大尉，今天我會見了令尊。」我開門見山地說。

他顯得有點激動，臉上浮起一絲笑容，隨後又懷疑地問我：

「您們在什麼地方見面的？」

「在我表叔劉鼎鈞家裏。」

「哦！您和劉先生是親戚？」他臉上顯得十分驚喜。

我點點頭，繼續對他說：

「有田大尉，我瞭解令尊的意思，不過我也希望你肝膽相見，我們中國人講究天理、國法、人情，我更反對寃寃相報，我只想瞭解事實，免得我的判斷錯誤。」

「大尉，上次我已經告訴你，姓李的刑訊是實，姓梁的下落我也不知道，因爲他是上級提走的。」

他的話和前兩次講的相同，我沒有發現新的線索。

「有田大尉，我不想鷄蛋裏找骨頭，希望你也打開天窗說亮話。」我再說明我的態度。

「大尉，坦白說，你比我當初想像的友好得多，你完全沒有把我當作敵人看待，實在意外。我要講的已經講了，該我負責的我一定負責。」

我很欣賞他的大丈夫氣慨，我伸手準備和他握握，他遲疑了一下，突然厚嘴巴一咧，伸出右手，用力一握，又行一個九十度的鞠躬禮，欣然離開。

三

接收初期的上海，社會秩序還沒有完全建立起來，尤其是我這一管區，份子相當複雜，我除了命令各排加强巡邏外，我自己經常帶着連部的張維民上士穿着便衣機動視察。

一天晚上八點多鐘，我帶着張維民在狄思威路巡視，一家樓房裏突然傳出威嚇的聲音。我和張維民悄悄地爬上樓梯，發現一位服裝整齊的准尉和一個穿着對襟短夾襖長褲，翻轉着白袖口的老百姓，在大聲地對着一位四十多歲穿着日本和服的中年女人講話，命令她搬出去。這本來是英國人的房子。

一走進門口就發現牆上貼了一張封條，我看了兩眼，把封條揭下。他們兩人突然發現我，衝到門口，那老百姓氣勢洶洶地喝問：

「儂吃了豹子膽?敢在太歲頭上動土?」

我沒有理他，轉問那個豎眉瞪眼的准尉：

「請問你是那個單位的?」

「你狗咬耗子，老子揍你。」

他一拳揮過來，我向後一躍，掏出手槍，指着他。他一楞，臉色慘白。我問他是那個單位的，他答不出來，那捲着白袖口的老百姓堆着笑臉，向我打躬作揖：

「恕我有眼不識泰山，請您高抬貴手。」

「銬起來，把他們帶走！」我命令張班長。

張班長掏出手銬，把他們兩人銬在一塊。那准尉一面掙扎一面問我：

「老兄，請問你是那一路的？」

我沒有理他，張班長把他們銬好，掏出憲兵臂章在他面前一揚：

「你看清楚一點，可不像你一樣冒充，乖乖地跟我到隊上去！」

他們兩人一齊楞住，呆呆的望着我們。張班長把他們向前一推，他們脚步踉蹌，垂頭喪氣地走下樓梯。

那日本女人本來嚇得楞頭楞腦，目瞪口呆。一看見張維民把那兩人解走，才大大吐了一口氣。雙手向膝上一搭，跪在榻榻米上送我。

「抱歉，打擾你了。」我安慰她兩句，轉身走下樓梯。

想不到在樓梯下碰到有田先生和昭子小姐，他們倆眼瞪瞪地望着張維民帶走那兩個人。一發現我，昭子驚奇地一笑，欲語還休。有田激動地說：

「大尉，我眞沒有想到你會到這裏來！到底是怎麽回事？」

「沒有什麽，抓住兩個癟三。」我簡單地回答。

「大尉，我們就住在樓上，請上去休息一下。」有田向樓梯上一指。

這是一座大洋樓，樓上住了兩家日本人，我不知道他們是那一家？他一再要我上去，盛意難却，我只好上去看看。

那日本女人聽見有人上樓，膽怯地探頭一望，發現他們父女兩人，馬上展顏一笑，隨後發現我更是又驚又喜。我也楞住了，沒想到這就是有田的家？她就是有田的太太？

有田先生用日語向他太太說了幾句，大概是說明我的身份，她也用日語和他講了一陣，大概是報告剛才的情形。有田一面聽一面感激地望望我，昭子漆黑明亮的眸子在我臉上打轉，最後粲然一笑，用上海話輕柔地說：

「謝謝儂！」

她的上海話講得比普通話道地得多，連上海小姐那種嗲腔都能表達出來，我又驚奇地看了她一眼，這次她沒有閃避，反而微笑地望着我。

我彎腰脫鞋，準備進門，昭子往地上一蹲，伸手替我解開鞋帶。

有田夫婦把我招待在一張尺把高的小黑漆桌前席地而坐，昭子用日本細瓷茶杯替我和她父母斟了兩杯茶。

客廳裏掛了一幅中國山水，小書橱裏放了一些日文書籍和中國線裝書。陳設非常簡單，顯得空空蕩蕩，彷彿隨時都準備走的樣子。

「有田先生，你們是第幾批回國？」我看了四周一下問他。

「第五批。」他說。

「什麼時候動身？」

「不知道。船很少，現在第一批還沒有走完。」他望着我說：「如果你們准許我住下去，我一時眞不想回國。」

「你可以申請居留。」

「我不是技術人員，辦不到。」

「大尉，爸爸躭心哥哥的事。」昭子跪在我的旁邊，用上海話輕輕地說：「他希望和哥哥一道回國。」

「昭子小姐，你哥哥是軍人，不會和平民一道遣送。」我說。

「只要哥哥能够早點回國，爸爸也會放心。大尉，儂能不能做個人情？」

我不便回答，有田望着女兒說：

「昭子，你不要給大尉出難題目，大尉懂得忠恕之道。」

昭子那洋娃娃般雪白的臉微微一笑，瞟了我一眼，緩緩地低下頭去。

四

由於戰後日本輪船的不足，人數太多，遣俘遣僑的工作遷延了幾個月。

有田先生、昭子小姐和我時常在表叔家見面， 有時是表叔約我們吃飯， 有時是不期而遇。

昭子小姐穿旗袍時，簡直和上海小姐分不出來，她的上海話講得比我還好，有一次表叔悄悄地問我：

「恕人，你覺得昭子小姐怎樣？」

「依人小鳥、很可愛。」我說。

表叔高興地一笑，輕輕地噴了一口烟，悠悠地說：

「她對你的印象也不壞，我替你們做個媒好不好？」

「表叔，隔層綿布隔層紗，你別開玩笑。」

「她今年二十歲，在上海住了十年，算得半個中國人，何況她父親是個漢學家！」

「表叔，您別做夢娶媳婦，專想好事，您又不是她肚子裏的蛔蟲，您知道她想的什麼心思？」

「唉！我看着她長大，她有幾顆牙，我都淸淸楚楚。」

「她快要囘國了，不談這件事。」

「傻瓜，要是這件事談成了，她就不會囘國。」

「表叔，您怎麼知道？」

「我活了幾十歲，難道這一點風色也看不出來？」表叔白了我一眼。

這天有田先生借故先走，把昭子小姐留下來。晚飯後，昭子小姐告辭，表叔吩咐我說：

「恕人，你送昭子囘去，她一個人不大方便。」

於公於私，我都不能推辭，她住的地方又比較僻靜，單身小姐要是遇上流氓癟三，總不是好事。

她看我答應送她，非常高興，漆黑的眸子如盈盈秋水，閃閃發亮。

表叔的家和她住的地方並不遠，但是沒有電車，我要叫黃包車，她要我陪她走路。

沿街走路，街邊的地攤漸漸減少了，東西也沒有以前多。秋風捲起紙屑，已經有點寒意。她不時用日語和擺地攤的日僑打招呼，他們迷惘地望着她的旗袍，幾乎不相信她是日本人。

她和我談了一些日僑的情形，她說大多數的日僑擔心回國後生活困難，他們知道國內羅掘俱窮，遠不如他們在上海的生活好。

「你想不想回國？」我問她。

「我對東京的印象實在沒有上海深，爸爸也很喜歡中國，但是我們不能不回去，除非做個中國人。」

「你願意做中國人？」

「怎麼不願意？」她天眞地一笑：「日本人和中國人實在沒有什麼分別，我們的書上就有很多中國字，爸爸簡直是個中國人。我眞不明白我們爲什麼要打這場無益的仗，死傷這麼多人？大家和和氣氣地不好嗎？」

「希望以後永遠不要再有這種事情發生。」

「我不願意打仗，我爸爸更不願意日本人打中國人。」

「你哥哥呢？」

「哥哥的心也是肉做的，但是他不敢反抗命令。」她又望望我，閃着睫毛問：「你呢？是不是英雄主義？你歡不歡喜戰爭？」

「一將成名萬骨枯，我的族譜裏找不出一個軍人，我本來一心想做文學家，沒有做過英雄夢，這場戰爭把我毀了。」

別。

她閃着睫毛望望我，和我靠得更近。我們沒有再講話，直到我把她送到門口，才向她道

「你不上去坐一會?」她悵惘地望望我，輕輕地說：「我父親母親都很喜歡你。」

我點點頭，她高興地牽着我的手，踏上樓梯。

五

有田先生夫婦，確實對我很好，有田先生好像有點偏愛，昭子和我的感情自然上升，但是我的女友突然從後方來信，說是想到上海來，使我不敢再進一步。加上他們又遷到日僑集中區居住，候船回國，昭子雖然時常請假出來和我會面，但總沒有以前在自己家裏方便，我又因公務太忙，抽不出太多的時間陪她。有田先生是日僑區的對外聯絡人，隔三五天我們可以碰一次面，他也趁機看看他的兒子有田上尉。

他們回國的頭一天下午，昭子打了一個電話給我，約我在寧海路一家印度餐館見面，這家餐館以前是日本料理店，現在由一個印度人接辦，我和昭子在這裏吃過兩次咖哩鷄飯。

她比我先到，坐在靠窗口的那個檯子邊，那是我們第一次坐的地方，她看我進來既高興又有點黯然，她第一句話就說：

「我們明天上船回國」。

她眼圈微微一紅，我也半天講不出話。隨後她打開一卷畫，是唐寅畫的虎，我不知道是什麼意思？也不知道這幅畫是眞是假？

「這是爸爸收藏的一幅古畫，他要我送你。」她說。

「那怎麼敢當？這是唐伯虎的墨寶。」我說。

「再送你一張全家福。」她又從牛皮紙的封套裏抽出一張六寸照片，上面是有田先生夫婦，有田英機和昭子。照片上的有田英機掛着中尉領章，昭子是十六七歲的少女。照片後面寫下了他們東京的住址。

「謝謝你的盛意，我一定好好地保藏。」我把照片和畫收好。

「本來我想留在上海，看樣子現在是賴不下去了。」她幽幽地說。

「海內存知己，天涯若比鄰。你沒有讀過這兩句中國詩？」

「爸爸同我講過。」她用手絹拭拭眼淚，點點頭。

「明天上船要不要我幫忙？」

「團體行動，一切都安排好了，不必勞駕。」

我留她吃晚飯，八點鐘以前送她回去。她留戀地望望每一排店舖，每一條街道，甚至來來往往的黃包車。

第二天上午十點，我和表叔一道買了一大簍碭山梨、板栗，和點心上船送他們。

有田先生看見我們和大簍大包的東西，感動地滾出兩顆眼淚；昭子悲喜交集，兩顆漆黑明亮的眸子，盯在我的臉上，似笑非笑，似哭非哭。她穿着一身絳色的素淨和服，益發惹人憐愛，我眞後悔沒有把她留下來。

當我把一張四寸的便裝照片送給有田先生時，她從她父親手裏拿過去，抽出來瞄了一眼，高興地笑了。

直到十二點開船，我和表叔才離開，下船時有田先生又關心地問他兒子的事情，我告訴他說：

「三個月以後就可以回國。」

因爲軍事法庭根據各方面的調查資料，從輕發落，只判有田上尉三個月。昨天我才從團部打聽到這個消息。

有田先生和昭子都高興地流出了眼淚。有田先生激動地說：

「回東京以後，我要他重新做人，從頭幹起，做點有益的事情。不然眞辜負了你們的大恩。」

原載華燈創刊號、「中國文選」。

夜宴

方孝儒老先生患了多年的失眠症，往往長夜不眠，即使偶爾打個盹兒也是一驚即醒。不過晚上一到十二點，他一定上床去睡，躺着養養神。

這天躺到兩點多鐘，還是沒有一點睡意，前三皇，後五帝，想個不停。從襁褓到四十五歲這個階段，都是他的黃金時代，眞的錦衣玉食，沒有吃過一點苦頭。甚至八年抗戰，他仍然養尊處優。四十五歲以後，他忽然一落千丈，掃地出門，彷彿千年老樹連根拔起。窮人窮，一條龍，富人窮，放屁蟲。來到臺灣以後，他眞的一籌莫展。他太太也是茶來伸手，飯來張口，嬌生慣養，沒有一點謀生技能，而且四十多歲的女人，也沒有什麼好幹。後來他自己總算找到一個小事，夫妻兩人勉强可以度日。他們是從繁華中過來的人，一旦夢醒，反而更看得開，夫妻兩人，眞能安貧樂道。可是年齡大了以後，他漸漸不受歡迎，去年起失掉了工作，他的失眠症也加重了。兩個老人，無依無靠，百年之後，誰來料理？他自然有些躭心。

他住的地方不是鬧市，更深夜靜，沒有車聲，除了老鼠跳樑，貓兒打架之外，沒有別的聲音驚人好夢。他正輾轉反側時，又聽見貓兒在屋頂上叫春。本來睡得很熟的太太，也被貓兒吵醒，輕輕駡了一句「畜牲！」

「大概牠們正靑春年少，要是像我們一樣老，自然安份。」方孝儒打趣地說。

「你還沒有睡着？」她問。

「還早得很。」他說。

「要不要吃顆安眠藥？」

「等會再看。」

這時竹籬笆門好像有點聲響，她推推他，輕輕地說：

「奇怪，好像有人？」

「白天都沒有人上我們的門，難道半夜三更還有人來？」他也輕輕囘答。

「說不定是小偷？」

「小偷不長眼睛？那麼多有錢的人家不偷，反而來偷我們的破瓦寒窰？」

她想想也對，這一帶雖然是違章建築，但無論那一家都比他們好，要偷也輪不到他們。因此她不再疑神疑鬼。

可是，不一會，她似乎聽見輕微的腳步聲，她又推推他，他不作聲，也側耳傾聽。腳步聲愈走愈近，他也聽了出來。她有點害怕，靠緊着他不敢作聲。他很坦然，也很鎮定。他相信不會有人來謀財害命，如果眞是小偷，他也沒有什麼東西可偷，別說電視，他連電晶體收音機也沒有。一張破桌子，兩把破籐椅，送人也不會要；幾套舊衣服，賣給收破爛的也賣不上百十塊錢。他有什麼可偷？ 銀行裏雖有幾千塊度命錢， 可是存摺放在破枕頭裏面，枕在頭下，誰也偷不到。眞的小偷來了他也不怕。

他的大門是直條薄板釘的已經破爛。靠門的窗子破了好幾塊玻璃，他一直未配。他太太聽見門窗有點響動，把他摟得更緊，嚇得渾身發抖。他心裏有點好笑，如果眞是小偷，那他眞是瞎了眼了。

門閂響了一下，門似乎呀然而開。她嚇得牙齒打顫，一頭冷汗。他還是不當一回事，只用手拍拍太太的背脊。直到腳步在外間飯廳兼客廳不到五蓆大小的地方轉來轉去時，他才咳嗽了一聲，外面馬上寂靜。他故意嘆了一口氣，自言自語：

「眞是窮居鬧市無人問，富在深山有遠親。人一窮了鬼都不上門。」

外間仍然寂靜無聲，他推推她，她仍然不敢作聲。他故意提高聲音問：

「喂，明天有沒有米下鍋，妳有沒有什麼開門計。」

「我又不能去偷，只好老着臉皮借。」她瞭解丈夫的意思，鼓着勇氣回答。

外面仍然沒有動靜，她反而有點懷疑自己神經過敏。她附着他的耳朵說：

「該不是我聽錯了吧？」

「沒有錯，我也聽見響聲。」他輕輕回答。

「也許是貓呢？」

這句話提醒了他，他想到了退賊的妙計，突然提高聲音說：

「妳把電燈打開，我出去看看是不是貓偷飯吃？」

他話音未落，外間突然一聲響動，彷彿籐椅拖動的聲音，接着是匆促的脚步向外跑。他起來把電燈開關打開，拉開房門，一眼看到籐椅攔在門口，一條人影閃到籬笆門外。他搖頭一笑，自言自語：

「想不到眞有這樣的笨賊，居然偷到破瓦寒窰來！」

「偷走了什麼沒有？」她急忙問。

「妳有什麼可偷的？」他反問一句。

她楞了下一，但還是不大放心，披衣起來，親自察看，一樣東西也沒有少。她也不禁一笑說。

「這個賊眞沒有長眼睛，偏偏看上我們窮人。」

「說不定是初出道的毛驢子。」他說。

「我眞不懂，年輕力壯的人什麼事不好做？偏偏要作這種醜事？」她感慨地說。

「世風日下，安份的人太少。」他說。

他們重新把門關好，再上牀去睡。

可是經小偷一擾，方孝儒更無睡意。快天亮時她逼着他吃了一顆安眠藥，他才迷迷糊糊睡了一會。

第二天夜晚，大約兩點半鐘，他又聽到同樣的響動 。他心裏罵了一句「這眞是個笨賊。」他覺得這個賊連話也聽不懂。他不想再費口舌，等到門窗有點響動，他突然把電燈扭亮，小偷轉身就跑，他望着小偷的背影好笑。

次日早晨起來，他想到這一連兩夜小偷光顧，十分奇怪，又有一點榮幸之感。他奇怪的是小偷爲什麼要偷他這樣的窮人？而且一次失手，第二次又再來。他感到榮幸的是，長年沒有人上他的門，沒有人看得起他，現在居然被小偷看上了，眞是稀有的知遇。既然小偷一而再，未必不會再而三？也許，他眞窮得沒有飯吃？何不行個方便？當年掃地出門時，自己也餓過飯，知道那是什麼滋味。恰巧他的老件兒出去買菜，他就對她說：

「請妳帶瓶紅露酒回來。」

「你又不喝酒，買酒幹什麼？」她問。

「請客。」他笑着回答。

「鬼都不上我們的門，又從那裏鑽出什麼客人來？」

「是眞正的稀客，妳帶瓶紅露酒，買點葷菜回來就是。」

「別人都怕沾了我們的窮氣。你又何必死巴結？」

「太太，三十年河東，三十年河西，我們何必像別人一樣勢利？」他笑着說好話：「意思意思，傷肉不傷骨，妳看着辦好了。」

她無奈何地走了。

回來時，小菜籃裏眞的有一瓶紅露酒，半斤猪肉，一條小魚，三個鷄蛋。他請她弄作晚飯菜。

她以爲眞的是請客人吃飯。一到六點鐘，她就把一瓶酒，四盤菜，三雙筷子擺上桌來。可是左等右等，不見一個客人上門，到了七點多她又餓又氣，指着丈夫說：

「我說了你是窮巴結，果然到現在還沒有一個鬼影兒上門！」

「太太，妳別生氣，妳餓了我們先吃飯，酒菜留着待客。」他陪着笑臉說：「要是客人眞的不來，明天我老兩口兒再打牙祭。」

「我們苦够了，我眞不稀罕什麼鬼的客人來！」她生氣地說。

老兩口胡亂地吃了晚飯，待客的酒菜都原封未動。

每天晚上都是她先睡，今天也自然不例外。方孝儒臨睡時先看看籬笆門，鐵絲作的門，易套易取，指頭一伸，就可以打開。誰都能進來。他再看看門窗，手一伸進那塊沒有玻璃的窗格，就可以把門閂抽開。他也知道這是一大漏洞，但他覺得門窗鎖得再緊，也是防君子不防小人，何況他沒有什麼可偷，何必花錢去配玻璃。

隨後他又看看桌上的酒菜，四盤葷菜，色香味俱佳，他太太本來是烹調能手，可惜現在沒有什麼給她弄。那三雙筷子本來是各據一方，他把它們重新擺過，並排放在上方，然後拿破紗罩子把菜蓋好，這才去睡。

這天晚上月色特別好，他吃飯的地方屋頂是用塑膠板蓋的，門窗又是破的，因此室內也很明亮。臥房也不用燈，依稀可以見人。

他太太已經睡着，他怕把她驚醒，悄悄上床，輕輕睡下，不敢翻身。

他不能確定今天晚上小偷會不會再來？也不知道這到底是個什麼樣子的小偷？他只覺得這是個可憐的笨賊。

他在床上躺了兩個多鐘頭，還不見動靜。今天晚上月色又好，他以爲小偷不會再來。大約三點多鐘，他忽然聽見桌上有細微的聲響，彷彿是老鼠嚙嚼東西，那隻紗罩邊上本來就有一個老鼠咬的破洞，他太太雖然用線縫補了一番，老鼠還是不難鑽進去。他怕老鼠糟塌了好菜，終於忍不住悄悄起來，悄悄把房門拉開。他一眼就看見一個瘦黑的年輕人靠着桌子自斟自酌。

那年輕人看見他一驚而起，速速地亮出彈簧刀對着他。他笑着向年輕人搖搖手。年輕人看他是個瘦弱的老頭子，馬上把彈簧刀收起來，狼吞虎嚥地吃喝。

「小老弟，不要慌慢慢地吃，這些酒菜是專門請你的。」他說。

「專門請我？」年輕人懷疑地望着他：「你爲什麼擺三雙筷子？」

「因爲你有三隻手。」方孝儒向他一笑。「可惜你找錯了戶頭。」

年輕人楞了一下，又悻悻地說：

「怎麼，你不該偷？」

「前天晚上我就暗示過你，說我們是窮光蛋，你怎麼沒有會意？」

「那是你故意騙我。」年輕人瞪了他一眼。

「就算我故意騙你，昨天晚上你也不應該再來。」

「爲什麼不該再來？」

「你不怕我有防備？」

「我正以為你昨夜不會防備。」

「那你今天晚上也不該再來。」

「不到黃河心不死。如果連你這一家也不能得手，我還能動高樓大厦？」

「小老弟，大概你是初出道兒的吧？」

年輕人不作聲，隨後又突然發問：

「奇怪，你怎麼老不睡覺？」

「我窮得睡不着。」方孝儒向他一笑。

「我不信。」年輕人搖搖頭。

「不信你來看。」方孝儒把手向臥室一伸。

年輕人好奇，他眞的走了過來。方孝儒把電燈扭亮，他向四周掃了一眼，破破爛爛，零零落落，不禁失望地說：

「想不到你比我還窮？」

「可是我不想幹你這種行道。」方孝儒說。

「是不是因為你太老？」年輕人看他骨瘦如柴，滿頭白髮。

「小老弟，那倒不是。」方孝儒和藹地回答：「人窮不可志短。」

方太太突然醒了過來，望着年輕人的背影，驚叫了一聲：

「賊呀！」

年輕人大驚，奪門而逃。

方太太又驚又氣，質問丈夫：

「半夜三更，你請的什麼鬼客？」

「太太，樑上君子。」方孝儒笑着回答：「保險他不會再來。」

原載中國時報人間副刊

卿本佳人

一

文森[redacted]：

我輾轉來臺，瞬即三月。到處探聽你的行蹤，迄今仍杳如黃鶴！濶別三年，我心已碎！[redacted]。一切惡果，我已遍嚐，我深後悔！望念舊情，即[redacted]電話(02)2996-1920

[redacted]號 梅蘭馨 [redacted]

臺北一家[redacted]日報[redacted]徵[redacted]尋人的這則啓事，像一個頑皮的孩子忽然向平靜的水面投擲一個巨大的鵝卵石子，使我這三年來靜如死水的心湖[redacted]盪漾起一圈一圈的漪漪，很久不能靜止。

我反覆地咀嚼着這則啓事，像咀嚼着自己的心一樣痛苦。哀怨，[redacted]，自尊，這[redacted]種情緒同時在我心中交織起伏，正如三年前我離開風風雨雨的南京，離開[redacted]心强自尊的梅蘭馨是同樣的痛苦。

二

梅蘭馨和我原是同事。三年前我們都在南京一個新聞機關裡工作，那時她剛從金陵女子文理學院外文系畢業[redacted]不久，[redacted]中外文都更好，年紀也不過二十三四歲，戴着一副度數並不[redacted]深的眼鏡，[redacted]

儀態風度更是卓卓不羣。追逐她的同事很多，只要是單身漢都躍躍欲試，連我們那位四十未婚的社長都在內，但她都一笑置之。她那高廣明淨的前額和正直圓潤的鼻樑，正顯示出她身份的高貴和無言的驕傲。你愈對她諂諛卑躬，她愈對你冷淡輕視。像她這樣的教養，這樣的年齡，這樣的個性，那是無怪其然的。

我們由於長久的相處，和工作上的聯繫，我們的[illegible]接近，但眞正使我們接近的還是互相尊重和[illegible]。因爲我也是一個倔強而自尊的人，[illegible]一點沈默。我不善[illegible]交際，無論對任何人都不懂得阿諛逢迎，我在社會上就吃了這種性格的大虧，同時也免掉了許多無謂的煩惱。但想不到這種性格竟會使我招來一次更大的[illegible]徹骨的煩惱。

梅蘭馨因爲是教會學校出身，所以她很自然地成了一個基督教徒。因此她時常勸我並邀我去青年會做禮拜。我雖然是在一個佛教氣氛非常濃重的家庭裡出生的，但我並不拜佛。我也在教會學校受過一個時期的教育。但我沒有因此成爲基督教徒。我是一個不願意歸依任何宗教的人，但這並不是說我否定他們的教義，而是[illegible]對任何宗教[illegible]。我深深佩服釋迦牟尼和耶蘇基督的偉大精神，[illegible]何[illegible]阿彌陀佛或阿門。因此我對於那沒有任何宗教形式而思想又博大淵深的孔仲尼更爲崇拜。[illegible]意我不便拒絕，同時我對於禮拜堂的莊嚴的鐘聲和唱讚美詩的肅穆氣氛是曾經領受過而又時常嚮往的。那是一種非常崇高的感應，一個在庸俗的社會裡過慣了傾軋生活的人的確需要這莊嚴的鐘聲和肅穆的讚美詩聲來冲洗他庸俗的靈魂。從禮拜堂的鐘聲和讚美詩聲裡我可以體驗到人生的另一境界，有時也可以得到一點靈感。所以我也常和蘭馨去做禮拜，但我不做禱告。

日子久了，蘭馨看我做禮拜[illegible]，所以有一天她誠懇地勸我受洗。

「[redacted]人不能沒有信仰．沒有信仰精神就沒有寄託，你還是歸依基督，接受洗禮吧？」她說。

「我已經皈依眞理，我不想受洗。」我委婉地回答。

「耶蘇基督說的話都是眞理，你爲什麼不願受洗？是不是你對耶蘇基督的偉大敎義還有懷疑？」她緊縐眉，從兩隻鏡片裡放射出兩道詢問的眼光。

「耶蘇基督的敎義是偉大的，但有一點我不讚同。她說如果別人打你的左臉，你連右臉也送過去。在現在這種社會如果沒有一點反抗精神是不行的。」我坦然地回答。

「這就是耶蘇基督偉大的地方！」她肯定地說。

「但是他的這種偉大往往會變成被魔鬼利用的弱點，他們反而認爲可欺可侮，因爲人類還沒有進化到這種地步。在這個弱肉强食的世界，我們決不能放棄必要的自衞。」

「如果大家都能像耶蘇基督那樣，戰爭是多餘的自衞也是多餘的。」

「問題就在於我們都是凡人！」

「但我們應該提高我們的人品，根本消滅戰爭。」

「我認爲在目前絕不可能，耶蘇精神只是一種道德象徵。」

「我們應該身體力行。」

「你能嗎？」我笑[illegible]地問。

「能。」他自信而又自尊地回答。

於是我飛快地在她左臉上淸脆的摑了一下。奇怪，她並未馬上把右臉送過來，反而氣得兩頰緋紅，兩眼圓睜，嗔怒地責問：

「你為什麼這樣野蠻？」

「不是野蠻，這是我對你的試探。」我抱歉地說。馬上伸過手去想和她和好地一握。

但她竟把頭一扭，脚一頓，氣冲冲地跑了。

三

事後我眞非常懊悔，因爲我實在傷害了蘭馨的自尊，我深恐這次的兒戲會阻碍我們感情的建立。

第二天上班她的氣好像消了，見面時她仍然對我點頭微笑，不失淑女風度。這使我暗暗驚喜，也更使我捉摸不定，我不知道她是故意地敷衍我還是眞地瞭解我「野蠻的試探」？因此在工作上和她交往的時候我處處尊重她的意見，生怕再度傷害了她的自尊心。我覺得只有這樣才能彌補我冒失的歉疚，但她反而有些不安起來。因此在這個禮拜天的上午，她破例地不去做禮拜，改約我到玄武湖去玩了。

由於她這種不平常的邀請，我心裡也忐忑起來。但當我們雙雙跳進三輪車時，她顯得非常輕鬆高興，有說有笑，彷彿我們之間從來沒有發生過什麼不愉快的糾紛。

車過靑年會時我低聲地問她：

「蘭馨，你今天爲什麼不去做禮拜？」

「還不是爲了上星期的那件事情？」她半嗔半妓地說。

「你不能因爲那件小事就放棄你的宗教信仰呀？」我誠懇地說。

「我當然不會放棄我的全部信仰，只是在我全部信仰中發生了一個與現實不大調和的小問題。由於你那戲劇性的一掌，」她望着我笑笑「使我深切地感覺到這確是一個現實問題。」

「你今天是不是專門約我來談這個問題？」我向她點頭微笑，在微笑中又彷彿隱藏了一點秘密。

三輪車踏得飛快，沒有多久我們就到達了玄武湖。

這雖是萬物滋生的春天，但南京的初春還有一些寒冷，同時湖水又淺，我們都不想划船，也不願意坐進茶園裡去喝茶，我們商量的結果還是散步。

因爲這不是玄武湖的鬧季，所以星期天上午八九點鐘遊客仍然很少，因此我們得以自由自在地散步，沒有一點兒干擾。草地雖不青葱翠綠，但嫩芽已偷偷出土，楊柳也在發綠，春風陣陣，吹在身上更有一種輕鬆愉快的感覺。

我們默默地散步，讓時光在我們脚下默默地流過。我們沉默，但不寂寞，我們心裡彷彿已被一種什麼情感所塡滿。最後還是蘭馨提議到五洲公園的草地上去坐坐。

坐下之後，我就問她：

「我們是否還需要談談剛才那個問題？」

「不談了，我已經想通了。」她向我嫣然一笑。

我也非常高興因此我滔滔地說：

「蘇格拉底，柏拉圖，孔子，耶蘇基督，都是了不起的大思想家，殉道者。但如果以現實的眼光看，還是孔子的理想比較合乎實際，所以他主魯政三月，就夜不閉戶，道不拾遺。其所以如此，就是他雖主張忠恕，容忍，但他決不被人打了左臉再送上右臉，所以對於少正卯那類壞蛋，他一上臺就殺，決不姑息，因此魯國才能大治。當然孔子與耶蘇的思想是相通的，他們的動機都是愛。耶蘇主張博愛，孔子主張仁民愛物，民胞物與，其意義是相同的。縱或他們二者之間有少許參差，但絕不衝突。只有這[redacted]種思想相互結合，才更有助於人類文化的發展。真正與孔子耶蘇思想發生衝突的那是馬克斯及其門徒。因為他們思想的出發點是恨而不是愛，所以我絕不主張把臉送給[redacted]魔鬼去打。因為他們不能以道德感化。」

「想不到我竟和魔鬼坐在一塊了！」她俏皮地說。

「怎麼？你把我當作魔鬼？」半天我才領悟她的意思。

「那你上星期日為什麼打我一個耳光？」她故作嗔怒，然後又嫣然一笑。

「那不過是提醒你，希望你日後不要讓[redacted]魔鬼在你臉上左右連打幾個耳光。」我也不禁失笑。

「[redacted]你以為我是羔羊？」她又兩頰腓紅，兩眼圓睜。

「不，不！不是這個意思。」我連忙解釋，我怕再度傷害了她的自尊。「[redacted]我們不談這個問題好不好？」

她點頭微笑：「我本來是約你到這兒談談心的，誰同你認真談那個問題。」

「那麼我上了你的當了？」我恍然若有所悟。

「怎麼？這點小當你都不能上？」她一面拿出糖菓餅乾，一面得意地注視我的臉說。同時兩隻手又把糖菓餅乾在我面前搖幌：「你想吃餅乾還是吃糖？」

「隨便你給。」我實在有點不好意思。

她把糖菓餅乾一起塞到我的手裡。

這時太陽已漸漸當空，天氣很暖和，遊人也漸漸增多，笑語聲揚溢着整個玄武湖，每一個角落裡都充滿着春天的興奮和誘惑。

蘭馨選中了幾個鏡頭，拿出自備的小照相機，先替我拍了幾張照片，接着她自己也照了幾張，最後我們又在一簇萬年青前合攝了一張。

這個星期天在我們的生命史上是一個新的起點。

四

以後我們工作得更加勤奮，她譯作得也更多。愈和蘭馨接近，我愈發現她的確是一個不平凡的女性，她有很高的智慧和堅强的毅力。如果說她也有缺點，那就是過於自信自尊，這正和我犯着同樣的毛病

時局一天緊張一天，人心也愈加浮動起來。和談的空氣雖然非常濃厚，但戰雲也正密佈長江南北。敵人的心理攻勢如狂風暴雨，已先軍事攻勢打過江來，沉重地敲擊在首都一百多萬人民的心上，大家都有山雨欲來風滿樓的感覺。然而爲了準備應變起見，不能不作安內措施，各機關都在清除共黨份子，但我萬萬沒有想到蘭馨恰在此時突被免職。理由社方沒有宣佈，後經我向社長及治安機關的朋友們再三探詢，才知道她是一廿八嫌疑。」

這件事立刻在我心上投下了一塊陰影，由於蘭馨的悄然離職，使我更加懷疑。無論如何我要找她打破沙鑼問到底。

第三天我約她到靈谷寺去，她欣然允諾，若無其事，看樣子她比平常更輕鬆愉快了。

這天她穿了一件深色陰丹士林旗袍，外套一件紅毛線外套。她從來不燙髮，不施脂粉，更不塗口紅，因此愈見樸素端莊。但這天她在樸素端莊中又有一種我從未發現的攝人心魂的嫵媚，這也許是那件紅毛線外套的緣故吧？

從明故宮出城到中山陵靈谷寺的這條林蔭大道，是最值得我流連的地方。在以往的許多星期天我常常一個人在這一帶蹓躂，兩旁濃密的樹林和山上的羊腸曲徑，常常給予我以無限幽思。我和蘭馨在中山陵下車後，我提議步行到靈谷寺，她很高興地答應，馬上挽着我的手臂雙雙起步，雖然我有很重的心思，但由於她的曠達和罕見的嫵媚，我也不自覺地變成了一個不知憂愁的快樂王子。滿眼是漫山遍野的映山紅，充耳的是黃鶯百靈鳥的歡呼，即使是戰爭中的春天也還是美麗的。我快樂地揮舞着手杖，蘭馨則輕輕地哼着「春滿人間」的歌曲，跳着輕盈的舞步。我們暫時忘記了迫在眉睫的戰火，和人間的一切愁苦。

在靈谷寺用過午餐之後，我們就在寺前寺後的山徑中散步。樹林很高很密，新生的葉子眞是青翠欲滴。蘭馨穿着紅外套在樹林中走動，儼然是萬綠叢中一點紅，平添如許詩意。最後我們才找了一塊瀝青的大石頭坐下來歇歇脚。

我很想借這個機會把我衝在口邊的話說出來，但她的話比我多，很少有我插嘴的機會，使我幾次欲言又止。後來還是她發覺我心不在焉的樣子，馬上調轉話鋒來問我：

「看你的樣子好像有很重的心事似的？」

「嗯！」我點點頭。

「那爲什麼？」她驚異地問。

「為你！」我說。

「為我——？」

「對。」

「是不是免職的事？」

「不錯。」

「這有什麼了不起？他們愛用就用，不愛用自然可以免，這是他們的權柄。」力

「不是這個意思，你工作成績很好，沒有什麼過失，他們為什麼突然免你？」

「這也許另有原因？你如果不怕麻煩不妨去打聽打聽。」

「你可不可以先告訴我？」

「連我自己都不明白，我怎麼可以告訴你？」

「我聽他們說——」

「怎樣？」

「他們說你是共產黨二二八。[redacted]」

[redacted]她從鼻孔裡哼出一聲冷笑。「真是笑話！我除了宗教信仰以外沒有任何政治信仰。[redacted]」

「也許還有別的原因？」

「別的原因？」她沉思了一下說：「南京一百多万人，誰又在腦壳上写了字？怎么能乱猜？乱戴帽子？」

「[redacted]」

「也許是。」

「那就怪了！他們有些是我的朋友，有些是我的同學，而且在南京活動過，多少新聞記者都和他們來往，難道我就不能和他們來往？」

「蘭馨，我從來沒有欺騙你，我也希望今天你對我誠實。」[illegible]

「奇怪，你怎麼不長眼睛？你看我那一點像[illegible]？」[illegible]

「這麼說你不是囉？」

「當然不是。不過我老實告訴你，我不反對任何政治改革，[illegible]他們有點作爲，像他們所說的那樣。」

「蘭馨，不要太理想，小心上當。」

「你這話說得太早，沒有經過考驗，誰也不能斷定是否會上當。」

「如果眞有一天他們的手打上你的臉那就太遲了。」

「唉，不談這些惱人的撈什子好不好？你看，樹上的鳥兒多快樂。」她指着樹上兩隻跳躍的黃鶯溫柔地對我說：「我們爲什麼不學牠們？」

「[illegible]我也希望我們永遠快樂。現在你想怎樣，跳舞還是唱歌？」

「都不，我想你陪我到塔上去。」

「好，登得高眼界自然要寬濶些。」

於是，我們攜手上塔，一直爬到塔頂。

望望南京城，城裡城外是一片渾沌。

望望長江南北，長江南北是一片渾沌。

五

和談破裂以後，局勢更加緊張，謠言一日數起，看情形南京是躭不下去了。

在我決定離職遠行的前一天夜晚，我到蘭馨那兒去，我想把我的意思告訴她，並希望她能和我同走，以免兩地相思的痛苦。

這天天氣非常壞，整天死氣沉沉，一到夜晚竟淅淅瀝瀝地下起雨來了。我披着雨衣趕到蘭馨那兒時已是一身透濕。

一看見我她就非常驚異：

「下這樣大的雨，你爲什麼在這時跑來？」

我不說話，我先脫下雨衣，她連忙伸手接過去掛起來。然後又掏出手絹揩乾我頭上臉上的雨水。我身上雖然有些冷，但心裡却感覺到一種稀有的溫暖。

「蘭馨，我有件事情要和你商量。」

我掏出一支烟，吸燃之後接着說。

「什麼事？」她偏着頭問我。

「我想明天就走？」

「到那兒去？」她急忙問。

「[redacted]。」

「[redacted]！我還以爲你是旅行！在這種兵慌馬亂的時候你爲什麼要瞎跑？」她焦急地望着我。

「這兒實在就不下去。」

「這與你有什麼關係？你一不是豪門，二不是財閥，戰犯也輪不到你，你爲什麼要庸人自擾？」

「不是庸人自擾，我早就告訴過你，我不是共產黨。」

「[redacted]不是他們的敵人。」

「智識[redacted]是他們的敵人。」

「哈哈哈！」她不覺大笑。「你爲什麼會有這種奇怪的想法？你該不是發瘋吧？」她托着我的下顎，然後又溫柔地在我臉上輕輕地拍拍。

「不，我很清醒。」

「你很清醒？我說你眞糊塗[redacted]了！」她望着我[redacted]笑笑。

「怎麼我會糊塗？」

「你想想看，你要我孤[redacted]相思[redacted]嗎？」她深情地注視着我。

「[redacted]，我們可以同走，同到海外去過自由的生活。」

「說得那麼簡單！你憑什麼？我又憑什麼？」她[redacted]質問我。

「憑我們的智慧和勞力。」[redacted]我毫不攷慮地說。

「智慧？勞力？我問你，智慧[redacted]賣多少錢一斤？勞力又值幾文？你現在賺幾塊大頭一個月？」

她這一問像一盆冷水突然往我頭上一淋，使我連打幾個寒噤。但最後我還是硬着頭皮說：

「[redacted]，你不要忽視了自由的價值。」

「自由？不錯，我很重視。但[redacted]並沒有說不給我們自由呀。」

「你相信共產黨會給我們自由嗎？」

「不敢全信，也不能不信。」

「那麼你是不是準備留下來？」

「對，不僅我要留下來，[redacted]我還要你留下來。」

「這怎麼成呢？我已經決定[redacted]走。」

「難道你竟這樣薄倖！」她[redacted]，兩頰緋紅，兩眼[redacted]。

「[redacted]我希望你和我一道走。」

「不，我希望你[redacted]留下來。」

「[redacted]，我希望你再攷慮，在[redacted]這種關頭，愛情與自由很難兩全，要麼你同我一道走。」我痛苦地說。

「我勸你不必作那種無謂的冒險，[redacted]你[redacted]和我在這兒長相厮守，這兒的人跟我們比較熟，到臺灣真是[redacted]生疏！」[redacted]

「[redacted]我們不能攷慮那許多。」[redacted]

「那總太渺茫。」她遲疑地望着我。

「[redacted]，你到底能不能同我一道走？」我急了，我緊緊地捉住她的兩臂。

她半天不說話，眼淚儘在眼眶裡上下左右滾動。但最後她還是用力迸出了這兩個可怕的字：

「不能！」

我失望地放下她的兩臂，披起雨衣，痛苦地說：

「那麼我走了，將來你可別後悔？」

「我不强留，也決不後悔。」她連忙轉過身去，把背向着我。

我一氣直衝出來，外面雷聲轟轟，大雨如注，在雷雨聲中我彷彿聽見蘭馨在嚎嚎地哭。我忍着眼淚，把牙一咬，頭也不回，我的心已經粉碎。

六

但我萬萬想不到，三年後的今天，蘭馨會冒着生命的危險，投奔到自由中國來。為了彼此見解的不同，我們犧牲了兒女私情，忍受了精神上的痛苦。三年來，蘭馨雖證實了我的信念，但這代價畢竟太大了！

對於一個從地獄裡逃出來的女性，我能漠然不顧嗎？對於一個追求自由與愛情的戀人，我能為了過俗的偏見和自尊而冷酷無情嗎？何況她已明白後悔過去觀念的錯誤呢？……

於是，我揹着××日報，匆匆地跳上了當天十二點的勝利號快車，從高雄向臺北飛馳而去……。

蔣復成

窮人思古債

「唉，[redacted]倒霉！酒還沒有吃完，大半碗鵝肉都被狗盜吃了。[redacted]！」

蔣復成看完我家老母鵝孵的鵝蛋之後，就這樣唉聲嘆氣地對我說。

「是不是我叫你進來時被狗偷吃了？」我有點不安，因為正在他吃酒的時候我把他請了過來鑑別鵝蛋的好[redacted]我[redacted]說。

「不是！」他[redacted]說：「我那個臭女人一見我吃酒她就滿身不自在。剛才又和隔壁老太太在房里唧咕唧咕，我怕她又出洋相，所以跑進去看過明白。誰知道一進去大半盌鵝肉就被狗盜吃了，[redacted]他媽的[redacted]。」

「唉！你[redacted]的運氣也眞不好！」

[redacted]因爲他家裡人多，太太，四個孩子，還有一個無兒無女的七十八歲的姑爺子。一家七口，平常只吃鹽拌黃爪和鹹菜下飯，從來沒有見過葷腥。就是這樣艱苦的生活還得靠太太，孩子，姑爺子做點饅頭，賣點豆腐才能勉強維持。[redacted]雖然養了三隻鵝又一直捨不得吃，過端午節的時候還想拿出去賣，但人家只出三塊五毛錢一斤，他一算，一隻鵝六斤多，只能賣二十來塊錢，自己辛辛苦苦把它從蛋里讓老母鵝孵出來，米也不知道吃了多少，餵了六七個月只賣這幾個錢，當然有點可惜。同時

我也一再阻止他賣，在這種終年不見葷腥的苦況之下，如果再把自己養的鵝賣掉，不但他難過，我也替他難過。因此我常常對他說：

「老兄，健康第一。我們窮小子不能再有病痛，你的鵝還是殺掉讓大大小小吃一頓吧？」

可是，他倆捨不得。端午節過去了，中秋又快來了，三隻鵝一隻也沒有宰。

一天，他的鵝闖了禍，咬了人家的孩子。孩子的媽媽就牽着孩子到他家裡來「告狀」。他怕和女人打交道，嚇得從後門溜了出來。一見我劈頭就說：

「真他媽的糟糕！我的鵝咬着人了。」

他三隻鵝都是公的，一看見人就展開翅膀，伸長脖子咯—咯—地示威。如果是孩子它們就不客氣地一嘴啄了過去。很多孩子見了它們拔脚就跑，它們又拍着翅膀在後面追，孩子們常常嚇得哭，一看見他的鵝就老遠喊媽媽。我的孩子就被它們咬過，嘴厲害得很，衣服都會咬破。這個孩子又不知道怎樣被它們咬着了？[illegible]。

「你準備怎樣？」我問。

「我一看見那女人牽着孩子哇啦哇啦地跑過來我就溜了。真要咬壞了她的孩子我有四個兒子，準備賠她一個。」

「這怎麼成呢？」我聽了不覺好笑。

「要不然我明天宰一隻吃。」他說。

「這倒可以。」[illegible]。

果然，這次發狠宰了一隻頂兇的鵝，清早他就忙着脫毛，中午就弄好了，在鍋里孩子們就搶着吃，一人一小盌，一會兒就報銷了。他偷偷地留下一條大鶩腿，預備夜晚喝酒吃。

天一黑，他就端出[illegible]鶩腿，拿出一瓶酒，兩張矮櫈權作餐桌，擺在後門口。他還邀了隔壁替他守鶩的老先生和我一同吃。老先生應酬一下就跑了，我也因爲吃過飯喝過酒，隨便吃了一點就告辭了，讓他獨個兒痛快地吃喝一頓。誰知道他沒有吃幾塊肉他的太太就和隔壁多話的廣東老婆婆在房里唧唧咕咕起來，雖然不一定是講他，可是他不放心，怕她出洋相，所以他就趕了進去。但他一離開狗就代他享受了。

「眞他媽的倒霉！連盌都舐光了！」他恨恨地說：「我這女人眞傷腦筋，一見我吃酒她就唧唧咕咕滿肚皮不舒服。她只知道今天賣了幾個饅頭，賣了幾板豆腐，此外什麼不知道，一個大字不識。我一吃酒她就唧唧咕咕，別人也以爲我是一個酒鬼，其實我是心裡太悶才吃，一吃她就吵，她愈吵我愈悶。但是我又不能和她打架，一打架她就跑到老遠又哭又叫，眞他媽的要命！她不怕醜我可害羞，她沒有受過敎育我可是大學畢業，我怎能和她一樣？這樣一個亂糟糟的家庭我眞不想回來！但是不回來她又到辦公的地方去找，到朋友家裡去找，弄得人家莫名其妙，弄得我非常難堪，我只好回來，回來就吃酒，吃了酒就睡，暈頭暈腦落個淸靜。……老[illegible]。我們是隣舍，我家里的情形你知道，我內心的痛苦你也知道。在別人面前我不說，說了也不會有人同情，諒解。」

蔣復成和我比隣而居有三個月，我一搬過來他就向我表示親熱，他對我什麼話都談，因此他的情形我很知道。在別人眼裡他是「酒鬼」，「怪物」，得不到別人眞正的諒解。我和他相處三個月，我比較諒解他，因此，他把我當做唯一的知己。我也覺得他是一個沒有虛僞，沒有矯飾，不趨炎附勢的性情中人。

他今年三十五歲，有一副驢臉，大腦很發達，整個的面形是上濶下尖，兩耳很小。這雖然不是一個做官的福相，卻是一個很有技能的人。他的祖籍是山東，卻生長在東北。他畢業於哈爾濱大學工科，懂得俄文，懂得日文，懂得英文，寫過小說，寫過詩，畫過畫，搞過畜牧，還鬧過羅曼司，但最後還是接受了父母之命，娶了這位煩惱的根源。他做過廠長，做過礦工，拉過黃包車，打過游擊，現在則是以酒解愁的貧窮的委一科員。

他一生的經歷就像一部傳奇，各種各樣的生活他都經歷過，各種各樣的嘴臉他都見過，什麼工作他都幹過。他的興趣是多樣的，他的遭遇是不凡的，但是在社會上打了許多滾之後，他覺得只有畜牧是最理想的事業。

「搞什麼都沒有搞畜牧好。畫家，作家，絞盡了腦汁還是吃不飽；體育家也不成，年紀大了就不能跳，不能跑；公務員更不像話，公文像山一樣地壓下來，白天沒有搞完夜晚還得幹，一不對勁劈劈拍拍官腔就一路打下來，頭脹了肚皮還是癟着，眞不是味。只有搞畜牧，誰也管不着，三年兩年就起來了，拿得穩，靠得住，天天有肉吃有奶喝，看來還只有搞畜牧好！」

這樣的話他不知道對我講了多少次？因爲他知道我對這方面的興趣也很濃。每天一下班我們就什麼事不做，拿着一盌米前前後後餵鷄餵鴨。別人看着都好笑。

對於家畜我有一種天然的興趣，我覺得它們非常好玩，所以我愛養。但我並沒有辦大農場的經驗。他有興趣，更有經驗，他在東北辦了一個很大的農場，有三百多隻乳牛，七百多隻鷄，還有很多羊，這些都是他赤手空拳在三兩年之內搞起來的。那時他的生活很好，天天有肉吃，有奶喝，大人孩子都很結實健康，不像現在這寒酸相。那時他不喝酒，女人也不唧唧咕咕。

那時他每天起得很早，天沒亮就趕着擠奶，擠完奶又打發工人送出去，他自己則吹着口哨，迎着朝陽，騎着日本馬趕着牛群到一望無涯的草地放牧。他的鞭子一響，牛羊就會遵命地散開，他口里一陣呼哨，牛羊就會集攏過來。他周旋在牛羊群中就像年青的王子周旋在紙粉隊裡一樣地快樂。他把全付的精神都寄託在畜牧上，他有把握使他自己成為一個非常富有的畜牧家。

可是，好景不常，共產黨跟在老毛子屁股後竄進了東北。到處騷擾不安，到處燃起了戰火。他的牛，他的羊，他的雞，統統在炮火中搶刧中完蛋了。他帶着一家老小躲進長春，在飢餓的長春他吃過樹皮，吃過草根，吃過死人。最後他穿着僅有的一身破棉襖拖着老小逃到瀋陽，逃到天津北平，逃到老家山東，在山東也就不下去，又逃到南京上海，最後又逃到臺灣。於是，我們作了同事，作了鄰舍，作了養鷄養鷄的同志。

沒事的時候我常常和他研究辦農場的問題，可是，他老是搖搖頭：

「臺灣氣候太熱，不適於畜牧。養鷄鷄不會下蛋，養牛養羊也不會產奶。我們要搞畜牧還是回老家去。」

現在他為了半盤鷄肉，這樣煩惱，這樣哭喪着臉向着我，使我一時想不出法子來安慰這位痛苦的朋友。經濟援助嗎？我和他差不了多少。替他找一個更好的工作嗎？我沒有這份力量。罵他的太太嗎？那更不應該。她每天清早三四點鐘就爬起來蒸饅頭做活。白天還要偷空弄點樹枝砍點柴，穿得像叫化子，吃的像猪食。怪她沒有知識嗎？那不是她的罪過，怪她生多了孩子嗎？那是上天好生之德。怪那老頭子不該拖累他嗎？這樣大年紀的孤老叫他到那兒去？怪誰呢？怪老蔣不該喝酒嗎？那也說不出口。他每天八小時的辦公，沒有透一口氣，沒有人諒解，沒有人同情。他在社會上的地位是這麼低微，他與家畜的距離是這麼遠，生活是這樣不調和。知識沒有幫助他飛黃騰達，知識反而增加了他的煩惱。喝點酒是自我陶醉，是暫時的解脫對於一個落魄的人並不爲過。這又能怪誰呢？

我想不出什麼話來安慰他。

我還是和他談談本行，談談辦農場吧？只有這個辦法，這或許能夠安慰他？

「別生氣，別發愁，我這裡有酒有牛肉，我們再吃幾杯解解悶。將來回東北三省我們合夥兒辦個大農場，養雞、養鴨、養鵝、養羊、養牛……你在前面，我在後頭，我們騎着馬兒在青草地上到處蹓，一人背桿獵槍，帶條獵狗，看羊、看牛，餐餐有肉吃，頓頓有奶喝，那日子過得像水樣流，就是喝酒也有過對手。」

他聽了我的話馬上笑逐顏開：

「那時我這臭女人也不會唧唧咕咕了。誰還賣豆腐賣饅頭！」

我們高高地舉起杯子浮一大白。

生死戀

一

上峯命令我和馬蘭潛入F市協助三號作策反工作。我們的對象是[redacted]的一隻驅逐艦。這是一隻日本賠償艦，前幾個月才由蘇俄轉交[redacted]的。該艦排水量一千三百噸，最高哢速二十七浬，裝有四吋七口徑主砲四門，是一隻速度火力都很强的軍艦。

三號的情形我完全不知道。馬蘭我很熟識。她今年才二十四歲，但外表比她實際的年齡還靑，是一個精明幹練美麗溫柔的女孩子。但她和一般女孩子有顯著的不同點，就是柔而不弱，柔中又有一種剛毅不拔的精神。

爲了工作的便利，上峯指定我們作名義上的夫妻。我的化名是朱大明，暗號是一，她的化名是梅映雪，暗號是五，一切進入F市的手續都已由三號代我們準備好了。

奉到密令之後，我馬上去找馬蘭。因爲我一向沒有幹過敵後工作，[redacted]，我眞奇怪上峯爲什麼會派我擔任這樣艱巨的任務？但服從是軍人的天職，我不能違抗命令，我只好請敎馬蘭。

馬蘭住的地方充滿了閨閣氣氛，局外人根本不知道她是我們的一個重要[redacted]。一看見我她就笑着說

「大明，我知道你要來的，所以我沒有出去。」

「馬蘭，你眞是未卜先知，比諸葛亮還神。」我暗暗驚異。

「你爲什麼叫我馬蘭？」她忽然正色地問。

「你是馬蘭呀！」我惶惑地說。

「你忘記了命令！」她嚴厲地問。

「啊，映雪，對不起，恕我疏忽！」我抱歉地說。

「疏忽？我們這種工作半點也不能疏忽！你應該知道我們是在刀尖上跳舞。」她像先生教訓學生一樣。

我眞想不到一見面就受她這頓教訓。但爲了今後的工作，爲了共同的任務，我不能不忍氣吞聲。

「大明，你要記住，從現在起我們是夫妻。患難同心，生死同命。未到F市之前，你要聽我的命令，到F市之後，我們都要聽三號的命令。現在我向你要求的第一是服從，第二是服從，第三還是服從！」她嚴峻地說。

我倒抽了一口冷氣！平時我對長官都不大敬禮，現在要我對一個女孩子服從，我眞覺得有傷我[redacted]的尊嚴。何況我又是一個向來對女人不[redacted]人？這實在使我有點氣憤。

「爲了工作，我願意接受你的指揮，但我希望你不要把命令掛在嘴上，你要知道我是一個男人！」我十分莊嚴地說。

「哈哈哈！」她一陣冷笑，笑得有點陰森。「男人？難道男人就不應該服從女人？」

「最少[redacted]我還沒有這種習慣！」我也冷冷地說。

「我只知道工作，我只知道服從[redacted]命令，我不知道什麼男人女人？爲了工作，今天我就要你這個男人服從我這個女人！」她閃電似地掏出了手槍，又閃電似地在我臉上一幌。

看見她這種耀武揚威的舉動，我氣得眼睛裡冒火，我飛起右腿對準她的右腕用力一腳，他的手槍馬上甩出幾尺遠，她自己哎喲一聲地倒了下去。

看見她突然跌倒，我又非常着慌，我生怕闖了大禍，連忙把她扶了起來。我以為她一定要哭哭啼啼，否則也會把我痛罵一頓。但她竟出乎我意料之外地緊緊擁抱我，連連說：

「大明，大明！你真有種，你真夠男子氣！」

「我決不婆婆媽媽的！」我板着臉說。

她哈哈大笑，然後又姣媚又俏皮地說：

「孺子可教！孺子可教！」

「誰要你教？我這種脾氣是與生俱來的！」我[redacted]說。

「別那麼神氣吧！如果你是我的敵人，看你有幾個腦袋？」她一本正經地說。

「那麼你剛才為什麼不開槍？」我不服氣。

「我不過是嚇唬嚇唬你，你看看裡面有沒有子彈？」她把眼睛瞟瞟地上的手槍。

我連忙拾起她的手槍，打開一看，確是空膛。我驚異地問：

「你到底玩什麼把戲？」

「不是玩把戲，我是訓練你。」她[redacted]溫柔地說：「大明，你的膽量是夠的，可是經驗太差，尤其不能耍男人脾氣。俗話說：小不忍則亂大謀，你這樣毛毛燥燥是不成的。你要知道我們[redacted]不是為[redacted]個人。我不是要你服從我，而是要你服從[redacted]命令。否則我們沒有結婚，我怎麼會是你的太太？」

她向我嫣然一笑。

我也不自覺地臉紅起來。

二

一切準備妥當之後，我們就動身向地獄行進。[redacted]，我抱着耶蘇殉道的精神。

當我們從基地踏上一隻小漁船時，我感慨萬千。因此我輕輕地問馬蘭：

「映雪，此刻你有什麼感想？」

「我希望能扭轉乾坤，[redacted]。」她堅定地說。

「萬一有什麼不幸呢？」我知道這種工作是萬分危險的，[redacted]，所以我也毫無忌諱地問。

「萬一不幸我也要作有代價的犧牲[redacted]。」

我對馬蘭在心裡湧起無限的尊敬，我們的手在黑夜中握得鐵緊。

這天正是月尾，夜很黑，風浪也大。我們之所以選擇這個日子動身，就是爲了[redacted]安全。漁船開頭之後，顚簸得很兇，船上除掌舵的游擊隊員之外就只我和馬蘭。我因爲久未航海，幾個顚簸之後就有點頭暈，奇怪的是馬蘭倒非常鎭定，原先我以爲一定是我照顧她，想不到現在反而是她照顧我。

因爲風浪太大，漁船太小，浪花濺濕了她的頭髮和週身，我也是一身水淋淋。雖然時令已經交春，可是我們仍然忍受不了南中國海午夜的寒冷，我冷得一身發抖，她也不住地顫慄。[redacted]

[redacted]

經過兩小時的航行之後，我們到達了海岸，棄船登陸。掌舵的[redacted]隊員等我們上岸之後，又把船駕到三百碼以外的海面，讓它飄流，然後再泅水上來，他是那麼迅速老練而機警。

我們把溼衣服換下來之後，馬上把它沉入水底，使岸上不留任何形跡。

當我們開始向內陸進發的時候，已經是午夜兩點正。掌舵的此刻又變成嚮導了。

三年來我沒有踏上過大陸，眞有扯不斷的鄉思，走在柔軟的泥土上，我心裡有說不出的溫暖。

嚮導一個人單獨地在前面走，我和馬蘭攜手並肩跟進，我們的步子走得很輕，生怕有一點響聲，我心裡是又緊張又興奮，我不禁貼着馬蘭的耳朵問她：

「現在你的感覺怎樣？」

她默默不語，激動地把我的手拉近她的胸口，她的心跳得很快，同時有一股熱流在我手背上滾過，我不禁一怔，我這才知道她流淚了。

她的淚在她眼裡流，她的淚滴滴流進我的心，我們是一對孤臣孽子[redacted]。我們覺得更近更緊，黑夜裡只聽到我們輕微的脚步聲和激動的心跳聲。

默默地走了兩個多鐘頭之後，我們望見山坳裡一個獨立人家的窗口有燈光閃爍不定，像我們船上的信號燈，雖然沒有那麼光明。

我們心裡有無限歡欣。

五點正我們走到了這個山坳裡的獨立人家。這是一個低矮的茅屋，距離海岸約有二十來里的路程。

我們的嚮導走過去「剝，剝，剝」地敲了三下門，一個六十多歲的老人提着手提燈來替我們開了門。他和嚮導很熟，好像有父子般地感情。我們正待開口發問，嚮導却先向我們介紹：

「這是我父親，請兩位不必疑心。」

「啊，對不起，我還沒有請教貴姓？」我說。

嚮導不語，老人却深沉地說：

「[redacted]，請你們先吃點東西休息休息，此外不必多問。」

馬蘭會意地點點頭。

我們喝過薑湯吃過蕃薯簽之後，就在老人指定的地窨里休息。

由於過度的緊張，興奮，和疲勞，我和馬蘭背靠背地坐着呼呼入睡了。

三

老人把我們喚醒時已是下午八點多鐘了。

我問他的兒子那兒去了？他只淡淡地說：

「昨天從那兒來，今天又到那兒去。」

我們不好多問，我們相信三號的佈署。

吃過飯之後，我們就遵照老人的吩咐動身了。

經過一夜跋山涉水和舟車的勞頓，在次日上午十點鐘我們終於到達了F市。

由於身份證路條各項手續齊備，我們毫無麻煩地進入了市區，走進了一個指定的酒吧間。

馬蘭老練地在五號位子上坐下，我也在一號位子上坐下。馬蘭要了一杯葡萄酒，我要了一杯白蘭地，我們正舉杯欲飲的時候，忽然走過來一位約莫三十五六歲，穿一身嶄新的列寧服，兩眼閃着逼人的光芒，英俊剛毅的中年漢子。他不慌不忙地在我們中間的三號位子坐下。~~我看他一身列寧服有點不順眼又~~[redacted]但馬蘭却很鎮定地同他搭訕起來：

「[redacted]你能喝幾杯？」她舉起她的酒杯。

「三杯。妳呢？」他說。

「[redacted]我可以喝五杯。」馬蘭非常自然地說。

[redacted]他轉過頭來問我。「你呢？」

「[redacted]我更不成，我只能喝一杯。」我[redacted]說。

「這兒的酒不大好，我請你們到另一個酒吧去喝。」他對我們說，我們會意地點點頭。

馬蘭在皮包裡拿出錢來付過酒賬之後，我們就跟着他走。

他喊了三部三輪車，我們一人坐一部，車門攏統統放了下來，十五分鐘後，車在市郊一座小巧玲瓏而又幽靜的小別墅門口停下。他輕輕地對我們說：

「[redacted]這就是你們的小公館。我們進去談談。」

他走過去把電鈴一按，一個五十多歲的小老頭走過來開了門。三號引我們到裡面一間密室坐下之後，他就命令式地向我們宣佈：

「[redacted]現在我要告訴你們：第一、你們要保持夫妻的身份，不可稍露一點破綻；第二、這隻艦上的航海官李如陵，輪機長劉去非，都是朱同志的同學[redacted]，第三、艦長胡作人是[redacted]老幹部[redacted]。我們的任務是使這隻驅逐艦變成我們的軍艦，[redacted]。如果你們有什麼困難，可以找看門的老劉和我聯絡。」

「是！」[redacted]馬蘭服從地立正。

「好。現在我走了，你們可以休息。」他把帽子戴上，帽沿扯得很低，匆促地走了。

這時我才恍然大悟，上峯為什麼派我來擔任這個艱巨的任務？原來李如陵和劉去非都在這隻船上。他們兩位是我在海校時最要好的同學，後來又一道在邁亞米受訓，同時接艦回國。[redacted]時他們沒有[redacted]出來。[redacted]我們相別三年，不知道他的[redacted][redacted]我又怎樣入手？這倒是一個難題。

馬蘭看見我綳眉苦臉，馬上親切地走過來安慰我。

「[redacted]不必着急，今天我們好好地休息休息，這些問題明天再[redacted]考慮[redacted]。」

「[redacted]這類的工作我實在沒有經驗，[redacted]希望你[redacted]。」我[redacted]說。

「怎麼[redacted]現在又變得這樣乖了？[redacted]不要[redacted]男人脾氣？」她俏皮地說，[redacted]向我嫣然一笑。

「為了工作，我不能不求教你。」我[redacted]說。

「好，你放心，[redacted]」她[redacted]

「那[redacted]你自己呢？」[redacted]

「我的事你不必就心，[redacted]」

她向我神祕地[redacted]笑，[redacted]

三天之後，我和馬蘭開始行動。

、馬蘭每次出去都打扮得花枝招展，我和她相處那麼多天她都是不施脂粉，來到F市之後，忽然打扮起來，就顯得格外標緻動人。她的化裝術非常高明，她可以從十六七歲的少女化裝到老太婆，一點也看不出斧鑿之痕，有好幾次不是她招呼，我簡直認不出來。和她比較起來我簡直是一個小學生，事[redacted]

由於她的教導和指點，我終於和李如陵劉去非接上了線。他們相信我失業，並且很念同學之情。在表面上他們變得很憂鬱嚴肅，但在他們內心裡仍有一股熱情[redacted]當我屢次要求他們向艦長介紹工作時，他們臉上馬上泛起痛苦的表情。最後他們竟坦白向我表示，他們想逃都逃不了，勸我不必自找苦吃。在我認為有十分把握的時候，我向他們表明了身份，並且和他們歃血為盟，共立誓言，各執一份，願同生死的[redacted]。

兩個月後，我的工作總算初步完成。

馬蘭知道我工作的情形非常高興，因此她也加緊進行。有一天我看見她和胡作人在[redacted]海軍俱樂部跳舞，跳得非常親熱起勁，看樣子他已經經不起她的誘惑，十成準有個八成。我一方面是高興，一方面又有點妒忌，我覺得我對馬蘭似乎有一種奇怪的感情。

一天夜晚她和我交換情報之後，我[redacted]意問她：

「映雪，在名義上我們是夫妻，可是我們始終保持着男女之間的距離。看你對胡作人那股親熱勁兒我不知道是你征服了他還是他騙取了你的愛情？」

「大明，我們[redacted]同命，我們這種愛情超過任何膚淺的愛情，而胡作人是[redacted]難道你不放心？」她正色[redacted]地注視我說。

「不是我不放心，愛情實在是一件危險品，[redacted]情最怕失去了理性。」[redacted]

「[redacted]你放心，我不是三歲的孩子，為了工作，我不能不把愛情當作[redacted]。日後你自然會知道我的心[redacted]。」

我眞想不到她會對我說出這樣的話來，我顯得有點狼狽。

「我相信你的工作經驗和鋼鐵意志。」我[redacted]說。

她向我嫣然一笑，然後又鄭重地說：

「[redacted]你要特別小心，[redacted]我發現有人釘你。」

「[redacted]有人釘我？」我非常驚異，因為我自己一點沒有這種感覺。

「不錯，有人釘你。但不必驚慌，驚慌反而會出毛病。我們[redacted]這種工作最要緊的是臨危不懼，[redacted]才能克敵制勝。」她像先生安慰學生一樣地安慰我。

「[redacted]以後我不外出行不行？」[redacted]。

[redacted]而後[redacted]說：

「[redacted]你要知道不入虎穴焉得虎子？何況你的任務沒有達成？」

是[redacted]

於是我向她請教一些避免釘梢和轉移目標[redacted]的技術。

她在這方面的知識[redacted]豐富，同時我還發現她的確有過人的機智，如果我能學到十分之一我就很滿意了。

此後我們仍然照常出去，有時兩人一道，有時又分道揚鑣，每次出去都有一點收穫，她也很滿意工作的進展。

但在機會快要成熟的時候，我受了一個嚴重的打擊。一天夜晚在一家舞廳裏我中了[redacted]的暗算，大腿被打穿了。當時我只覺得電燈突然熄滅，槍聲緊密，以後就不省人事了。

，等我醒過來的時候，我躺在離市區十餘里路的一個茅屋裏，只有馬蘭在我身邊，她正為我換藥，包紮傷口。

我問她究竟是怎麼一回事？她說[redacted]已經判明我的身份，本來是想捉活的，但又怕我抵抗逃跑，因此對準我的大腿打了一槍。我們的[redacted]馬上把電門一關，接着就是一陣排槍，打死[redacted]五六個人我們也犧牲了兩個，在黑暗紊亂中才把我救了出來。如果落在[redacted]的手裏那是不堪設想的[redacted]

我真慚愧，我的任務沒有達成反而因我死了兩[redacted]。我不知道上峯會給我怎樣的懲罰？

「三號知道這件事嗎？」我就心地問。

「他怎麼會不知道？不是他[redacted]也救不出[redacted]。」她說。

「那麼他對我怎樣處置呢？」

「你的工作他已交給別的人[redacted]，[redacted]他命令你馬上離開這裏回到基地。」

我[redacted]我心裏非常難過。同時一想起我和馬蘭三個多月的相處和今後她[redacted]的危安[redacted]，一種說不出的情感馬上在我內心沸騰。[redacted]

她一面替我擦乾眼淚，一面溫柔地說：

「[redacted]不必難過，你的血不會白流，[redacted]，我們的任務一定可以達成。」

「我們不過暫時分手，任務完成之後我馬上趕回基地，你耐心休養等待，我一定來看你。」她[redacted]

「那麼我們——？」我想說但又說不出口。

[redacted]握着我的手[redacted]說。

「我一定靜心等待，歡迎你成功歸來。」我[redacted]地說。

「[redacted]我走了，馬上就有人來照顧你。」她在我額上輕輕地一吻就翩翩地離去了。

望着她婷婷的背影，我有着甜蜜的憧憬和淡淡的憂思。

五

回到基地之後，我就住進醫院療養。

我們的任務是否達成？馬蘭是否遭遇危險？我眞時刻躭心。

半個月之後，李如陵和劉去非雙雙地來看我。他們的突然來臨眞使我又喜又驚。我問他們那隻驅逐艦到底怎樣？他們說敵方對方的保安人員監視得很嚴，胡作人也執迷不悟，[illegible][illegible]被馬蘭幹掉了。

[illegible]

「那[illegible]馬蘭呢？」我坐起來問。

他們都不作聲，李如陵却自口袋裏掏出一封信。

「你看了之後就會知道。」他把信遞給我說。

我連忙打開一看，是馬蘭的筆跡：

[illegible]

我們的任務達成了！你應該高興。

原先我指望[illegible]馬上回到基地和你結婚，因為我們三個多月的相處使我對你生了一種從未經驗過的真實愛情，像春筍在土裏暗暗滋生。但敵人[illegible]的子彈代替了邱彼得的金箭，射中了我的紅心。

在名義上我們已經是夫妻，在精神上我們也已合為一體。我相信你不是凡夫俗子，決不會斤斤於肉體的得失。

我清白地來，仍然清白地去，我生在[illegible]福建，仍然死在[illegible]福建。除了對你的[illegible]心不死，我毫無遺憾。

我的軀殼雖然很快就要毀滅，但我的靈魂永遠不滅。我期待你早天回來，給我的[illegible]。我愛[illegible]，我希望你在我[illegible]頭種一株海[illegible]樹並用你的名字豎立一塊墓碑。

蘭絕筆

華玲

一天下午下班的時候，連絡參謀老秦在路上拉住我說：

「今天夜晚凱歌歸有一個盛大的舞會，是歡迎戰鬪英雄的。走，我們一道兒去參加！」

「我旣不會跳舞，又不是戰鬪英雄，何必要我去出洋相？」老秦和我是打哈哈的朋友，無事的時候我們照例要打哈哈窮開心，所以我照常跟他開玩笑。

「正經話，去坐坐檯子湊湊熱鬧也好，不一定要你跳。」老秦[redacted]說：

「對不起，我不能空着肚皮陪你坐檯子，讓我吃了飯再來。」說着我拔脚就走。

「不成！今天非去不可，我保你不會餓肚皮。」老秦便要我去。正在我們扯談的時候一輛小吉甫開過來了，[redacted]，老秦乘勢[redacted]把我推了上去。

車子在林蔭道上急駛，傍晚的海風吹在身上非常涼爽舒服，不到二十分鐘就到了高雄，車子在晚會的地點停住了。

我們一下車就聽見裏面已經在蓬折，侍應生在門口恭敬地逢迎來賓，我剛一探進頭就看見池子裏一對對婆娑起舞，擁擠不堪，[redacted]，我和老秦揀了一個空檯子坐下，侍應生馬上送來了兩瓶汽水，兩盤點心。我正預備欣賞舞池裏的旋律時，音樂忽然停止。燈光亮處，閃出了一位窈窕多姿的小姐來。

「秦參謀！你也在這兒？」她忽然發現老秦，馬上滑動着輕盈的舞步，向我們走來，向老秦親熱的招呼，看樣子他們很熟。

「華小姐，這兒坐。」老秦也站起來打招呼，同時把椅子移過去。

「別客氣，」她一面說一面用那會說話的眼睛向我盼顧：「[redacted]這位是——？」

「[redacted]這位是張先生，我[redacted]的同事。」老秦不待我開口就搶着向她介紹，同時又指着她向我說：「這位是華玲小姐，香港[redacted]報駐臺記者，說起來你們還是同業哩！」

「[redacted]榮幸之至！張先生也是要筆桿兒的？」她[redacted]接着說。

「[redacted]別信他胡說，我是拿槍桿的[redacted]，[redacted]更沒有當過記者。你看我這樣兒可像你[redacted]」我指着自己的軍服[redacted]。

「[redacted]你明明騙我，你[redacted]雖然穿了這身軍服，我不相信你以前沒有幹過我們這一行業。[redacted]你的手指[redacted]秀長，那兒像是拿槍桿兒的？」她的[redacted]隨即靠着我坐了下來。

她有一對閃亮的會說話的眸子，她的感情很快地通過這一對靈魂的窗子傳達出來，而且會[illegible][redacted]的眉毛秀長，未經修飾，更顯出一種清秀之氣。厚薄適中的嘴唇淡淡地塗了一層唇膏，更顯得輪廓分明，[redacted]牙齒整齊雪白，面部輪廓[redacted]非常均勻，一眼看去就知道她是一個聰明、玲俐[redacted]的女人。[redacted]，看上去[redacted]不過二十二三歲，[redacted]卻相當世故。再加上她那富於曲線美的窈窕身材，對[redacted]

「老張你這傢伙真不爽快，華小姐是一個爽快人，在她面前應該坦白。」老秦對我有點責怪，生怕攪了他的[illegible]。

「好，你怎麼說就怎麼[illegible]」

音樂又開始了，鄰座的[illegible]們一對對下池，一對對起舞。華玲興奮地站起來對我說：

「[illegible]我們第一次見面，跳一次華爾滋吧？」

「華小姐，抱歉得很，我從來沒有到過這種場合，[illegible]今天是老秦拉伕，存心要我出洋相，妳還是陪他跳[illegible]吧？」我站起來惶惑地說。

「好，我們跳。」老秦馬上站起來替我解圍，她也對我嫣然一笑，伴着老秦下池了。

她的舞[illegible]，池子裏的男男女女沒有一個有她那樣的造詣，老秦也只能勉強配得上來。跳到我面前時[illegible]我點頭微笑，不是未成[illegible]。

樂聲停止之後，她和老秦雙雙地走了過來，老秦那洋洋得意的樣子[illegible]有點令人生氣。華玲一走過來就向我點頭微笑，表示一種安慰[illegible]親熱。

「華小姐的舞跳得眞好。」我說。

「[illegible]獻醜！」她謙虛地說。

「獻醜的[illegible]而是老秦！」我故意挖苦老秦[illegible]。

「跳的不醜，坐的才醜！」老秦也[illegible]開我的玩笑。

「跳舞並不是什麼難事，張先生如果有興趣我包你一個星期學會。」華玲[illegible]

她故意為我們解紛。

「[illegible]，我今天要你到這兒來總算沒有白費，不花錢聘到這樣一位難得的老師，等會兒非請客不可！」

」老秦一竹槓又敲到我頭上來了。

「要請也只請華小姐，[redacted]！」我向[redacted]。

「不，今天我請你們兩位。」華玲連忙插[redacted]說：

「我開老張的玩笑，都是老朋友，誰也不必請誰。」老秦怕眞的鬧[redacted]事來，因爲我們身上都一文不名。所[redacted]。

「我們雖然是老朋友，可是[redacted]先生還是初見面，今天我一定要請。」她一面望望老秦，一面又[redacted]向我一瞥。

「不敢當，今天妳是客人，我們是主人，我和老秦聯合請妳。」[redacted]，似乎非吃一頓不可。好在老秦人眼熟，可以掛賬，所[redacted]我們離開舞池，到前面的餐廳來。華玲搶着走在我們前面，身上散發着英國商人製造的高等化粧品的香味。那裹在直線條紋旗袍裏的身體是那麼窈窕動人，走起路來像春風拂着柳條，風度十足。她那婀娜的背影是任何偉大的畫家也描繪不出來的，我眞感嘆上帝會有這樣的傑作。

一走進餐廳她就叫侍者拿食譜來，完全一副東道主人的氣派，[redacted]老秦連忙說：

「[redacted]妳愛吃什麼自己點，我們的嗜好一樣，妳點過之後我們再點。」

「那有主人先點的道理？還是你們先點。」她拿過食譜向我們面前一推。

我們堅持不肯。

「那[redacted]我代你們點了。」她一邊說一邊圈了幾樣深合我們口胃的[redacted]，[redacted]。

吃飯[redacted]時[redacted]我們漫[redacted]談，[redacted]她是一個健談者，而且[redacted]有多方面的知識，她是一個天才

的演說家，她能抓住別人的心理。一個二十多點的女孩子有這樣的修養真使我暗暗驚奇！[redacted]

吃完飯之後已經十一點了。我們要趕着回去休息，她也要趕着回去寫稿。[redacted]臨別的時候她和我[redacted]握手，我覺得她的手長而柔軟，真是[redacted]纖纖的玉手。

「[redacted]先生，[redacted]希望你多多指教。」她的話像一串清脆的銀鈴，[redacted]動聽[redacted]她那對靈魂的窗子[redacted]彷彿[redacted]

「[redacted]應該是我向妳請教。」我[redacted]說：

「[redacted]時間不早了，你們何必[redacted]這一套？」老秦一邊說一邊拉着我就走，同時向華小姐揚揚手：

「[redacted]明天見！」

「好，明兒見！」她向我們揮動[redacted]那粉紅色的手絹，像一尊藝術雕像凝立在夜市中。

「老[redacted]，看樣子她對你很有意思。[redacted]今天該不虛此行吧？[redacted]」

[redacted]

二

之後，華玲時常來找老秦，一找老秦必然找我，但找我時又往往撇開老秦，[redacted]

一個星期天的上午，華玲打電話約我到她住的地方午餐。我乘着十二點的交通車趕到高雄，找着了她的住址。

　　她住的地方很僻靜，是一座小巧玲瓏的日式建築，一間書房，一間臥室，一間會客室，正房只有這三間，除了燒飯洗衣做雜事的下女而外沒有別人，顯得格外清靜。

　　她看見我準時到來，非常高興。馬上跳過來親暱地和我握手，同時打趣地說：

「[redacted]我倒看不出你是一個守約的尖[redacted]曼！」

「我從來沒有拆過任何人的濫污。」我[redacted]說。

「[redacted]我早就知道你不會使我失望。」她一邊說一邊拉着我走進會客室，走書進房。

「妳今天這樣的打扮也沒有使我失望。」我說。

　　她穿着一件淡雅的陰丹士林旗袍，沒有敷粉，沒有塗口紅，[redacted]與她在外面活動時顯然是兩種典型。

「我就知道你這份怪脾性。」她得意地笑笑。

「怎麼？妳[redacted]對我作過調查[redacted]？」我笑[redacted]說。

「胡說！」她帶幾分嬌嗔地說：「是你[redacted]的態度告訴我的。」

「妳們女人都是心理學家，[redacted]」

「你們男人都是現實主義者，你們的行動常常暴露你們的心理。」

　　聽她這樣一說我不禁哈哈大笑。她也大笑，笑聲像藏風中的銀鈴，格外清脆動聽。

「[redacted]儍笑。你看這間書房佈置得怎樣？」她[redacted]偏起頭來問我。

「[redacted]簡單，樸素，[redacted]。」我[redacted]說。

她的書桌上只擺了十幾本文學書籍，牆壁上[redacted]掛着幾幅大作家的畫像，其中以蘇俄作家居多。房裏只有兩隻轉動沙發。這種書房是我十年來夢寐求之而不得的。

「你知道簡單就是藝術？」她向我[redacted]

「我知道你不僅是[redacted]能力很强的新聞記者，而且是一[redacted]藝術家。」[redacted]

「別再胡說了，再胡說我就趕你出去！」她的眉毛微微豎起，嘴巴嘟着，眼睛深深地盯着我。

「好，我馬上就走。」我站起來拿帽子，[redacted]

「淘氣！淘氣！這樣大的人還跟我們女孩子淘氣？快給我坐下來。」她一面說一面按着我坐下。同時吩咐下女：

「阿蘭！準備開飯。」

接着，她又指着窗外的美人蕉說：

「來，我帶你看看我的小花園。」她一邊說一邊拉着我走。

所謂小花園是書房外面的一小塊長方形的空地，上面種了一些不知名的花草。我祇認識美人蕉和其他幾樣普通的花。她一樣樣向我解釋，她對於花草的知識也遠比我豐富。

「爲什麼沒有玫瑰？」我問。

「你愛玫瑰？你不怕有刺嗎？」她說。

「我不怕有刺，我只怕有毒。」我望着她說。

「你又在胡說！普通的花那會有毒？」她白了我一眼。

「本來在這方面的知識我就非常缺乏，幸好今天有妳指教。」我望着她笑笑。

她望着我半天不講話。[redacted]

「小姐，飯菜預備好了。」阿蘭在書房喊叫。

她暫時替我解了圍，華玲挽着我到會客室吃飯。

米是最好的蓬萊，菜是最好的菜，花樣雖然不多，可是非常豐盛[redacted]。

「華，我很感謝妳的盛意，可是，今天我到妳這兒之後，[redacted]有一個感想。」我端起碗來望着她說。

「什麼感想？」她盯着問我。

「妳的生活和我們的生活太懸殊，妳一個人住這樣好的房子，吃這樣好的伙食。我們有很多同事一家四五個人住一間小房子，一天三餐都成問題，平常只吃[redacted]黃瓜下飯，妳好像和我們生活在兩個世界。在現在這種艱苦關頭，我希望妳能節省一點。記者不是金飯碗，即使不替自己打算，也免得別人不滿。」我說。

「我有我的人生觀。我認為[redacted]人[redacted]不應該太刻薄自己，能享受一天就享受一天，[redacted]不必為誰打算。[redacted]這個房子是[redacted]租的，不是我自己的。」她滔滔地說。忽然眉頭一皺，兩眼深深地盯着我[redacted]地問：「你們生活既然這麼苦，為什麼不想點別的辦法？」

「大家都是一樣苦，國家又這樣困難，我們還能想什麼辦法？[redacted]

[redacted]實在值得我們效法、警惕。」

「[redacted]你的頭腦[redacted]什麼也這樣迂腐？別人想不出辦法你總應該想得出辦法呀！何必跟着大家吃苦？」

「除了寫稿以外，我也[redacted]其他的辦法。」

「張[illegible]我們的感情，我願意幫你的忙。從今天起，你每個禮拜天到我這兒來打打牙祭，如果需要的話，我的錢你儘可以用。」

「吃飯可以，用[illegible]的錢我還不大習慣。」我[illegible]說。

「別這樣說，我的錢不是別人的錢，和你自己的一樣。你知道我在這兒是一個人。」她的眼睛深深地注視我，那裏面放射着兩道感情的光芒。「你肯用我的錢是我的榮幸，別人還不配用哩！」

她的熱情深深地感動了我，我從來沒有遇見過像她這樣的女人。

「華，我對妳有些迷惑，妳對我的深情反而使我惶惑，我總覺得像妳這樣的年齡入世不應該這樣深。希望我們之間不要有什麼不幸。」我感情地說。

「你怎麼又這樣重感情而迷信？」她向我嫣然一笑，把着我離開餐桌到她書房裏休

「我本來就是一個重感情生活的人，因為我的情感從來沒有被人重視，尤其是妳們女人，所以慢慢地我就築好了一道堤防，不讓它潰決。這次無意中遇着妳，實在使我非常困惑。」

「相信我，」她替我倒了一杯滾熱的咖啡，端到我面前來，寓意深刻地說：「邱彼德的箭決不會亂發。」

「但願如此，我的神經經不起任何刺激。」我說。

「我希望我是一個快樂的天使，能夠給你帶來幸福。」她用手溫柔地撫摩着我的頭髮，我也彷彿看見幸運之神在向我招手。

三

這之後她雖然時常打電話來約我到她那兒去，但我因為工作太忙，即使在星期天也抽不出時間，所以有好幾個星期沒有去看她。

一個星期天的上午，我接着她的一封短簡：

有要事相商，請於星期日正午來我處一敘。

玲

我不知道是什麼事，又因為許久沒有看她，所以這天我又坐着十二點鐘的交通車趕到她的寓所。我剛一走到她的門口，她就跳跳蹦蹦跑到我的面前來，緊緊地握着我的手，半推半擁地把我送進她的書房。

「蕭，到底有什麼事和我商量？」我急忙問。

「沒有什麼事，今天天氣很好，吃過飯以後我們到海濱去玩。」她一面輕輕地拍着我的肩膀，一面吩咐下女：「阿蘭，開飯！」

吃過飯之後，她把預備好了的點心水菓和毯子往旅行袋裏一塞，同時吩咐阿蘭去喊三輪車。一會工夫三輪車就來了。

「[illegible]我們出去。」她一面挽着我一面吩咐下女：「阿蘭，我出去一下，不一定什麼時候回來，你好好照顧[redacted]，不許出去。」

我們一坐上三輪車她就吩咐車伕[redacted]，她對於這一帶的地形比我還熟。在車上她對我[redacted]更加親暱，對於我的生活尤其關心。我覺得她是世界上唯一瞭解我體貼我的人。

約莫走了三十分鐘光景，車子停住了。一塊並不太大的海灘展現在我們眼前。她付過車錢之後就挽着我轉過一座小石山，向海灘走去。

我們選擇了一塊最平坦的沙灘把毯子舖下，她讓我先坐下來，然後挨在我身邊坐下。

天氣非常晴朗，太陽並不厲害，海風一陣陣地吹來，心胸大爲舒暢。

「[redacted]今天是我有生以來最愉快的一天！」望着天上飄浮的白雲，望着遠方的點點漁舟，望着海上的對對白鷗，望着輕吻着海岸的浪花，再看看坐在我身邊溫存素雅的華玲，我不禁感慨地說。

「[redacted]別像那些詩人一樣，太多[redacted]幻想，今天在我們的生命史上的確是值得紀念的日子，可是我們要把握今天，展望明天。幸福雖在向我們招手，可是機會稍縱卽逝，我們的[redacted]幸福就決定於你今天的情感。我想你現在應該明白我爲什麼要你到海濱來？」她斜偎在我身上，溫柔地撫弄着我的領帶，[redacted]

「[redacted]請你別轉彎抹角，我實在不大明白你的意思。[redacted]」[redacted]解她話裏的文章，我撫着她的手，溫和地說。

「那[redacted]我先問你：」她略微坐起，兩手攀着我的肩胛，頭更湊近我，眼睛深深地注視，好像要看透我的靈魂：「你愛不愛我？」

「[redacted]你[redacted]要問這樣無意義的話？嘴巴上的愛多麼膚淺庸俗？[redacted]」

我說。

[redacted]她忽然熱情地擁抱我，頭俯在我的肩上喃喃地說：「我看出來了，早就看出來了！」

她的熱情的擁抱，使我感到無上的幸福。我[redacted]半天默默無語。

[redacted]她慢慢地抬起頭來，用一種低微的鼻音向我說：「幸福就在我們的前面，我已經替你找好了一個很理想的工作。」

「什麼工作？」我的頭腦忽然清醒，精神爲之一振[redacted]：「比現在好嗎？」

「當然比現在好，[redacted]！」她自信而驕傲地說：「我替你找好了一個有歷史，有信譽[redacted]的大報的大主筆！」

「好極了！」我[redacted]

「不過——」她拉長音調低聲低氣地說：「你得趕快辦兩張出境證，和我一道去香港。」[redacted]

「香港？」我[redacted]幾分驚奇。

「怎麼？你不願去？」她歪着頭，那閃亮的眼睛又盯着我：「那邊月薪港幣七百塊，而你現在月薪只有臺幣九十，那邊的生活享受遠比臺灣好，這兒的海濱那能比得上香港的淺水灣？每個週末我們可以一塊兒去游泳，不比坐在這兒更好嗎？」

「[redacted]感謝你的好意，不過，你還不明白我爲什麼要到臺灣來吃苦？[redacted]」我向她委婉地解釋，同時緊握着她的手說出了我的希望：「[redacted]如果你眞能體[redacted]我，最好和我一塊兒留在臺灣，貧窮[redacted]的幸福。」

[redacted]：「你別再做傻瓜。抗戰八年，吃苦八年，你得了什麼好處？你現在又在臺灣苦撑，撑到頭不論結果如何，像你這樣的傻瓜絕對沾不到一點[redacted]，說不定還有更悲慘的遭遇！」

「[redacted]我做事[redacted]只憑良心。我覺得[redacted]聰明人手裡！只要大家問良心，肯做傻瓜，我相信一定能[redacted]。」

[redacted]：「別再說這些傻話，你過去就吃了這種[redacted]性格的虧！看，三十歲的人了，還是一個光桿！」她向我做了一個奪人心魂的媚笑。

「我想這次我該不會落空？」我向她[redacted]笑笑。

[redacted]她抬起頭來望着我，[redacted]用手掠掠蓬鬆的頭髮：「說正經話，香港你到底去不去？」

「[redacted]妳應該明白我的意思。」[redacted]，我不願再向她作正面回答。

「你的意思是不去了？」她失望地望着我，面容慘淡，像一朶雨後的梨花。

我心裏非常難過，半天沒有說話。

「那[redacted]我只好一個人去了。」她整整我的領帶，柔情如水地說：「我走後你不會寂寞？」

「寂寞，」我有點悽然[redacted]：「不錯，我一向是寂寞的，十年來我就像一條乾涸的河床，即使偶然落下一點雨水仍然不能止渴。[redacted]妳雖然是一陣甘霖，但是，我不能太自私，我始終記得一句哲人的名言：『愛情不是佔有，而是給予。』即使妳要離我遠去，我也決不阻止。」

「[redacted]看，你哭了！」她用手娟擦乾我的眼淚，[redacted]懇切地說：「看在邱彼得的面上，你能不能帮我辦一張出境證？」

「憑妳的工作和身份，妳不是可以申請嗎？」我遲疑地說。

「[redacted]」她[redacted]「話不是這麼說，你知道中國社會就講人事關係，我雖然依法申請了，可是還不知道什麼時候可以發下來？而報社又催我回去[redacted]，我[redacted]有[redacted]，如果你能[redacted]賞個情面，一定會快點，這樣上面才不會責我失職。」

「[redacted]，可是他們做事認真，[redacted]這種事情又不是兒戲，我怎麼好開口呢？何況我[redacted]，向來不求人。」我知道這件事情的嚴重性[redacted]。

「[redacted]」她望着我悽然地流淚了。「我真想不到你是這樣一個狠心腸的人，我原先還以為你可託終身，[redacted]！」

她哭了，[redacted]哀怨地倒在我的懷裏嗚嗚地哭了。

這時我的方寸已亂，我想不到會發生這種[redacted]事情。

「[redacted]，別談這個問題，我[redacted]回去好不好？」我看看天色已經不早，我想就這樣結束這場不愉快的海濱幽會。

「好，我們回去。」她抬起頭來，擦擦眼睛，掠掠頭髮，頹喪地說：「不過，這回分別[redacted]不知道什麼時候能夠再會，你的工作忙，我的責任也重，也許我們不能再會了！」

「[redacted]，妳爲[redacted]說出這種掃興的話？」我心裏有一種不吉利的感觸。

「如其見面惹出許多煩惱，[redacted]不如不辭而別，反正你不肯幫我的忙。」

「[redacted]，不必這樣說，只要妳走以前通知我，再忙我也要趕來送行的。」

「說走就走，我也算不準是那一天，」她又感情地望着我：「送行大可不必，免得又惹出一場眼淚，當着衆人的面怪難爲情的！」

我緊緊地握着她的手，我再也說不出半句話來，我的心如刀割。

「你看，帶來的點心一點兒沒有動，你要不要吃？」她拿着一塊蛋糕問我。

我看看那塊蛋糕顏色不大好，拿到鼻子上一聞，似乎有點怪味，我搖搖頭，表示不想吃。

「你看，你怎麼這樣多心？蛋糕是舖子裏買的，未必我放了毒藥不成？」她嘟起嘴巴有點責怪我的意思。

「華玲，別這樣說，我實在胃口不好，我從來不懷疑任何人，難道還會懷疑妳？」我給她解釋。

「好吧，別說廢話，我們走吧？」她捲起毯子向我說。

我把毯子塞進旅行袋，我提着它，她挽着我的胳膊，我們並肩行走，我們的影子倒映在沙灘上，緊緊地並成一長行。

轉過小石山，我們就走上馬路了。

我正就心沒有車子，誰知道先前送我們來的那輛三輪車仍然停在那裏，我幾乎高興得叫了起來。但是，華玲一看見那個三輪車伕却一怔。

「怎麼？你還沒有走？」

「小姐，我正等着妳哩！」三輪車伕躬着身子回答。

於是，我們雙雙地跳上三輪車。

在半路上我要下去，因爲這裏距離我的住址很近，但華玲却說：

「陪我回去看一場九點鐘的電影怎樣？」

「華[redacted]請妳原諒，我明天早晨要做紀念週，看了電影今天夜裏趕不回去，下個禮拜天我一定來看妳。」

我吻吻她的手，跳下了三輪車。

「華，再見。」我向她揚揚手。

「再見，大令！」她揮動[redacted]那粉紅色的手絹。

四

第二天清早我剛起床，就發現房門口有一封信，這顯然是從門縫里塞進來的。

我連忙折開一看：

××同志：

你的女朋友華玲小姐昨夜我逮捕了！幾個月以前我就跟蹤她，她的住址信件和你的房間辦公桌我統統檢查過，許多事實證明她是一個很重要的[redacted]諜。你身為軍人，竟如此糊塗疏忽！我嚴重地警告你：今後應該當心女人，當心你自己的腦袋！

三輪車夫

我的頭像要炸開，我覺得天旋地轉，忽然眼前一陣黑，[redacted]倒了下來…………。

敵人的故事

一

一天午夜，我突然奉到艦隊部的命令，要我率領兩隻砲艦和一隻登陸艇向Ｘ島突擊，並限翌日上午六時前達成任務。當時我所知道的情況是島上駐有匪軍一營，完全是步兵，沒有重武器，這些敵人是一個月以前偷渡上來的。

Ｘ島是一個很小的島，只有一個十幾戶的小漁村，荒涼得很，所以我們沒有派人駐防。以航程計算，這個小島距離大陸和我們的前進基地恰恰相等，我們的船只要一小時就可以到達，所以它完全在我們的艦砲控制之中，當初敵人是有計劃的偷渡，我們也將計就計地讓他們登陸，因爲只要我們願意，隨時都可以把他們消滅的。

今夜我的任務就是殲滅這島上的一營敵人。

這天雖是月尾，但天候很好，風平浪靜。我們於零時三十分出發，我爲了避免敵人的注意，命令各艦艇不許外漏一線燈光，四條船都在黑暗中航行，一點三十分就到了目的地。我的驅逐艦擔任北面的轟擊，同時掩護陸戰隊登陸，並防備大陸上的敵人增援；兩條砲艦則擔任東西兩面的轟擊；南面是巉崖亂石，敵人是沒有辦法增援或逃走的。

因爲這正是午夜，敵人好夢方酣，毫無作戰準備。經過我們一陣排砲轟擊之後，才聽見零零落落的槍聲和[illegible]喊。三十分鐘轟擊過後，登陸艇打開了坦克艙，放出水陸兩用戰車和兩連陸戰隊。這時島上連步槍聲也停止了。

四點三十分左右，陸戰隊押着五十幾名俘虜回來，其餘的據報告統統死光了。對於這次任務圓滿達成，我心裏非常高興，我馬上通知陸戰隊解幾名[illegible]俘虜過來訊問。十分鐘之後，一位上士班長和兩位槍兵坐着小艇押了兩個匪俘過來，他們都衣衫不整，一個沒有戴帽子，上衣也是敞開的，另外一個連鞋子都沒有穿，蓬頭，赤脚，短褲，簡直狼狽不堪。

那位上士班長報告我說，這兩個俘虜很乖僻古怪，始終不發一言，所以先解過來。我仔細看看，那個沒有戴帽子和上衣敞開的俘虜約莫三十多歲，濃眉大眼，態度很倔強傲慢。另外一個不過二十多點，滿臉憂愁，[illegible]驚惶恐懼。於是我吩咐槍兵把那個倔強傲慢的傢伙暫時帶開，臨走的時候他還陰狠地盯了他的年青的同志一眼，使對方不寒而慄，連忙低下頭來。

我以非常同情的口吻問這位蓬頭，赤脚，短褲的年輕俘虜，但無論我的態度怎樣和善，他始終不說一句話，而以非常疑懼的眼光望望我又望望別人。顯然地，他對於我的誠懇並不信任。因此我很生氣，我想如其對他客氣不如對他嚴厲，用强迫手段或許還可能在他身上找出一點線索？因此，我板起面孔命令那位上士班長

「搜！」

「報告艦長，已經摸過了，他身上沒有武器。」上士說。

「搜他的口袋，看有沒有什麼文件？」我再命令。

這個俘虜聽說要搜他的口袋，連忙以雙手護胸，簡直急得要哭。上士很機警地把他的雙手劈開，在

他內衣口袋裏搜出一個信封來，他好像喪失了什麼寶貝似的馬上以手蒙面號哭起來。我不理他，我接過信封就連忙打開。但呈現在我眼前的不是什麼機密文件，而是一張娟美的女人照片，和一張八行信紙。我一口氣唸下去：

成信我夫：

你給我的信都收到了，可是你以前為什麼老不寫地址呢？這是什麼意思？現在家裏連吃的都沒有，同時又按照他們的新婚姻法把我配給你的敵人了！請你以後不要想我，我已經不是你的人了。

妻藍英泣書

看了這封信我像突然受到嚴重的一擊，我覺得我的心有點酸，眼睛有點潤濕，我的感情已經不能支持我的身體，我把信和照片統統交回我的可憐的敵人，我想回到房裏休息，但沒料到我的敵人竟哭倒在我的懷裏……

二

成信和藍英本來是一對最美滿的夫妻，他們從小就是一對小戀人，他們生長在一個鄉村，從小學一年級一直到簡師畢業，這許多年的時間天天都在一起。

藍英生得聰明秀麗，有一頭烏黑的秀髮。一對大而黑的眼珠，一眨一眨像在說話似的。臉蛋白裡透紅，像秋天的蘋果，這隻小蘋果上面偏偏又生了一對動人的酒渦。每到春天她總是上身穿着藍士林布短衫，下身穿着短短的黑裙，走起路來一蹦一跳地像蝴蝶兒在花間翩翩飛舞。成信那時也像一個快樂的小王子，伴着他的小戀人在田埂上山野間追逐，採花，散步。因此羨煞了許多同學，也羨煞了許多父母。他們在一塊兒消磨了黃金似的童年，消磨了許多個快樂的春天。

在簡師畢業的那年，成信正十九歲，藍英剛滿十八，正是青春燦爛的時候。在放春假的那天，他們一同到野外去踏青，這正是紅杏出牆，桃花怒放，八哥百靈競賽好音，暖風薰得欲人醉的日子。當然他們心里更是喜洋洋暖烘烘的。

這天藍英心里好像特別高興，在高興中又似乎有點羞澀，因此兩頰顯得更加緋紅。在一座桃花林里休息的時候，她的兩眼老是在成信臉上滴溜溜地轉，想要說什麼但又羞於出口，渴求着什麼但又不敢伸手，而當成信注視她時又忽然低下頭來。這使成信也有點困惑，過去好像沒有這種情形，他們只是像兄妹般地相愛。等到成信意識到這種新的情感時他自己也不免有點羞澀起來。

「信哥，畢業以後你打算怎樣？」藍英搭訕地問。

「升學恐怕不可能，我想只好教書。」成信黯淡地說。「藍妹，你呢？」

「我當然更不可能哪，現在人也這麼大了，家裡不會讓我老在外面跑的。」藍英也興起淡淡的憂鬱。

「那麼你教書好了。這樣我們不是仍然可以在一塊兒嗎？」成信提示她。

「恐怕沒有那麼簡單？我們現在都是大人了，成天在一塊兒別人也會說閒話的。」藍英顧慮地說。

成信想起家鄉的風俗多少還保留着男女授受不親的古老觀念。像他們現在這種情形已經是例外的例外了。現在是在唸書，成天在一塊兒還有藉口，一旦畢業之後那就困難了。他想澈底解決這個問題，因此，他大膽地試探：

「藍妹，我有一個請求，不知道你答不答應？」

「什麼事？你說。」藍英一手攀着一根低垂的桃枝，一面偏着頭問。

「如果妳不答應，我又何必白說？」成信[redacted]欲擒故縱。

藍英是一個非常聰明的女孩子，她知道成信要說的是什麼話，而這又正是她寤寐以求的，因此，她格外溫柔地說：

「信哥，你的事我沒有不答應的。」

「那麼我說了？」

「你說。」

於是，成信附着她的耳朵輕輕地說：

「藍妹，我要媽馬上託人做媒，一畢業我們就結婚，你答不答應？」

藍英頓時兩頰緋紅，連忙把頭埋進成信的懷里。

樹上的一對黃鸝鳥也在快樂地交頸，吱吱喳喳地嚷叫，整個桃林充滿了春天的喜悅。

三

結婚以後，他們同在本鄉的中心國民學校任教，過了一年最幸福最甜蜜的新婚生活。

可是一[illegible]的魔掌很快地就伸進了他們寧靜的家鄉，[illegible]破壞了他們溫馨的夢境。他們像一對築巢於高枝的幸福小鳥，忽然被狐狸的甜言蜜語所[illegible]下跌進痛苦的深淵去。

那時共匪就以大學的幌子來吸收了很多失學而又力求上進的知識青年。成信就是為了想戴「大學生」的高帽子辭去教職別離愛妻投進中共的軍政大學的。但不到三個月就被人家套著共匪所謂的「抗美援朝」，他隨四野最先抵達寒冷的北韓。起先是擔任文工，後來因為兵員死傷太大，為了填補空缺，他被編入一個步兵連充當一名戰鬥員。三個月的血戰，他受了「光榮負傷」。他隨着許多折臂斷肢的可憐虫像裝猪仔一樣地運回中國大陸療養。總算萬幸沒有殘廢，因此他很想結束這種非人的生活，曾經幾次請求回鄉生產，但最後的答覆是編入部隊，幾個月之後就送到南中國海這個島來。在這個荒僻的小島上還不到兩個月就糊里糊塗地被俘虜了。

自從離家以後他對於藍英的懷念是與日俱增的。除了作戰負傷以外，平常每一個月他總要寫兩封信給她，但僅只有在中南軍政大學時接到過她幾封信和一張照片，以後就一直沒有接到過回信了。這並不是藍英寡情，而是他自己行止不定，無法留下一個可靠的通訊地址。兩年了，他孤獨地忍受着相思的熬煎，在半夜里常常蒙着頭哭泣，放哨時常常一面流淚一面輕輕地唸着藍英的名字。他也有幾次想逃跑，但周圍監視的眼睛是那麼多，那麼陰森森的，而處置的手段又是那麼殘酷，不要等你有什麼行動，他們的幹部認為你有半點可疑時你就會被秘密地處死。他常常一覺醒來之後，發現左右兩邊的伙伴悄然地失踪，幾天之後又有新人來填補。對於這種情形大家連問都不敢問，除非指導員在檢討會上在批評你。想來想去他實在沒有什麼辦法擺脫這種生活，惟一的希望就是「解放臺灣」。因為指導員說：「解放臺灣後都可以回家過好日子。」當然那時他也可以和藍英團圓了。因此一到這島他就很興奮地寫了一封信告訴藍英，說他們不久就可以團圓，也只有這封信他留下了確實的地址。但想不到指導員把藍英的回信交給他時竟是一個意外的惡耗，看過之後他不禁痛哭起來。[redacted]「成信同志，你的愛人分給你的二哥是對的，因為她年紀很輕，正應該替國家多多生產，如果她的性的問題不能合理的解決，那是對她個人的虐待迫害，也是國家的損失。再說臺灣的女人漂亮得很，解放了臺灣還愁沒有愛人嗎？我向你保證：只要解放臺灣，內地反動派的女人或者臺灣本省的女人，只要你喜歡，我一定請求上級配一個給你。因此我們應該盡最後的努力，達成解放臺灣的任務。成信同志，那時你還愁沒有愛人嗎？」

這使成信悔恨交集，他不知道應該怎樣處理自己。報仇嗎？沒有機會；自殺嗎？實在不值。因此他只好日夜背人飲泣。

他萬萬想不到這次他會像那樣地作了俘虜，更想不到我們這些「反動派」並不像他們上級宣傳的那樣殘忍醜惡，那樣虐待俘虜。

在我的懷抱之中，他才真正地感覺到人性的溫暖，恍然於過去的受騙。因此，他向我滔滔地敘述了[redacted]

四

「[redacted]現在你準備怎樣？」我問他。

「報仇！」他毫不遲疑地[redacted]回答。

「向你二哥報仇嗎？」他的二哥佔有了他的愛妻，他的太太變成了他的嫂嫂，這筆糊塗賬我真不知這個怎樣算法？「向那個俘了我的老婆的人報仇」

「[redacted]如

的[redacted]？」

「他們為什麼偏要那麼做呢？」我眞有點不解，他們鄉村裏總不會沒有第二個男人，爲什麼偏要把他的太太配給他的士哥？

「這就是共產黨的詭計，『解放區』這類的事情實在太多了。他們希望我們自己人恨自己人，自己人鬥爭自己人。這樣我們就只有一條路：永遠跟共產黨走！」

一想到在共產黨殘忍的統治之下的大陸上那麼多的苦難同胞，我的心情忽然沉重起來。我在甲板上踱來踱去，我懷念大陸上我那麼多的親戚朋友，兄弟姊妹，像我那樣的一個大家庭，現在正不知道在上演怎樣的悲劇？

「報告官長，我想去看看和我同來的那個傢伙。」成信向我請求。

我心裏煩燥得很，我正想清靜一下，於是，我揮揮手，叫上士帶他去。

我一個人獨自跑上艦橋，這時天色漸漸明亮，我們的四條艦艇正排成一字隊形循着原路回航。每一條船頭就像一把利刃劃破平靜如鏡的海面，向着基地破浪前進。

我拿起望遠鏡向大陸瞭望，青青的山脈，密密的樹林盡在眼底，我恨不得立刻打回大陸去。那裏有我熟悉的城市，熟悉的河流，熟悉的港灣，和許多的親人，我實在非常想念他們。想到他們在共產魔鬼的鐵蹄下掙扎呻吟，我就非常痛心！

「報告艦長，成信拿水手刀把那個俘虜殺死了！」帆纜上士劉漢忽然氣吁吁地跑上艦橋來報告我。

「豈有此理！他怎麼可以隨便殺人？你們又是幹什麼的？」我很生氣，一則我們沒有一個人敢隨便處理俘虜，他怎麼沒有得到許可就殺人？二則我也怪我們的士兵沒有及時制止。

「報告艦長，我們想不到他會殺自己人。」劉漢畏葸地向我解釋。

「把他帶上來！」我嚴峻地命令。

「是！」劉漢匆匆地跑下去。不到兩分鐘他和那位上士一同把成信押了上來。

「你爲什麼殺人？」我問成信。

「報告官長，他是連級老幹部，有好多人死在他的手裏，我也受夠了他的恐嚇和折磨，他們這些傢伙沒有一點人性，今天我先宰了他出這口冤氣，以後再算總賬！」成信理直氣壯地回答。

想起那傢伙上船時的倔强傲慢，和對成信的那付樣子，以及成信的慘痛遭遇，我也不好怎樣責備他。血債要血償，劉丰年最後必然淹死在血海裏。

「成信，你的這種行動在我們這邊是不許可的。不過我很同情你的遭遇，到基地之後，我一定代你向上峯解釋。」我向他說明我的態度。

這時天已大亮，一輪紅日正從遠方的海面冉冉升起。

成信望着我感激地笑笑，又向着燦爛的朝陽深深地呼吸了一口新鮮的空氣。……

姚醫生

一

我很少有機會來臺北，但想不到來到臺北就碰見姚惠民姚醫生。這眞是一個奇遇，是大大地出乎我意料之外的！

這是一個美麗的黃昏，是臺北街頭最熱鬧的時候，尤其是衡陽路和重慶南路一帶，漂亮的小姐們正大量出籠，她們是在姍姍地踱着輕盈的芳步，或則逛逛百貨公司，一個個肩上掛着小巧的皮包，或是手裏拿着一兩本新出版的雜誌，是那麼高貴，那麼悠閒安逸；間或也有一兩隻纖纖玉手挽着年青紳士的壯碩的臂膊，使多少單身男子投以驚羨而又妬忌的眼光。

這時我正急於趕赴一個朋友的約會，在衡陽路上低頭急走，人是那麼多，那麼擠，愈想快愈走不通，碰着男人倒不要緊，頂多道歉了事，碰着小姐們可有些麻煩，因此我雖然走得很快，但也很小心，走過一長條衡陽路總算沒有碰着一個人。但在正中書局轉拐的當兒由於一種突圍後的輕鬆感覺，使我一時高興而大意起來，一個不留神就和一位健壯的大個子撞個滿懷，這一下他倒無所謂，我一連退後幾步，確實有點受不了。等我定神一看，我不禁大吃一驚，原來他不是別人，是我一別三年天天想念的同學同鄉姚惠民姚醫生。不待我開口他就伸出右臂來把我一挾，非常興奮地說：

「這裏不是談話的地方，走！我們去找個地方痛快地喝幾杯！」

他見了我還是那麼眞摯熱情，我實在拗他不過，只好放棄另一個約會，陪着他去。和他在一塊我永遠感到人性的溫暖和愉快，這次海外遇故知，我內心的喜悅就更非文字所可形容了。

二

姚惠民家和我家是世交，我們又是兒時的好友，一塊兒玩一塊兒上學。雖然他大我幾歲但我們的情感還是非常融洽，眞正和他形影不離的不是他的兄弟，而是我。

他父親是一個忠厚正直的長者，業律師而無人怨尤，這在我們家鄉是罕見的。自我們祖父那個年代起，我們家鄉無論男女老幼對於律師都沒有好感。「訟棍」，「散陰德的」，「斷根絕代的」這類惡毒的字眼都一股腦兒往律師頭上堆，事實上也確有幾位律師是「斷根絕代」了。但他父親却是一個例外，人前人後大家都尊稱他「姚先生」。因爲他從不挑撥別人打官司，從不在原告被告兩面拿錢。如果有人委託他訴訟，他第一個原則是息事寧人。他常對人說：「衙門八字開：有理無錢莫進來。」所以十件訴訟最少有八件一到他那裏就結束了。但如果眞有窮人受了寃屈無法伸訴他會毫不考慮地代他墊錢打官司，勝敗在所不計。他這種性格也毫無保留地遺傳給他的兒子姚惠民了。

姚惠民兄弟一共三個，老大在銀行裡工作，老三學電訊，在交通界工作，他自己學醫，在家鄉懸壺濟世。他們兄弟三人的職業完全是他父親的安排，因爲他自己厭棄官場，所以也不讓兒子們走那條路，要他們一律幹自由職業，過着一種與政治絕緣的自由生活。他手裡很有一點錢，但不是得自訟費，而是搞企業起家的。

姚惠民爲什麼學醫？說起來也是一件很有趣的事。

照他的個性說來，他是絕對不宜於此道的，他是一個路見不平拔刀相助的人物。在學校的時候他是足球隊的隊長，是出名的「張飛」，但並不「莽」。身體好是他的本錢，個性強，膽子大，富正義感是他能得衆望。別人不敢幹的事他敢幹，只要正當任何危險他都在所不顧，爲了榮譽和正義他是可以不要性命的。如果遇着自己的同學和別的學校的學生打架他總是站在最前面做盾牌兼打手，把人家的鼻子打破眼睛打瞎是常有的事，他肩背上那個大疤也就是打架的光榮紀念。因此校長老師都罵他，怕他出事，但在心裡又着實愛他，因爲每次他都替學校爭來光榮。他父親更時常警告他甚至責罰他。如果他生在德意志或古代斯巴達那無疑的是人人崇拜的英雄，尤其是女孩子們追逐的對象。可是他生在中國，生在他那以溫良恭儉讓爲處世之本的家庭，他這種性格就變成他痛苦的根源了。

就在他高中畢業的那年，他闖了一樁大禍。他爲了抱不平替一個被打得半死的窮苦同學出氣，竟把一個惡覇的紈袴子弟也是他的同學三拳兩脚打死了。如果不是他父親的聲望給他遮掩下去他眞是要抵人命的。結果算是賠錢並要他戴孝做七七四十九天齋了事。他原來是預備高中一畢業就報考軍校的，這一來他父親就絕不容許了。

『哼！你也想考軍校？別說我不指望你作官，縱然有這種指望試問有多少人給你殺？你這種脾氣非折磨折磨不可。我一不指望你作官，二不指望你賺錢，我只希望你好好地做人。古人說：「不爲良相，則爲良醫。」你還是去學醫，做點於己於人都有益的事情。』

姚惠民在外面雖然天不怕地不怕，可是在他父親面前却非常馴服，因爲他幼年喪母，天性至孝。如果說他也有宗教信仰的話，那他父親就是他唯一敬仰的神了。他這樣一個人本來沒有什麼力量可以約束他的，只有倫理道德才可以約束他。

就這樣他沒有當成保國衞民的軍人，而改作名醫施今墨的門人了。

三

我們從學校分手經過十年離亂之後，他的性格完全變了，最少在表面上是如此。十年前他是豪放不羈愛笑愛鬧的；十年後他變成悒鬱寡歡落落寡合了。只有見了我以後才偶爾一見過去的豪情，而這種落拓不羈，睥睨不可一世的豪情也只有在圍爐煮酒促膝談心時才像曇花一現，平時則非常拘謹而沉默。他往日的豪情到底到什麼地方去了呢？百分之五十是酖於酒，百分之五十則酖於賭。他的豪飲我是罕見的，記得和我久別重逢的那一次他把一瓶一瓶的白乾當水喝，老實說就是喝水我也沒有他那種海量。因此，他的皮膚已被酒精浸成赭紅色，那隻肥大的鼻子也變成酒槽鼻了。他的賭也是少見的，不問大小，不問牌九麻將梭哈押寶他樣樣都來，而且一賭就是幾個通宵。往往幾個月的收入不夠一次豪賭。所以他也時常感歎說：

「一年十個指頭摸，不夠最後一張梭！」

除了喝酒，賭博之外，我還發現一種最令我驚異的事，就是他已經幾年不看報了！如果有人向他推銷報紙雜誌他馬上會勃然變色：

「去，去，去！我寧願打發叫化子也決不化錢去買這騙人的撈什子！」

因此，我總不敢同他談國家大事，寧願捨命陪他喝酒，或玩玩撲克，甚至踢毽子。因為有一次我偶然和他談起徐州會戰的事他竟頂撞我說：

「吃自己的飯管那許多屁事！你有意見寫到報上去發表好了，到我這裡來就是喝幾杯！」

我眞被他頂得無話可說，只好端起高脚杯來陪他喝酒。

對於他這一百八十度的轉變我是非常惋惜而痛心的！眼看一塊棟樑之材就這樣做桌椅板櫈糟蹋了，眞是天大的虐待和迫害！

姚惠民爲什麼會變得這樣消極呢？我和他兩三個月的聚首默察出來幾個原因。

首先是他對自己的職業不滿。他認爲做十來年的中醫看病也只能知其然而不知其所以然。你說病人的心臟有病，看見沒有？腸胃有病，看見沒有？西醫可以憑X光透視各種病症，而他呢？僅憑經驗和學識，沒有一點科學工具可以利用。他是一個富有冒險和進取精神的人，但他這一輩子只能止於此。

「看病全憑十個指頭摸，我也不知道有錯沒有錯？」

這是他精神上的痛苦。同時這種職業一方面要心平氣和，笑臉常開，一方面也要來點噱頭，騙騙病者，這也是他不容易辦到的。所以他只能消極地求其心安，而不積極地去求業務的發展，因爲他對這職業根本沒有興趣，甚可以說他對中醫已失去了信心。

其次是對婚姻的不滿。他是一個精力情感都非常豐富的人，但他的婚姻却不是自己的決定，雙方知識水準和性情都相差很遠，但爲了承歡老父，他不得不放棄他的愛人，作最大的犧牲。他一向我談起這件事就兩淚交流。但對方是無罪的，他是憐憫多於愛情。每當談起他的太太時他總這麼悲憫而又感傷地說：

「鄉下妹子，可憐虫！」

而同時他的愛人雖然已婚，但他們還有不了的情。她還時常偷偷地找他「看病」。有一次被我碰見了，我發現他們的兩眼都是通紅，好像剛抱頭痛哭過似的。看見這種情形我也不禁為之落淚。

此外還有一個更大的原因。就是十年戰[illegible]時局仍然動盪不定，國民道德一天天墮落，社會沒有是非，沒有正氣，好人無處立足，壞人到處橫行。他本來抱有救世救民的壯志雄心，但環境迫他作一個庸醫，他雖不熱心官場，但確實不滿現實，他心里很想一下扭轉乾坤，但他只是一葉孤立的浮萍，沒有任何憑藉。他這種痛苦可以從他一句無意說出的話中看出來：

「如果我也像你一樣是一個軍人，我一定殺盡所有的亂臣賊子和一班烏龜王八蛋！」

當時真使我面紅耳赤，我雖然是一個軍人，但我沒有拔壞蛋一根毫毛的權力！甚至十有九次都在壞蛋手裏栽觔斗，我的眼淚也只好往肚裏流。我又拿什麼來安慰他呢？

四

時間過得真快，我在家鄉一就就是幾個月。戰局一天天的緊張，[redacted]渡江也是箭在弦上我不得不棄家出走。死在敵人手裏無論如何總是軍人的恥辱！

臨行前任何人我都沒有通知，但我不能不通知姚惠民。因此在一個黑夜裏我獨自摸到他的診所去。

一進門他就問我：

「風聲這麼緊，夜又這麼黑，你為什麼一個人摸來？」

話語裏充，這是我在這個冷酷的社會裏第一次聽到的聲音。

「明天早晨我就要走了，今夜特來向你辭行。」我[illegible]地說。

他半天沒有作聲，躺在靠椅上沉吟。顯然地他也為我這次[illegible]遠行感到[illegible]的痛苦。

「有翅膀的終久是要飛的，你走也好！」半天他才這麼悽然地說。

「不！我不是有翅膀向外飛，我是手和脚併在一起痛苦地向外爬！」我沒有錢，更沒有勢，別人逃難當作旅行，我為了爭取[illegible]生存，[illegible]和[illegible]，不得不付出痛苦的代價。

「你到底準備怎樣？」我又接着問他。

「我！這次[illegible]不想逃。你知道我父親老了，哥哥弟弟都遠在千里之外，只有我一個人在家，我不能放棄人子的責任。同時逃難的罪我也受够了，你記得抗戰[illegible]我們那次逃難嗎？何況現在無處可逃？」

不錯，他的父親已經七十多了，正是風燭殘年，一道逃走當然不可能，要他單獨逃走這又是他的孝心所不忍的。何況三十[illegible]年[illegible]天那次大逃難，我們不期然在K城相遇時都只剩身上一套換洗的衣褲，蓬頭垢面，連理髮的錢都沒有，結果我們只好抱頭痛哭一場，現在回想起來猶有餘痛。[illegible]我[illegible]不再[illegible]逃更大的痛苦以逃出敵人的[illegible]。

「你留下來我[illegible]不[illegible]反對，但你要作最壞的考慮。」

由於他的個性和他的家庭環境，我不能不替他就心。我想作最後一次的提醒：

「[illegible]我們這一家人是沒有一點政治[illegible]，[illegible]也不配作他們一[illegible]的敵人。就說有幾個錢也都是父親辛苦賺來的，也沒有發過共產黨的財，害過共產黨的[illegible]，[illegible]也不應該找到我們。不過，」他略微一頓，然後又十分堅決地說：「我們人[illegible]所謂的，錢[illegible]不把它放在眼

但他為什麼會突然到臺灣來？是逃難還是另有作用？這就叫我猜不透了。我想向他探聽清楚，在我面前我相信他是會說實話的。

五

我們走進一個名叫「長春」的平津館子裏在樓上一個小房間裏樓上坐下來。我忙着叫酒點菜，他把帽子掛好就在我對面坐下，他以朋友見面的語氣先對我說：

「我這次突然到臺灣來你也許會奇怪吧？」

「我正要問你，你為什麼不先給我一個通知？」我有點抱怨地說：

「通知？我前天才到，我知道你在那裏？又向那裏通知？沒見面以前你固然不知道我是死是活？我又何曾知道你會在臺灣？」

這是的確的，臨走的時候我並沒有告訴他我的目的地，家鄉淪陷以後，十成有九成我斷他是生存了

前幾天我還爲一個友人的慘死而痛心呢。

「你怎麼會忽然來到臺灣呢？……」我[redacted]問。

他不等我說完就接着說：

「我們不是外人，[redacted]我要告訴你的我不是來避難，[redacted]我是[redacted]來請示幾件事情。」

奇怪，看他的神氣又好像恢復了學生時代的豪邁，他與軍政人員過去很少往來，又那裏鑽出來一個[redacted]因此我[redacted]問：

「你現在是——？」

「[redacted]！我現在正[redacted]。」他非常[redacted]地說。

這眞[redacted]令我驚奇不置。正像他十年前由豪邁變爲消極一樣，現在又恢復十年前的豪邁了。

「惠民，我眞慶幸你擺脫了憂鬱，[redacted]老是像過去那樣我眞怕你會得神經病呢？」我[redacted]說。

「[redacted]！如果他們不殺害我[redacted]父親，不毀滅我的家庭，我[redacted]，恢復往日打架的豪興[redacted]？」他[redacted]地說。

「伯父是個好人，你們家庭怎麼會得這種報應？」我[redacted]地說。

「現在是[redacted]當道，好人不知道死了多少，豈止家父一人而已！」[redacted]他[redacted]地說：「好[redacted]

[redacted]

一會兒酒菜端上來了。他聞聞酒就搖頭。我連忙向他解釋說臺灣沒有內地那樣好的汾酒，竹葉青、紹興，愛喝酒的朋[redacted]他却冷冷地說：

「那又爲什麼[redacted]就在臺灣[redacted]？」

他這句話實在使我語塞，我不知道怎樣說才好。我只好反問他：

「那[redacted]你什麼時候回去呢？」

明天！他毫不考慮的回答。前天才來，明天又要走，來去匆匆不太辛苦嗎？何況他還有許多地方沒去呢？因此我[redacted]說：

「多躭擱幾天不好嗎？臺灣有許多名勝你還沒有玩呢，我可以陪你去看看。」

[redacted]「我連長沙、鄱陽湖、甘棠湖、廬山都不看，還看甚麼台灣的山水？」

我[redacted]。

吃過飯之後，他[redacted]趕到基隆，以便明天上午八時搭船動身，所以我也不便挽留。分手時我對他說：

「明天我準來送行，同時還要送你一樣東西。」

他若有所悟，馬上接着說：

「對，你不說我倒忘了。我也有一樣東西可以送你。」

馬路上人流洶湧，人聲嘈雜，他向我揚揚手，很快地就消失在臺北之夜的洶湧人流中了。

六

第二天大清早我就趕到基隆碼頭送行。這天天氣很好，沒有一點風浪，他和×司令在絢麗的朝陽中並肩立在船頭，以望遠鏡遙望大陸。他看見我來了馬上介紹×司令和我認識，×司令雖然滿面風霜，但精神非常飽滿旺盛，看上去不過四十左右的年紀，我向他表示敬意後姚惠民就把我拉在一邊，輕輕地對我說：

「你猜我今天送你一樣什麼東西？」我不想馬上揭開啞謎，我反問他：

「你也猜猜看我又會送你一樣什麼東西？」

他想了半天還是搖搖頭說：

「我們都不猜，同時拿出來好不好？」

我表示贊同，於是我們立即交換禮物。

我把他的打開一看，是他自己寫的一本「游擊戰術」，第一頁里還夾着一片紅得像血一樣的紅葉。看見這片紅葉使我馬上想起那醉人的楓葉山，我不禁熱淚盈眶。但冷不防姚惠民突然將我緊緊地擁抱，高興得叫起來：

「啊，紅豆，自由的火燄！」

「惠民，願我們長相思念。」我不知道這一別又要多少時候才能相見？半天我才囁嚅地說。

「長相思不如長相見！希望你早點打回去，我們好天天相見。」他昂起頭來以手指着大陸說。

「我從那裡來，當然要打回那裏去！」我堅決地回答。

忽然汽笛嗚嗚長鳴，看看錶正八點正，我知道這是開船的時候了。我們緊緊地握手後我就迅速地跑了下來。

一艘巨大的自由輪緩緩地開航了。我忙向惠民和×司令揮着帽子，惠民則向我頻頻揮動「自由的火焰」。

船出港口後速度加快，「自由的火焰」還在惠民手里不斷地揮動，我望着他雄壯的身影乘着巨大的自由輪在朝陽中向紅色的大陸破浪前進…………。

散文

文學系與文學創作

關於大學中國文學教育問題，年來論者甚多。去年中央日報副刊曾熱烈討論，高見不少；最近中華日報副刊又掀起討論高潮。雖見仁見智，各有不同，但可見此一問題仍然存在，並未解決。現在大學聯招轉瞬即屆，莘莘學子如何選系？頗費思量。無可諱言，現在的「中國文學系」已經變成冷門系，大多數「中國文學系」的學生是抱着無可奈何的心情在唸，此固與急功近利的社會風氣有關，而「中國文學系」的課程與教授方法墨守成規，數十年如一日，亦大有關係。問題既已拖了幾十年，如此嚴重而又未能解決，自然有再談的必要。我非好放言高論者，能沉默時儘可能不發一言，不着一字。可是由於忝爲人師，對於實際情況，尤其是學生心情稍有瞭解，因此不能不提供愚者的一得之見，以期有助於問題的合理解決。

一、系名問題

中國文學系這一名稱已經沿用數十年，採用這一系名的大學和獨立學院又佔絕大多數，課程也大致相同。我覺得這個系名名正言順，沒有什麼不對，只是課程內容屬於文學者較少，又缺少創作的訓練，值得改進。據聞教育部去年曾通令各大學及獨立學院設立「現代文學系」，以適應時代的要求。教育部從善如流，是一大好現象。不過「現代文學系」這一名稱又值得商榷。因爲名稱關係以後的課程與師資，以及中國文學前途，至深且鉅，不可不特別愼重。君子務本，本立而道生，本不正，以後的問題會更多，教育爲國家百年大計，豈可不愼之於始？今天的「中國文學系」發生的是技術問題，而不是根本問題。在月亮都是外國的圓的今天，如果大學裏沒有「中國文學系」，則我們的民族文化教育全盤落空，會完全跟着外國人走，這比　國父說的次殖民地更爲可怕。

顧名思義，「現代文學系」自然是教現代文學。但「現代文學」是一泛稱，而無特定界限。既可以是現代中國文學，也可以是現代西洋文學，沒有「中國文學系」與「外國文學系」那樣明確的特定屬性。因此，「現代文學系」顯然是一個脚踏兩邊船的系，不中不西，非驢非馬，此其一。

第二、文學是一脈相承，不能攔腰斬斷。胡適提倡白話文學，不是空穴來風，而是受了明清小說的啓示。如果撇開三國演義、水滸傳、西遊記、金瓶梅、紅樓夢、儒林外史……就不會有現代中國小說。現代中國小說雖不沿用固有的章回體，而改用西洋小說一二三四的分章方法，但這不是本質上的改變，只是形式上的由繁化簡，談不上是橫的移植。中國小說的章回體，有其不可忽視的優點，不但回目對仗工穩，而且對各回內容有提示作用，比現在一些雜誌採用的小說「內容提要」要精簡得多，對於中國詩、詞、對聯無深厚修養者決難辦到。現代中國小說在形式上雖有小小的改變，大體上還是一脈相承。而「現代文學系」顯然是教現代文學，專教現代文學，則很可能變成西洋文學的附庸。何以故？因爲中國新文學運動是民國八年以後展開的，到現在不過五十多年，而「五、四」以後的作品姑不論有多少能列爲「現代文學系」的教材，但是三、四十年代的作品內容值得審愼考慮者多，「現代文學系」自然不能開那種課。如果僅以三十八年政府遷臺以後的作品爲選擇對象，並不一定够用，則勢必仰賴現代西洋文學，因而形成喧賓奪主，自然失去中國文學的特性特色，甚至造成文學的篡奪，斷送中國文學與中國文化。文學最可貴的是要有其文化屬性與特色，中國文學之足以傲視世界，其故在此。一旦失去其特性特色，成爲外國文學的次殖民地，那比中國人染黃頭髮，墊高鼻樑，取洋名字更爲可悲。

第三、「現代文學系」很容易引起一般青年人的錯覺，以爲教育當局在提倡「現代主義」的文學。西洋現代主義的文學是反傳統的，其走火入魔者甚至反故事、反結構、乃至反文學，可謂爲反對而反對。其流派甚多，意識流、存在主義大致爲其主流。幾年前中國小說新詩已經受到重大衝擊搖撼，造成一片混亂，現在還是餘波未息。青年人比較好奇，好標新立異，以不通爲時髦，以暈頭轉向爲玄妙，流弊所及，後果不堪設想。

第四、「現代文學系」一經設立，難免形成與原來的「中國文學系」的對立。自來賣瓜的說瓜甜，首先是觀念的對立，進而形成師生與師生間的對立，難免造成新舊之爭，徒增困擾。

基於上述四種理由，愚意以爲「現代文學系」這一名稱不大妥當。如果爲了重視文學創作，可以正名爲「文學創作系」，或在「中國文學系」之下設一「創作組」，這樣比較合適。因爲大家所期望的只是訓練學生的創作能力，培養新的作家，而不是反對「中國文學系」，更不是反對中國歷代的文學作品和經、史、子、集。「文學創作系」如果成立，課程自然以創作爲主。（詳見下節）如果是在「中國文學系」之下設一「創作組」，那只要就「中國文學系」現有的課程作適當的調整，增加有關文學創作的課程，這個問題就可以迎刃而解，大可不必節外生枝，標新立異，設立「現代文學系」。

好的文學作品總是萬古常新。前人留下的作品都經過長時間的考驗，自然有其不可磨滅的價值。現代的作品都未經過長期的考驗，不一定都是好的，甚至有很多是壞的，而且有一個共同趨勢：文學的氣氛愈來愈淡，文學的品質愈來愈低。學文學最重要的是認淸文學的本質，而又能以一種形式與最高技巧表現自己的思想情感與民族文化精神，引起讀者的共鳴，使之潛移默化，這樣的文學作品才有價值，才不是迷你裙，今天迷明天便不迷了。這樣的作家才是了不起的作家，不是披頭四。

今天大家所要求於「中國文學系」的是培養好作家，寫出繼往開來的好作品。是課程內容的改進，不是系名的變更，更不是把中國文學腰斬。這是我個人特別要强調的一點。如果眞要成立新系，就名正言順地成立「文學創作系」，不然就在「中國文學系」之下設一「創作組」。成立「現代文學系」是治絲益棼，後患無窮。

二、課程問題

現在「中國文學系」的課程不外經、史、子、集，而立意甚高，以造就齊家、治國、平天下的讀書人爲主，而不在造就作家，因此純文學的課程很少。即使習作，也是文以載道，詩以言志。這是漢武帝以來儒家不重視「技」、「藝」的傳統觀念。小說在「讀書人」的眼裏不過是「道聽塗說」、「雕虫小技」，不算「學問」。這種觀念不但在今天來講已經落伍，在吳敬梓、曹雪芹的時代已經證明不合潮流。吳敬梓、曹雪芹都是被排斥於士林之外而又眞有大學問大才氣的人，所以他們才能留下不朽的作品，而爲中國文學放一異彩。他們之於中國文學，何下於李、杜？又何下於英國的莎士比亞？法國的福樓拜爾、左拉？俄國的托爾斯泰？……而這些人的作品是西洋文學的寵兒，是學西洋文學者的主要對象。而我們的「中國文學系」幾時開過「紅樓夢」、「儒林外史」？我十分贊成「中國文學系」的學生讀經、史、子、集，但是要精選精讀。古人謂「皓首窮經」，他們是自啓蒙開始直到老死都在十三經中鑽研，尚未必精通，現在「中國文學系」的學生要以四年的時間讀通經、史、子、集，談何容易？在這種情形之下，經、史、子、集既沒有辦法全盤精通，屬於文學創作的詩、詞、曲、駢四儷六也提不起筆，甚至連一篇白話文章也難通順流暢。「中國文學系」課程之所以要改進者在此。中國現代文學固不可以割斷源頭，否定母體，中國傳統文學也不可以自絕後代，到此爲止。文學需要繼往開來，豈可自劃「代溝」？自我摧殘？文學必須新舊相輔才能相成。守舊則不能創新，捨舊則難根深蒂固，葉茂枝繁。牆頭草豈可成棟樑之材？三十年代的中國作家，幾乎沒有一個不是從經、史、子、集中走出來的，他們的創作技巧或未圓熟，但無不通之處。試問今天的作家有幾位能詩、詞、曲與駢四儷六？有幾位能寫八行書？這就是有些人的作品「新」得不但別人不懂，連他自己也講不通的原因。在中國文化已經根本動搖而新的趨勢又無法阻擋的今天，「中國文學系」不特有其存在的特殊價值，同時也須注入新的血液。今天的青年也只有經過「中國文學系」的薰陶和創作訓練，才能成爲繼往開來的作家。因此「中國文學系」之下確有設立「創作組」的必要，或者是把將要設立的「現代文學系」改爲「文學創作系」，而這個系（組）的課程則無分別。即：屬於文學創作、理論方面的課程，應佔全學分的一半。其中小說部份可具體指出者，如三國演義、水滸傳、西遊記、金瓶梅（這是笑笑生眞正創作的大部頭小說，與三國演義、水滸傳根據歷史與民間傳說撰寫的不同，內容豐富，長篇小說所應具備的一切條件它都具備，開長篇創作小說的先河。其中猥褻部分可以略而不授，則無傷於善良風俗。）紅樓夢、儒林外史、聊齋誌異（這是最好的小小說）、「浮生六記」的「閨房記樂」等及心理學、美學爲統一必修科目。「五四」以後以至目前的長中短篇小說、散文、詩、戲劇（京戲必須列入，不但劇本應該研究，而且應規定學生每學期應參觀若干場演出。因爲京戲是治文學、音樂、舞蹈、武藝於一爐的綜合藝術，韻味雋永，演員的舉手投足，一字一腔均值得琢磨研究，非其他戲劇可比。一個作家如果不浸潤涵養其間，就體會不出中國文學藝術的奧妙和博大。）以及西洋的文學名著，可由各學校教授斟酌選授，學生也可以自由選修，不必硬性規定，以保持彈性。原屬於「中國文學系」的經、史、子、集課程亦應佔總學分的一半，不過須擷取其中精華，加以濃縮，使學生對中國哲學、史學、政治、經濟，具有基本修養，而集部中的純文學部份如散文、韻文、駢文、詩、詞、曲及文心雕龍等又應佔一較大比例，使學生對中國傳統文學的創作與理論有較多較佳的訓練與體認，一方面可以繼往，一方面可以開來，不致顧此失彼。在實際創作方面，每學期最少應有五篇習作，畢業時應繳專題論文一篇。這是文學創作系（或組）的四年課程的大致配當。原則如此，細節的確定自有待於教育當局及高明仔細斟酌。升入研究所後則可專攻小說、散文、詩、戲劇或文學理論任何一門，以造就專材。

三、師資問題

無可諱言，「文學創作系」（或組）的師資是一大問題，所以有人不贊成分組。按其原因，不外：一、有教授資格的不一定能教創作；二、能教創作的，不一定能取得教授資格。這確是一個很難兩全的問題。但是我們不能因噎廢食。根據教育部的規定，取得教授資格有兩條途徑：一是正式學位；二是著作。從第一條路取得教授資格的作家大概不多，從第二條路取得助教、講師、副教授、教授資格的作家應該不太少。問題是「著作審查」一向偏重於所謂「學術」，而輕視創作。由於這一偏頗，往往不能選拔眞才。眞有思想見解學術價值的學術著作，我們應該尊重，可是花幾個月時間抄抄摘摘編出一本「學術」著作的，照樣可以取得教授資格，因爲這完全合乎傳統觀念與法令規定。照這種觀念與法令審查，寫杜詩研究或李白生平之類的「學術著作」者，可以明正言順地取得教授資格，而李白杜甫本人，如果死而復生，要想取得教授資格，那是戛戛乎其難矣。因爲「創作不是學術」，一句話就可以否定。即使莎士比亞復生，要想取得我們大學英國文學教授資格更不可能，因爲莎士比亞沒有學位，不過是個職業戲子，何況還有人千方百計考證莎士比亞的作品是別人化名寫的；而翻譯莎士比亞作品或研究莎士比亞作品的人則成爲莎士比亞權威，自然名正言順地成爲權威教授了。即使曹雪芹復生，他也不能取得我們文學系教授的資格，因爲他生前卽無任何功名，既非進士，亦非擧人，當時紅樓夢且視爲禁書，士大夫儘管偸偸地看，決不敢公然放進書齋。今天紅樓夢雖中外同尊，但它不是「學術」，要想通過審查，也和駱駝穿針眼差不多。這種輕視創作的著作審查，實在是本末倒置。須知沒有李白杜甫，那有李詩杜詩的教授？沒有莎士比亞，那有莎學權威？沒有曹雪芹，那有胡適的考據文章？事實俱在，其理甚明，雖黃口孺子，亦能知其輕重。夫科學重發明，文學貴創作。沒有發明，沒有科學；沒有創作，沒有文學。此所謂本立而道生也。希望教育當局，能重視事實，改變觀念，審查文學教授資格，最少應創作學術並重，能明文規定「文學教授著作審查應以創作爲主」更好，因爲這不僅是助教、講師、副教授、教授的資格授予問題，還牽涉到晉等問題。實在抄書容易，創作太難也。不過創作的審查，絕對不能輕率，須增聘道德文章爲識者共仰的眞正作家嚴格評審，以維護千秋大業。芻蕘之見，如被採納，則文學創作的助教、講師、副教授、教授師資問題，亦可迎刃而解。其原屬現在「中國文學系」的課程，自可由原來的教授擔任，不成問題。如此新舊兼顧，齊頭並進，則「文學創作系」（或組）培植出來的學生，一方面能繼承中國文學傳統，一方面又吸收了新的文學知識，接受了創作訓練，兼收並蓄的結果，必可繼往開來，決不至於數典忘祖，盲目媚外崇洋。

四、學生前途

有人躭心「文學創作系」（或組）畢業生的出路問題。這種顧慮不是沒有原因，尤其是一般正從事寫作的作家，沒有那一位有海明威或三島由紀夫那樣幸運。創作了二三十年，著作等身的作家，衣食不周者仍有人在，此中況味非局外人所能瞭解。他們自身尚且如此，後來者未必美景當前？因此顧慮選系的人數和將來的出路，這決非杞人憂天。不過我認爲創作系（組）的學生仍有可爲。以我個人的淺見，創作系的學生較之中、外文系的學生可能還略勝一籌。何以故？因爲現在乙組的科系都不是實用的科系，不但「中國文學系」的畢業生出路困難，「外國文學系」（多半是英文系）的畢業生亦復如此。原因是外文系畢業生出國，語文程度與寫作能力不能與英美人士相比，派不上多大的用場，何況還有其他的限制。留在國內的亦不過當當私人機構的秘書、打字員或中學教員，此與中文系畢業生大同小異。經過四年文學創作系（或組）教育訓練出來的畢業生，其就業機會最少與原來的中外文系的畢業生相等。中外文系畢業生選修過教育學分的可以當中學教員，參加公務員考試及格的可以當公務員，創作系（組）的學生亦復如此，他們取得同樣學位，所以機會均等。創作系（組）的學生反而有一個較佳條件，就是他們可以寫作。現在文章雖不値錢，寫作難以安身立命，但作副業決無問題；賣稿雖不能濟窮，却可以救急，較之無一技之長者稍有施展餘地。正所謂別人騎馬我騎驢，後面還有趕路的。比上不足，比下有餘。東吳大學中文系三年級就有一位胡坤仲同學，讀書沒有要家中一文錢， 只靠學校每月四百元的補助費工讀， 家又不在臺北，四百元自然不够，其餘一切開支，都靠稿費維持，假如他不能寫作，就唸不下去。這是一個實例。所以我認爲，卽使同樣學文學，會寫作的總比不會寫作的强。這只是就功利觀念方面而言。其實學文學有更高的境界，文學立言爲三不朽之一。世人欲求不朽談何容易？縱然家財萬貫，食祿千鍾，都不能不朽。而杜甫窮至不能自給，寄人籬下；曹雪芹寫紅樓夢時三餐不繼，但是千百年後，他們同樣不朽。此無他，著作也。準此而觀，一位有成就的作家當教授不算是什麼光榮的事，從經濟觀點言，更無意義。爲國家百年大計，而傳道、授業、解惑，倒是一種精神事業，此其可取者也。「文學創作系」（或組）的學生，在其選系之前與畢業之後，如果有這種認識，就不會徬徨迷失了。

六十一年五月七日大雷雨聲中

原載中央日報中央副刊

大學國文教學我見

中副曾先後刊出幾篇有關新中文系與文藝系的大作，除原則上認爲應該改弦易轍外，並對課程有所商榷，而非徒托空言。雖然在課程方面見仁見智，不盡相同，但彼此的立場並無太大出入。不知道教育當局和大專學校能否採納？或局部增開新文學課程？

對於新中文系或文藝系的課程，我不想再來討論，因爲除文化學院設立了文藝組之外，我還不知道其他院校有沒有設立文藝組系？只要有決心設立文藝組系，課程問題不難解決；如果不打算設立，即使開出最理想的課程，還是紙上談兵。現在我想談談的是現行中文系體制下的國文教學的一些實際問題。

大專聯考錄取的學生，不論中文系也好，外文系也好，屬於第一志願的並不太多。以我教的東吳大學外文系二年級B班爲例，我爲了瞭解同學們的志趣和一般國文水準，以便因材施教，第一次作文題目是「我的志趣與求知方法」。事先我特別提示他們要儘量發揮個性，有奇氣和靈氣的文章纔是好文章。同學們大多能心領神會，作文的成績都很不錯。可是我發現以外文作第一志願的同學固然不在少數，但大數是既然分在外文系，只好慢慢培養自己的興趣，或是以外文作工具，將來再依自己性之所近，從事別的工作。有些對外文毫無興趣，也只好硬着頭皮啃。中文系的情形或者更甚於外文系。同時在作文中我也發現兩個時下大學生的通病：一是文言不像文言，白話不像白話，文白夾纏不清，而又缺少靈性。一位同學更在作文中說，現在的青年並不是失落的一代，而是缺少靈性的一代。這眞是一針見血的看法，也是他們自己的心聲。一是中文不像中文，英文不像英文。寫的是方塊字，句子却很長，又顚三倒四，累贅得很。這是兩個很大的毛病，需要時間和耐性慢慢改正。揆其原因，一是在中學階段文言文固然沒有作通，白話文也沒有弄清順。多年前我就發現我家唸高中大學的孩子也寫這種夾纏不清、毫無靈性的作文，不免生氣失望，而他們一直唸的是第一流的學校，本身也是水平以上的學生，可是那些老套作文題目，實在使學生不能發揮其才華，評語又都是些「尙佳」、「頗佳」、「尙可」、「欠通」之類摸不着邊的兩字訣。怎樣佳法？

佳在那裏？怎樣欠通？欠在何處？都沒有具體指出來。不給學生開竅，作文自然很少進步。二是以這樣的國文基礎，再看些生吞活剝的翻譯作品與思想文字都十分西化而未必通順的現代小說、散文、詩，因而自然模倣，以不通爲時髦。因此造詞遣句不中不西，顚三倒四。當然這些毛病不能完全怪學生，老師的啓發誘導不够，批改沒有多下功夫，也是一大原因。上了大學之後，除中文系外，大多是二年級就沒有國文課程，因此大學畢業後連信都寫不通的也有大人在。甚至得到碩士學位以後亦復如此，不會寫簽呈便條擬公文稿也就不足爲怪。即使本科成績很好，中文半生不熟也就美中不足。但這並不是說中文好的沒有，而是鳳毛麟角。那些少數中文表達能力很强，大多是出類拔萃的天才型的青年，得力於其本身的天賦而又有幸遇着好的國文老師。現在的中文系自然不是作家養成所，一二年級的國文課程更不是爲了培養作家。但是到了大學這一階段的國文程度，應該達到文字通順不算是過份的要求。中學國文程度太差，大學國文教授就更加吃力。不過現代青年人常識豐富，智慧亦高，吸收力强，講解漢魏文章如能把握歷史背景，多運用現代知識與現代語彙，往往一點就通，不須多費口舌，他們也自然聽得津津有味。只要教師能够啓開他們的智慧之門，就可以一日千里。作文題目也最好避免空洞不切實際的陳腔濫調，以富有啓發性而使學生能自由發揮者爲佳，尤須事先提示寫作要領，而後親自批改，絕對不可委之他人。教國文最頭痛的工作就是批改作文，而對學生最有幫助的也是批改作文，如能詳加指點，並加眉批，評語又切實具體，指出好在什麼地方，壞在什麼地方，和今後努力的方向，學生的進步自然快。親自批改不但可以深切瞭解學生的優點缺點與進步情形，同時還可以瞭解學生的性向。言爲心聲，看作文是瞭解學生的最佳途徑。知道學生的性向，再指示他們努力奮鬪的目標，可以使他們少走許多寃枉路，這就不僅是文字的訓練了。教師本來就是傳道、授業、解惑的。

第二次作文我出的大題目是「人物描寫」。先告訴他們要寫自己最熟悉、印象最深的人物，要把握人物特徵與個性，從外表深入內心。不論是寫父、母、兄、弟、姊、妹、親戚、朋友、老師、同學，或愛人，個別題目自定，不受拘束，儘量自由發揮。這次作文更充分表現了各人的才華，有很多神來之筆，完全是屬於現代的活的文學。

因此我相信，卽使在現行的中文系體制之下（東吳外二中文課程亦無新文學創作），老師如果能循循善誘，多多啓發，一班之中仍然可以培養出三五位準作家。如果中文系二三四年級能够各開幾個學分的新文學創作課程，那就事半功倍了。科學重發明，文學重創作。中文系如果僅止於培養一些中國舊文學的鑑賞者，而不積極訓練新文學作家，那是既不能繼往，更不能開來的。

原載中央日報中央副刊

作家之死

——聞川端康成自殺有感

美國作家海明威和日本作家三島由紀夫的自殺，都是轟動世界的新聞。這兩位作家都是不甘寂寞的人，生前生活都是多彩多姿。海明威有遊艇，有專機，閒來無事，便到世界各地走走，到非洲黑色大陸蠻荒中追求刺激，或是遨遊海上，垂釣尋樂。以現代工商業社會的功利眼光來看，海明威可說是名利雙收的天之驕子，尤爲現代中國許多窮作家羨慕的對象，使不少作家興起「作家當如是也！」的感慨。

戰後崛起東瀛的三島由紀夫，比海明威年輕得多，雖未獲得諾貝爾獎金，可是鋒芒畢露，有日本海明威之稱，在日本是家喻戶曉的人物，在臺灣也是讀者甚至某些作家崇拜的對象，是否眞正瞭解他的作品?也許並不盡然。而對於他的名利雙收，怦然心動者總佔多數。三島由紀夫的生活甚至比海明威更多彩多姿，他自己寫劇本，自己上舞台，甚至自己豢養軍隊。生活之奢侈豪華，遠非中國作家所能想像。凡此種種，無異於狂，最後終於瘋狂自殺。

海明威是以獵槍結束自己的生命。三島由紀夫却是切腹自殺，而且要助手砍下他自己的腦袋，他的死又比海明威「壯烈」得多，這大概也和日本人因「自卑」而「自大」的民族性有關。

海明威和三島由紀夫的自殺，都轟動了世界，中國作家也爲之震驚，且甚感意外。因爲「名」與「利」是人生兩大關，尤其是作家，很難逃出這兩大關。本來按照中國士大夫的傳統觀念來說，「一爲文人，便不足觀。」可是今天的文人，並不如此看低自己，縱然三餐不繼，以作家爲榮者仍大有人在。因爲其利雖小，而名甚彰，較之其他碌碌者似乎稍勝一籌。當作家能如海明威和三島由紀夫那樣名利雙收，自然不負此生了。這是常情，不足爲怪。因此中國作家對於他們兩人的自殺，也很難想得透。

海明威和三島由紀夫的自殺，我並不感覺意外，反之，我倒認爲是相當自然的事。因爲這兩位作家是狂熱型的人物。海明威是西方文明的象徵，三島由紀夫是東洋武士道的借屍還魂。——雖然表面上他是一位作家，但骨子裏却是一位日本武士，而日本武士在本質上又沒有中國劍仙劍俠那麼高的精神修養，三島由紀夫所表現的只是血氣之勇。民族性不同，文化涵養不同，那就無怪其然了。這兩位作家一生所表現的是生命的外爍，缺乏內斂精神，無法解決內心的衝突矛盾，縱然名利雙收，極盡榮華，仍然寂寞空虛苦悶，因此一生醇酒美人的海明威也只好一死了之。三島由紀夫雖有一個堂皇的自殺理由，仍然是失去心理的平衡，精神沒有出路。如果他倖而成功，甚至掌握政權，那毀滅的不僅是他自己，必然造成日本和日本人的浩刼，希特勒可為殷鑒。所以這兩位作家的自殺，我一點也不覺得意外。

倒是七十二歲高齡，曾獲諾貝爾獎金，又喜愛中國文學的川端康成，口含煤氣管自殺，起初我有一點點意外。因為他已經風燭殘年，個性又與海明威、三島由紀夫不同，應該可以善終，不必繼三島之後成為第十一位自殺的日本作家。但稍一尋思，仍然不難理解。從報章的紀載和他的照片看來，他顯然不是三島由紀夫那種飛揚跋扈的狂者，却是一個消極的悲劇型的人物。他對於中國文學的喜愛與瞭解，並不能證明他對中國文化已全盤吸收與瞭解。對中國文化的一知半解，便不能瞭解人生大義與生死眞諦。而中國道家不僅瞭解人生，而且瞭解天地人三才關係。佛家是有去無來，儒家是有來有去，道家是有來無去。道家的眞知與無為而有大為的思想，決不會渾渾噩噩蠅營狗苟的生，更不會愚蠢地自殺。人為萬物之靈，一個作家如果連自己的進退出處都擺不平，即其靈亦止於舞文弄墨而已。不是道也

原載中央日報中央副刊

二〇〇七年三月二十三日重校

貝克特高風

諾貝爾文學獎金得主撒姆爾‧貝克特，於聞悉獲獎後即刻匿居起來。他的法籍編輯林登對記者說：

「我曾用電話和貝克特太太談話，兩人聽到得獎的宣佈都很苦惱。他以爲今年不會被諾貝爾獎所困擾。他的反應只有苦惱，於是立即避匿起來，以逃過任何種類的出風頭，這是他一生的作風。」

作爲一個中國讀者，我們對貝克特的作品知道得不多，更不知道他是何許人？他這次獲獎，我們甚至感覺有點意外，因爲日本明星式的作家三島由紀夫，早幾年就盛傳他要得獎，還有其他許多比貝克特名字響亮的作家，都是今年諾貝爾獎金的候選人，而今年的得主却是我們大不熟知的貝克特，當初頗以爲怪。看到了他的法籍編輯的談話，又不能不佩服諾貝爾獎金評審人的慧眼，雖然我們還沒有看到評語，但根據貝克特「一生」不出風頭的「作風」，和聽到得獎後馬上避匿起來，他之得獎則是理所當然。龍潛於淵，大魚決不浮在水面。這是普通常識。可是大多數人往往被水面的游鰷弄花了眼。或以燕雀爲鴻鵠。鶴鳴於九皐，常人往往看不到，聽不到。

名利是人生的兩大難關，名之爲障，詩人作家尤其難於突破。「實至名歸」不是壞事，可是虛名小利往往害人，能識透此中機關而不飛蛾撲火者幾希。捨本逐末，結果誤了千秋事業，古往今來，此例太多。惟智者方能突破此關，完成千秋大業。

諾貝爾獎金到現在仍不失爲世界上一項最高的榮譽獎，是給全世界兢兢業業的作家而有所成就者的精神鼓勵。可是外國作家視此項最高榮譽如敝屣的大有人在。前有蕭伯納、沙特，現在又有一個貝克特。蕭伯納之不領諾貝爾獎金，是因爲他窮的時候沒有給他，他成爲百萬富翁之後又無此需要；沙特之拒領獎金，因爲他基本上是個存在主義者，他本身的思想言行可作解釋；貝克特之爲此事苦惱，避不見人，怕出風頭，「是他一生的作風」。這幾個人都沒有一點矯情作用。他們都表現出一個眞正作家的氣質。有諸內必形諸外，我們不必一字一句地讀貝克特的作品，他這次的表現就告訴了全世界讀者：他的作品的實質和內容。

文學作品不是文字遊戲，而是作家思想、精神、人格的倒影。此種投射，生死以之，豈同兒戲？

在功利思想、現實主義瀰漫西方社會的今天，西方人所表現的是內心的空虛，他們所追求的看來是最現實其實是虛無飄渺的事物，甚至作家們亦難超越。但是貝克特不同流俗。他雖在法國住了二十多年，但他的名字遠不如後輩沙岡響亮。他之不願意出風頭，正表示他內心生活的充實，建立了他的自我世界，精神王國。作家到了這種境界，也就不難寫出不朽的作品。諾貝爾獎金是身外之物，得與不得，也就無足輕重了。

原載中央日報中央副刊

關於「墨人自選集」

塗鴉三十多年，出版選集這還是第一次。

在我已經出版的作品中，計長篇小說十四部，中短篇小說集九部，散文集兩部，詩集兩部，以及文藝理論「紅樓夢的寫作技巧」一部。在種類方面不算多，字數合計也不過六七百萬字，但都是純文學作品，而在份量上則以小說最重。

在這些作品中，要想選出最能代表自己的作品，的確不是一件簡單的事。這必須三方面兼顧：一是出版者的容量；二是讀者的反應；三是自己的喜愛。我就斟酌這三方面的情形，選出長篇「鳳凰谷」（這是一部發表後我卽編選而未單獨出版的長篇）、「白雪青山」、「靈姑」、「江水悠悠」四部，選出中短篇小說「曹萬秋的衣鉢」、「世家子弟」、「祖孫父子」、「鬍子」、「二媽」、「杏銀表嫂」、「劉二爹」、「教師爺」……等二十八篇，及新詩一百零六首，合共五册。這在中華書局來說，已經是一個重大的突破，因爲其他作家都只選一本，所以我很感謝中華當局和主編孫再壬先生的優遇。但在我來說，還有不少我自己喜愛而未能選入的作品。在讀者的反應方面，我亦發現兩種情形。一是有一次姜貴兄看了報上一篇「文壇鐵漢」的方塊文章之後問我：「你爲什麼不把『春梅小史』選進去呢？」他欣賞那個長篇，但由於容量有限，我只好割愛。二是香港出版的「當代文藝」雜誌一九七二年五月號七十八期的「佳作鈎沉」選了拙作「沙漠王子」，主編先生在「編後」對我還有這樣的過譽之詞：「墨人先生是享譽海外的臺灣名作家，而這篇小說更是他的精心傑作，其中人物個性突出，故事緊湊，扣人心弦，固知名之作，確自不凡，所以我們謹向讀者推薦。」文後還註明是「選自華富小說精選」。我和這本雜誌的主編無一面之緣，我也不知道這是海外那一家出版機構出版的「華富小說精選」？但是這次我並沒有把「沙漠王子」選進來，連一九六一、一九六二年維也納納富出版公司選入「世界最佳小說選集」的那兩個短篇我也沒有選進來。也是因爲容量有限，我不能不狠下心來一再淘汰，連到第二次校對時我還抽出兩篇（原來我選了三十篇）。這實在是不得已的事。我自己不是出版家，更沒有錢自己出版中華書局這樣考究的作家自選集，這次中華書局能給我如此優遇，我已經非常感激了。至於那一〇六首詩，多半是選自「自由的火燄」、「哀祖國」這兩本詩集和其後發表而未出版的詩作，都是抒情感懷的作品。現在一般年輕的讀者大概不知道我本來寫詩，而我又不想冒充詩人，更不敢作詩人狀，我爲什麼要選詩呢？因爲這些詩是我一點一滴的心血，有很多是在逃難途中邊逃邊想，一休息就寫在草紙上的；有些是在日本人的重轟炸機轟炸中躲在大樹底下或壕溝中寫的，與我有一份血肉相連的感情。如果沒有那十年以上不忮不求、不屈不撓的寫詩生活，我就寫不出這些完全屬於我自己的小說。

散文、文藝理論方面我爲什麼不選呢？因爲我向來不重視自己的散文。我認爲散文既沒有詩的簡鍊精純，又不如小說的多彩多姿，不能充分表現創作藝術，它只是創作詩與小說的文字基礎，偶一爲之，亦不過是遣遣興或直接表達思想情感而已。文藝理論方面，一些不成系統的篇章都收在散文集「鱗爪集」和「浮生集」裏，「紅樓夢的寫作技巧」已由商務印書館出版單行本，發行了三版，以後自然會繼續印，不必選入。

在我選出這五本選集之後，還花了半年以上的時間潤飾、修改、再親自校對。長篇方面，如以故鄉廬山作背景的「白雪青山」的結局，即終於廬山，刪去尾語。這是一部以名山勝水相襯托的純中國式的愛情故事和儒釋道三家思想人物水乳交融的純文學作品，當時爲了便於發表出版，所以加了一個尾語。這次還它本來面目，我亦魂夢徜徉於白雪皚皚，空山寂寂，七分風水，三分明月的超塵脫俗的境界之中。廬山是我少年遊樂之地，「白雪青山」的文學境界是我可望而不可及的烏托邦。這部書曾經引起不少讀者的遐想和猜想，現在我可以說明，這是我將我自己的烏托邦建立於廬山那樣的名山勝水之中。可惜我像一個在滿是灰塵中打滾的蚯蚓，一直到現在還不能超塵脫俗。身在塵世，心在山林，這就是我的悲哀。「江水悠悠」潤飾亦多，書名卽係自「東風無力百花殘」更改而來。「靈姑」也是我最喜愛的一個長篇，修改甚少，只校正了一些錯字。短篇和詩亦經潤飾。此一選集可說是我的最後定本，具有代表性，也是我上半生寫作生涯的一個交代。

半個世紀都在驚濤駭浪杌隉不安中度過，我以拿過槍的手執筆，凡是接觸過這兩樣東西的手，都是付出的多收穫的少。而我又是一個不會見風駛舵的大笨人，所以弄得一事無成兩鬢斑。古人謂「文章誤我，我誤妻房。」杜工部亦慨嘆「文章憎命」。我不敢竊比古人，但我確實嘗到了他們的苦味。現在上半生已隨流水逝去，下半生又將如何呢？停筆乎？還是王老五天天磨豆腐？此刻我眞是百感交集，戒愼恐懼。不過，我深信最少我還有三十個工作年，因爲我生活單純，寵辱不驚。如果還有心情提筆，大概還能寫點東西。但願愛我者時予鞭策，君子之言，感激不盡。

原載中央日報中央副刊

可爲與不可爲

一

民國二十七年，南京已經失守，日本人正沿長江西進，長江的天險馬當阻止不住敵人的鐵蹄，戰火燒近家園，我隻身逃到南昌，和堂兄會合，爬上隴海路的車廂（那時隴海路的車廂已經撤到浙贛路來了），繞了一個大彎，奔到武漢。那麼大熱天，一身臭汗，武漢在敵人的轟炸機羣之下發抖，連土地都在震動，我跑到武漢幹什麼？不是去當作家，而是拿起三八步槍。在武昌等候放榜的那幾天，一天可以死幾次，有一次只差一點炸死。那時我根本沒有想到會活到今天，而且會靠筆桿維生？人生如夢，我也好像是在說夢話。

當我行軍到四川時，正遇上傷寒虎里拉，那次又差點死掉。我的救命恩人程戡銘醫生，兼通星相，在我起死回生的第二天他笑着對我說：

「你祖上有德，命大！好好地幹，軍長沒有問題。」

那時的軍長不比現在的軍長，四川人眼光中的軍長更不相同，因爲劉湘劉文輝也只是「軍長」，一個四川就幾乎抵得上一個德國，而據說他們征老百姓的稅已經征到民國六十年了。

不但我那位救命恩人看走了眼，臺灣的兩位名瞎子也是瞎說一通，臺北一位瞎子在大陸時就很負盛名，在臺灣也說中了幾件奇事，前五六年我曾和子豪兄去看過他一次，當時對他的話將信將疑，只有一句話近似：「文人武相」，因爲那時我還沒有脫掉軍服。其餘的話一經時間印證，眞是百發不中。關西那位瞎子也是「神乎其神」，他肯定我要升中將，當省主席，而且是臺灣之類的省主席，時間都替我確定了。現在想來我自己也不禁失笑。

瞎子胡說八道不足爲奇。我的救命恩人程戡銘醫生，如果還活着的話，如果知道我現在靠筆桿維生，他一定大失所望。

我入社會二十多年，「閱人甚多」，自然看見我的人也不在少數，不瞭解我的人多以爲我是富貴中人，沒有一個人會猜到我是爬方格子的，卽使知道我的眞名實姓，也很少會想到我是投稿的。

我之從事這種「雕蟲小技」的行業，只有我自己最瞭解。如果不是抗日戰爭，激於同仇敵愾的心情，我不會走那麼久的寃枉路，繞這麼大的圈子。如果不是興趣的關係，我就不會對文藝這麼執着，克服許多外在的困難和內心的矛盾，而終於走上這條路。孔夫子說「三十而立，四十而不惑」，我跨過了四十，已無視於一切艱難和誘惑，我將以有生之年專心創作。

我之所以寫了上面這段話，對於一般人可能毫無意義，我只是提醒愛好文藝的青年朋友們，不要蹈我的覆轍，走寃枉路，照自己的興趣去做，歡喜畫畫的畫畫，歡喜寫詩的寫詩，歡喜寫小說的寫小說。作與自己興趣相違背的事，徒然浪費時間精力，增加痛苦。人生貴能自適，按照自己的志趣作，遲早會有成就。文藝不能以世俗的眼光來衡量，作家更不能和一般人抱同樣的見解，世界上不朽的事業並不太多，好的創作應該可以不朽，作一個火中的鳳凰自然是痛苦的，但痛苦中仍有一份樂趣。

二

我是從二十八年冬天開始寫作的，那時我奉派在江西臨川前線辦軍報，（和我同時從重慶奉派到第三戰區辦軍報的還有單子豪兄，他在金華。）我的第一篇稿子是特寫，題爲「臨川新貌」，在三戰區前線日報發表，經上海大美晚報轉載，一位同事在民衆教育館裏看到大美晚報後馬上轉告我，鼓勵我繼續寫作，因爲那時我還是一個不滿二十歲的初生之犢。也許是出馬順利，就繼續寫了起來，不過我寫的不是通訊稿，而是散文、新詩。但我對散文的興趣很淡，（直到現在還是如此。）寫了幾篇就不再寫，與趣完全集中在新詩上面了。

自由中國的新詩，曾經一度混亂到了極點，現在塵埃尚未完全落地。那時新詩的讀者與作者意見也有出入，爲了民族形式問題，引起不少論爭，但三十年左右的新詩却最爲蓬勃，正如臺灣四十年前後光景。那時的詩沒有捲入「現代」的旋風裏面，在技巧方面容或沒有今天的新異，但也很少有令人看不懂的作品，而詩人們的氣魄之大，不亞於小說家，氣勢磅礡的作品很多很多，以今視昔，那時的新詩有如青草池塘的蛙鼓，此時的新詩好似秋夜蟲吟。

青年人對於詩的喜愛好像有其共同性，初學寫作時往往選擇了這一形式，因爲這是最簡單的形式，又恰好宜於表現自己。因此，在新詩裏我沉迷了十年以上的時間，眞是走路時想到詩，吃飯時想到詩，睡覺時想到詩，甚至飛機在頭上轟炸時望着它們翅膀上那兩塊紅膏藥也會想到血和詩。好像這世界除詩以外就沒有別的東西。這種情形直到來到臺灣還是如此。我這一時期的作品，大部份印在「自由的火燄」和「哀祖國」兩本詩集裏面。十年以上的時間精力就只留下這麼一點痕跡。這以後雖然還寫了一些詩，但沒有打算出版，正如我寫的散文不打算印一樣。

三

我對於寫詩興趣的降低是在四十年以後。外在的原因是詩壇開始分裂，我不願捲入漩渦；內在的原因却有兩個，一是我發覺詩所能表現的東西不多，敍事詩的時代早成過去，抒情詩的壽命雖然未可預料，但形式單純，不能包羅萬象，而今天的人類社會又如此複雜，直接訴諸個人的思想情感，無法將這個錯綜複雜的人類社會具體地表現出來。二是生活逼人，寫詩幾乎是一種毫無代價的工作，除了「自我陶醉」之外，不能療飢。軍人寫詩，背上又揹着一個大包袱，實在是和自己過不去。

基於以上三種原因，我轉而寫小說了。

在大陸時我也偶爾寫點短篇，不過那和散文一樣是處於從屬地位。四十年以後小說才成爲主要寫作。

有些寫詩的朋友看我寫小說而不寫詩，認爲是「離經叛道」，頗有要把我拉回去的意思，他們對詩的宗教般的熱忱，的確難得，但文學的世界是遼濶的，條條道路通羅馬，不必拘泥於走那一條路線，主要的要看自己的興趣和能力，我雖未歸隊，但我並未與詩絕緣，只是在形式上我儘量避免參加詩人的各種團體和集會，既少寫詩，又何必冒充詩人呢？

我第一個長篇小說「閃爍的星辰」寫完之後，即由大業書店出版，那時還是短篇小說時代，出一本書不過五六萬字，而我的那個長篇實際上有二十八萬字，印起來就有三十多萬字，分兩部出版，這在大業是一個創舉，在臺灣民營書店中亦未曾有，因爲那時的情形正和現在相反，現在書店搶出二三十萬字的長篇，那時只出五六萬字的散文和短篇，寫長篇的不多，一般書店也不敢出。大業書店之有今天的規模，不能不歸功於陳暉先生的魄力。而在他當時的經濟情況之下，能一次先付我[illegible]千元版稅，也很難得。

在這同時，百成書店也出了我一個短篇集子「最後的選擇」。

這兩本書的同時出版，對我的生活很有幫助，醫好了我兩個孩子的「富貴病」。而我十年以上的寫詩收入，還抵不上一個短篇小說集。

四十四年我又寫了一個長篇「黑森林」，這本書由香港亞洲出版社出版，以港幣二十元一千字預付保險版稅，這時是「亞洲」的黃金時代，也是我收入最多的時候，因為這本書在同年冬天又得了中華文藝獎金委員會的八千元獎金。由於我的錢都是公開得來，不免分散了一些，加之我只想到怎樣寫作？腦筋沒有轉到房子、地皮和其他方面去，所以沒有乘這個機會建立一點經濟基礎，而影響了我這幾年來的寫作。

「魔障」是由暢流連載出版的，這是我收入最少的一本書。

「孤島長虹」由文壇連載出版，這本書出版之後，只連載了一個長篇「碎心記」。

四十九年，奧國維也納納富出版公司編選世界最佳小說，透過新聞局第一次向自由中國徵稿，因為以前他們沒有通知我們，所以這年出版的世界最佳幽默小說選集「旅向極樂之魚」，沒有自由中國作家的作品，只有老舍的一篇。該公司預定一九六一年出版的世界最佳怪異小說，我們的作家從來沒有寫過這類的作品，又是第一次參加國際文壇角逐，不免有點戰戰兢兢，聽說文協開會討論此事時，有些人不主張參加，結果雖然決定參加，並邀約幾位作家撰寫，由作品雜誌先行發表，但這是一件非常渺茫的事，我雖然勉為其難寫了一篇「馬腳」湊數，但不敢奢望當選。兩月後文協得到新聞局通知，說是拙作入選

[redacted]。

五十年該公司寄來了這本選集，不久報紙上忽然登出了作者個人可以得五十多萬元新臺幣的消息，我不知道這消息的來源，有人問我我也無從答覆，我心裏雖不相信，但我却非常希望出現奇蹟，因爲萬把美金在外國作家不算一回事，在中國作家却是一大筆數目，尤其是我，買獎劵買了十多年，最大目的也不過是二十萬，但只中過兩次十塊，一次一百塊，而那一百塊還是別人替我買的，結果我又全部愛了國，我爲什麼買獎劵？這並不表示我是個「財迷」，而是我太需要安心地寫作，而此時此地賺錢之道雖多，但不傷廉不喪德的只有兩條路，一是寫正當的稿，二是中獎。但是寫正當的稿不足以餬口，武俠黃色我又不寫，中獎比登天還難，而在金錢方面我一向來去分明，所以我要想發財眞比駱駝穿過針眼還難。如果能因一篇幾千字的小說而得五十多萬元那眞是我夢寐以求的事。因此納富一九六二年的世界最佳動物小說徵稿我就自動參加了。但該公司有信給馮馮，希望有新面孔出現，不要年年是老人，所以我的「小黃」是用「江州司馬」這個筆名，這是一個不常用的筆名，文藝界的朋友也只有一兩位知道。馮馮替我譯寄出去時，他隨便寫了一點簡介，避免與壘人雷同，我是一九二〇年生的，他寫成一九二三，我也懶得更正，因爲我的目的是五十萬，根本不在乎什麼虛名。後來這篇東西又[redacted]入選，我拿到「馬脚」的版稅不到一千元臺幣，這回是一千零十二元。比「馬脚」多一點，因爲字數多一點的關係。我爲錢的目的是完全落空了！可是也有人不是爲錢的，如郭沫若這次也入選了！這次大陸參加的作家比上屆的更多，除郭沫若外其餘的統統落選，而我們却有三位入選，除蕭傳文和我外，還多了一個馮馮。

四

在我由左營調來臺北工作時，每天要上八小時的班，加上在交通車上來來去去，十小時就報銷掉了，而且最初是寄住在朋友家裏，吃飯在大餐廳，又浪費掉不少時間。一年後雖然還家臺北，每天十小時仍然不是自己的。退役前後兩三年時間，也白白地犧牲了，所以這四五年來是我寫作上損失最大的一個時期。加之有些雜誌稿費低而不可靠，報紙篇幅太小，我又不願意寫一兩千字的東西和武俠歷史小說，而香港方面稿費本來最高，但有的已經「打烊」，有的又不便寫，因此形成了我個人的創作低潮。

我爲了想自力更生，根本解決生活問題，以便去深山隱居幾年，好好地爲自己寫點東西，我破釜沉舟地作了一件傻事：養鷄。

根據當時的情況估計，養鷄三年，可以建立一點基礎，雖然我沒有什麼資本，但可以由小而大。

我以最大的熱忱和全副精力養鷄，從釘小鷄籠一直到生蛋的大鷄架，都是我親自動手；從剛出蛋殼的小鷄一直養到牠生蛋，都是我親自照顧。我不慣於侍候大人先生，但對於「白娘娘」却是百般小心，一點也不敢大意，晚上睡覺也常常驚醒。開始幾個月我就瘦了五六公斤。

釘鷄籠鷄架敲破了手指，我咬咬牙忍了下去，淸掃鷄糞弄了一手鷄屎，我讓眼淚往肚裏流，大颱風來了我把鷄一隻隻提進臥室……別人看來這都不是我作的事，但是我作了。

「人家寫武俠小說一個月寫兩三萬，你也可以寫，爲什麼大錢不賺來養鷄？人都臭死了還要躭驚受險。」有些好心人曾經這樣勸過我。而且有朋友向我證實某某後起武俠小說作者一個月五萬收入有點誇大，三萬塊錢是靠得住的，我養鷄怎麼能和寫武俠相比？但我沒有動心，還是過我的獨木橋。

養鷄的第一年我幾乎隻字未寫，在這三年期間，我在養鷄方面所消耗的心血和精力，足可以完成好幾部長篇，但是我一部也沒有寫成，連短篇也寫得極少。而養鷄的結果呢，白賠時間精力不算，還負了五千塊錢的債。但這並不是我養鷄本身失敗，我的鷄不但沒有瘟掉，我還自行選配了一批生蛋率最高的母鷄，是臺灣任何鷄場也買不到的。但是我不能不忍痛結束，因爲臺灣養鷄的飼料如玉米、豆餅、魚粉、麵皮………都是進口貨，臺糖飼料也很多是仰仗進口原料，價錢一般貴，飼料不斷上漲，鷄和蛋始終維持原價，生產成本不斷提高，市場價格不動，這正如棉紗業的紗價高過出品的布疋是一樣的情形，但工業政府不能不管，養鷄誰來過問？所以這種事業非垮到底不可。我只是這種情形之下最小的犧牲者，但在我個人來講却是最大的損失。過去所餘的一點稿費全部賠光不說，時間精力却買不回來了。

本來是想找出一條生路，結果却走進了死衚子，假如我的生活無虞，我就不會做這種傻事。安心寫作多好。

五

要想能安心寫作，除了基本生活應無顧慮之外，一個比較安靜的寫作環境也是必需的。在過去寫詩的時候倒還不覺得環境的重要，因爲詩是隨時隨地都可以寫的。寫小說以後就深深感覺到環境的影響實在太大了！尤其是寫長篇，沒有一個適當的環境是非常痛苦的事。而我住的是公家的小房子，七口之家只有十六個榻榻米的空間，鄰舍的密集吵鬧不在話下。上班時又多半是大辦公室，電話鈴聲、公務談話、私人閒談，耳根實在很難清靜，別的作家在這兩種環境之下也許很難動筆，但我的作品却完全是在這種嘈雜擁擠的環境中寫成的。辦公時別人利用公餘的時間談天看報，我却利用這一點點寶貴的時間寫作，那怕一次寫一兩百字也好。一有公務又馬上放下筆來。

但我從來不延誤公務，也不隨便犧牲一點寶貴的時間。在國防部時朱嘯秋朱白水二兄都和我在一個大辦公室裏工作，他們是親眼看見我如何寫作的。至於住家情形，左營比臺北更糟，南部天氣熱，人多房子小，鄰居更鬧，小孩子一圍過來就是二三十個，再加上女人的打鷄駡狗，頭都脹大，臺北熱的時間沒有左營那麼長，左鄰右舍的孩子多半上了學，蘿蔔頭少，除了鄰居的收音機經常大聲開放之外，人的吵鬧比較好些。同時白天也有一張書桌可以利用，尤其是最近三四個月來，我不再作無益的事，白天除非萬不得已，決不出去。白天寫作思想雖然很難集中，同時現在的腦筋也比較遲鈍，但每月平均下來還是能寫七八萬字，過去幾年的損失，我想慢慢塡補起來。我目前的寫作環境比別人還是差得很遠，但我心少外用，能够勉强安得下來。假如老天開眼，突然掉下二十萬，讓我把寫作環境整理一下，我可能多寫一點，或者更專心寫一點東西。

六

總之，寫作是一種最艱苦的行業，要想作一個成功的作家，而不僅是一個成名的作家，更非易事。除了本身要具備一些不可缺少的內在的條件之外，同時更要能克服外在的困難。中國作家不比外國作家，尤其是美國和日本的作家，他們一舉成名成功之後，生活問題隨之解決，可以坐飛機遊歷、坐遊艇垂釣，三兩年不寫東西無所謂，要寫也可以從從容容地寫。[redacted]作家不然，成名成功之後，問題並沒有解決，王二小磨豆腐，還得天天磨。虛名也許可以滿足別人，但是不能滿足我，我每月必須結算字數，不寫足七八萬字，就不够開支。因此我像蒙着兩隻眼睛的驢子一樣，成天圍着磨盤轉。六百字的稿紙彷彿六百個方城，我必須在方城之間爬進爬出。很多應酬都免了，甚至收到紅帖子我也是禮到人不到，因爲我自己唯一的消遣看電影也無形中取消了。

如果僅僅是爲了虛名而寫作，很多人是難通過長久的熬煎的。最近我曾經先後聽到兩位圈內先生的話，一位說：

「稿子又不是金子，寫什麼！」

一位說：

「作家，誰瞧得起作家？」

當然，這兩位先生經濟環境已不太壞，所以不寫了。如果有高官厚爵，是會有更多人不走這條路的，因爲這條路是最難走的一條路，而作家與作品又沒有一個標準，如果中國作家也像美日作家一樣，收入豐富，自然有人瞧得起了。而我們這個社會是笑貧不笑娼的。

要做作家嗎？除了本身必須具備的一些條件之外，還要耐得住寂寞，經得起熬煉。成名不易，成功更難！在文學系讀四年書，可以拿到學士學位，再到外國去鍍金一番，更可以拿到碩士博士學位，但不一定能成爲一個作家。而寫作十年二十年，也不一定能成爲一個作家，即使寫一輩子亦未見得能成爲一個成功的作家。當代人可以奉承你，放過你，後代的人便不會客氣，因爲你同他們沒有人事關係，他們無所顧忌，只看作品。也許你寫一輩子還是默默無聞，死後却身價百倍。文藝創作就是這麼一回事，作家就是這麼一回事，空虛得很，渺茫得很！如果眞能寫下一點好東西，那你的生命也許不下於萬里長城。陶淵明杜甫的遭遇也比今日的作家好不了多少，但和他們同時代的那些人物誰能記得？

作家的可爲與不可爲，全看各人的定力。對於太重視現實利益與眼前虛榮的人，這不算是一條很好的道路；對於正其誼不謀其利，明其道不計其功的人，却是一座煉獄，因此有些人倒在這座煉獄裏面，所以火中的鳳凰，就不太平凡了。

原載中華日報中華副刊

不夠藝術的生活

我是一個平凡的人，生活尤其平淡，與藝術二字相去甚遠。至於寫作，三十歲以前，完全是爲了興趣，三十以後，大半爲了生活。也許有人以爲我也是「作家」，一定與衆不同。慚愧的是我和普通人並無二致，甚至比普通人更平凡，與「作家」的「生活藝術」相去更遠。

三十歲以前，也曾抽過幾年紙煙，但無大癮。當時我說戒就自然戒了，並無痛苦。二十年來從未犯戒，不管見了什麼牌子的煙也不動心。

談到酒，平時我是滴酒不沾，但遇上合適的朋友，或要好的同事聚餐，我也開懷暢飲，量也不差。越是高興，越能多飲。但是究竟有多大的量？我自己也不知道。因爲我從來沒有醉過，頂多喝到「微醺」即止。而這種「微醺」境界也是少之又少，因爲我從來不和別人拼酒，也決不以「酒仙」、「酒聖」自居。大家高興時我就湊湊熱鬧，場合不對我就滴酒不沾，寧可喝喝汽水。因此，不管在什麼喝酒的場合，我沒有「失態」「失言」的紀錄，更沒有當衆嘔吐過，要人挾持着走。酒好壞我可以品嘗，嘔吐的滋味則無所知。幾年前在馬尼拉喝亭奈西，因爲主人都是豪飲者，我們作客人的也不能太窩囊，爲了大家的面子，我多喝了一點，當時尙未到微醺的程度，但這種酒後勁足，回到旅館就不大對勁，睡了一夜，第二天早起頭還有點痛。這算是最厲害的一次。臺灣的酒中，我宜於喝紹興和眞正的金門高粱。近年來身體狀況比以前更好，酒量似乎也隨着增加。金門高粱中如果加點中藥冰糖，浸上三兩個月，心情好，晚飯菜好時，獨自淺斟低酌，喝上一杯，其味無窮，飯量也更好。

跳舞打牌我都不會，也從來不想學。舞中最美的是芭蕾，最有益的也是芭蕾，但幼年時沒有機會學，現在就不必談。至於所謂交際舞，因爲我不愛交際，所以也不願學。打麻將幾乎人人都會，可是我就不會。在「國粹」當中，我對這件事最無興趣。因爲不會跳舞，不會打牌，所以朋友也就更少，連帶的，很多事別人行得通，我就行不通。

養魚、養鳥、種花，我都喜歡。家鄉是魚米之鄉。多年前我曾經在中副寫過「家鄉的魚」和「家鄉的鳥」，我對於牠們的想念，不下於親人。在臺灣，養魚、養鳥，都變成了一種職業，很少是專爲消遣欣賞。任何事一帶上功利思想，就沒有意思，談不上藝術。

臺灣的熱帶魚，種類很多，也很好看，可是太貴族化，也很難養，一般人養不起。我自然也辦不到。金魚是最普通的，我也養過幾次，放在案頭，看牠們在玻璃缸中游來游去，很有意思。大眼睛，大肚皮，紅綢般的尾巴，在在與衆不同，別具一格。更難得的是那種優哉游哉的神態。可惜在玻璃缸裏養不長久，三兩個月就會死掉。我很想作個小魚池，多養幾種魚欣賞，但一直沒有地方。

由於從小愛鷄，十年前使我走上了養鷄的路。但這次養鷄完全是爲了生活，心情一點也不輕鬆，雖然看着小鷄一天天長大，和生下第一個蛋時，心裏十分高興，但半夜裏起來照顧的辛苦，和聽見小鷄啄脚尖叫聲的驚心，以及停電的焦急，傷風感冒的憂慮……足以使人短十年陽壽。養鷄三年，苦多於樂，金錢的損失，時間的浪費，更不在話下。我在這方面的知識和經驗，最少可以比得上半個專家。但是我再也不想運用這種知識和經驗，現在連養幾隻鷄玩玩的興趣也減低了。

我養鷄失敗以後，臺灣又掀起一陣鳥風。我喜愛鳥，又躍躍欲試。「前事不忘，後事之師」，養鷄餘悸猶存，終於使我遲疑下來。不旋踵間，養鳥的人統統栽了，這次我算是倖免於難。養幾隻金絲雀和畫眉玩玩，提着鳥籠蹓蹓，聽聽牠們千廻百囀的聲音倒是人生一樂。

可是這種鳥並不便宜，也不易養，自己又沒有時間去照顧，雖然養鳥之念動了很多次，還是沒有養起來。希望不久能養幾隻千廻百囀的金絲雀和畫眉，以償多年宿願。

栽花木，種果樹，這倒是經常作的事。只要有一點空地，我一定栽上一棵花木或是果樹。我栽過茉莉、白蘭、茶花、玫瑰、菊花、一串紅、鳳仙、梔子花、石榴、桂花、曇花、大理花、蕃石榴、木瓜、葡萄、蘭花、聖誕紅、紫藤、薑花……但是由於空地越縮越小，我種的花樹果木也是幾經滄桑。多年前種的只留下一棵蕃石榴，一株桂花和茉莉。除了蕃石榴是在原地未動，已長到屋脊一般高，現在結實纍纍外，其他的都是一遷再遷，死的死，淘汰的淘汰，現在一部分種在大約兩尺寬、六尺長的兩畦花圃裏，大部份栽在盆裏。黃菊花培養得最多，去年在花店裏買了一盆盛開的菊花，花謝後我將根部新發的芽剪下插了十盆，還送了一部份新芽給鄰居插。菊花的生命力十分堅強，一兩寸長的嫩芽剪下後插在新的泥土裏，擺在陰處，接連澆幾天水，成活率百分之百，每天早晚搬搬花盆，澆澆水，看看綠葉黃花，不但賞心悅目，也是很好的運動。

提起運動，過去我並不注意。最近三四年來，我却無日不運動，我的運動不是打球，也不是游泳，因爲那種運動往往受場地和人手天時的限制，現在的年齡也不相宜。我的運動是打太極拳，西洋人稱太極拳爲影子拳，中國芭蕾。幼年時我雖然學過幾個月的少林拳，但老師走了之後也就丟了，幾十年不再彈此調。怎麼到了中年忽然學起拳來？這是由於多年伏案寫作，夏天電扇直對着背後吹，吹出了毛病，醫藥無效，幾乎弄得半身不遂。朋友告訴我學太極拳，爲了診病，我只好每天早晨五點多鐘爬起來騎着脚踏車到幾里路以外的地方去學，從不間斷。爲了急於把風濕痲痺診好，我比別人認眞虛心學習。果然三個月見效，三年把拳學會。不管天晴下雨，我一天也不間斷。太極拳的好處是不要多大的場地，室內也行。如果室內地方太小，可以不練架子，只作基本運動，也有同樣的效果，所以隨時隨地都可以運動，比練瑜珈還要簡單方便。太極拳不但可以「有病治病，無病强身」，而且可以變化氣質，使人心平氣和。可是師承重要，如果所師非人，效果就要大打折扣。我自從學太極拳以來，不但風濕好了，身體反而比以前更强健，心情也好得多。現在這種運動已經變成了生活習慣，如吃飯睡覺一樣自然。運動出汗以後，馬上洗個熱水澡，在池子裏泡幾分鐘，實在是一種最好的享受。如果是早晨運動，一天輕鬆；晚上運動，也可以睡一個好覺。久而久之，就有一種柔軟如棉，身輕如燕的感覺。這樣自然產生眞正的快樂。最近我又加學靜坐，能否有成，現在還不敢講。

我的消遣除了種花、打太極拳外，聽平劇也是一個重要節目。可惜此地能聽能看的角兒很少，此間的平劇唱片新灌的極少，大多是拷貝的，但可聽的很多。有些百聽不厭，無論新腔舊調，都有其特色。音韻之考究傳神，詞句之典雅，充分表現了平劇藝術之千錘百鍊。現在所謂時代歌曲，歌詞之庸俗淺薄，不通音韻，不僅令人作嘔，已經到了令人忍無可忍的地步。如果說我不合時宜，這應該是最不能合的一件事。但我不勉強別人，也不勉强我自己，別人聽歌，我還是聽我的平劇。如果有比平劇更好的歌、舞、戲劇的綜合藝術，我會比別人更迷。欣賞藝術是一種享受，不是找罪受。不管西皮、二黃、倒板、原板、高撥子、南梆子……一拉一唱，就會悠然神往，如醉如癡。這是世界上的最高享受，不僅可以消愁解悶，實在是樂而忘憂。而這種樂又是「樂而不淫」，與披頭四、黑咖啡館大異其趣。

此外我還有個消遣的方法，就是研究人相學。古今圖書集成裏相學部份的幾十萬字，閒時翻翻，平時留心印證，很有意思。說來我遊藝於此道的時間已不算短，足有二十多年，對於人的瞭解，很有幫助。以後還想在命學方面涉獵一下，如此一則消遣，二則更可洞察人生。人棄我取，也是一樂。

遊山玩水，當然也是賞心樂事。可是臺灣的山水名勝，我幾乎都遊過。「五嶽歸來不看山」，臺灣本來沒有多少山水可看，遊過之後自然更不想再遊。希望有一天能重回大陸，遊遍每一寸錦繡河山。大地方住三五個月，小城鎮三五天。周遊之後，再找一塊清靜的地方坐下來寫，不爲稿費，不爲發表，更不爲裝飾門面，這樣才能談到「藝術」。

我是個平凡的人，生活如此平淡，一點也不藝術。但願百年之後，能長眠故鄉廬山，長伴清風明月，看鳳尾森森，聽龍吟細細，落一個死的藝術，那就毋須再世爲人了。

原載中國時報

五十年華

抗戰初期我遠離家鄉時，父親才四十來歲，大伯父二伯父也不過五十多歲，雖然他們都是陽剛性格，活力比一般人強，尤其是「氣盛」。可是在外表上看來，多少有點老態，在我們子侄面前自然更要賣老。和他們年齡不相上下的人，更不如他們，不是氣喘，咳咳咔咔，就是彎腰駝背。有一位大財主史先生，年齡還不到五十，頭已經鉤到與腰齊了，身子看來比打黃鼠狼的弓還要彎些。而在這種年齡撒手西歸的人更不在少數。我有一位身長力大豪氣干雲的宗叔，夏天遇到了一陣暴風雨，就一病不起，死時才三十六歲。抗戰勝利後我回家時，很多長輩都已去世，包括大伯母、大伯父、二伯父在內。大伯父六十三歲，二伯父六十虛歲。他們三兄弟只留下我父親一人。他還不到五十。可是七八年憂患，加上二弟亡故，人已經老了很多。以後這一別就是二十多年。當時他正是我現在這種年齡，患上了「老年咳」；更由於青年時患了一次嚴重的眼疾，治療不當，視力幾等於零，垂暮之氣已經蓋過了他的好勝倔强。和我現在的情況相比，眞有天淵之別。

倘若再往上追溯，古人的健康情況更差。文起八代之衰的韓愈，年未四十，而髮蒼蒼，視茫茫，而齒牙動搖……和我們這一代人相比，那是差得太遠了。現在的四十歲的人，在七八十歲的長者眼裏還是「年輕人」，沒有成家的還多的是，自然不敢「賣老」，在某些場合還以青年自居哩。現在的人不但在外表上沒有上一代的人蒼老，在心理上更是年輕多了。

照中國算法，今年陰曆四月二十日我是四十九足歲，五十虛歲，按中國人做九不做十的習慣，我可以做「五十大壽」了，而且也勉强稱得上「兒孫繞膝」（子女五人，外孫女兩個。）可是我沒有這種打算，在心理上我總覺得我還年輕，兒時事歷歷在目，怎麼就作了外祖父？實在沒有一點老的感覺。韓愈的那種情形完全沒有。年輕時就有幾莖白髮，現在雖然多些，但毫不影響健康，至於視力，兩眼都在一點五以上，很多青年人也沒有達到這個標準，雖然看六號字書報要戴一百七十五度的「老花」，那只是爲了保護眼睛，讓它們長久管用。不戴仍然能看。牙齒不動不搖，胃口奇佳，體重七十五公斤，血壓高一百二十，低八十，都極標準，全身沒有任何毛病。倒是年輕時因病及戰亂關係，害了十多年胃病，來臺灣後飲食起居正常，幾年功夫不藥而癒，現在吃東西百無禁忌，每餐不吃三盌總是「意猶未足」，飯後吃三條大香蕉稀鬆平常。一度被電扇吹成風濕的文明病也完全好了。現在腰腳之健二三十歲的人亦難趕上。上班時三層樓的石級，一跨兩級，一口氣跑上來輕鬆得很，兩脚彈性十足，有「起飛」的感覺。腰之柔軟，向前可以折疊起來，左右轉彎頭也可以靠住小腿。我在二三十歲時也辦不到，文起八代之衰的韓愈如果在年未四十而有此體能，那他一定不會那麼「自思自嘆」，反而「雄心萬丈」了。

現代醫藥的進步，挽救了很多人的生命，也增進了很多人的健康。臺北市男人平均壽命超過六十六歲，女人七十二歲，比光復時增加二十歲，就是個很明顯的例子。可是也有很多人吃安眠藥而死。因此把握禍福之機還是在自己。我的胃病沒有吃過一片藥，好了，我的風濕醫藥診不好，也自然好了。前者得力於飲食起居正常，後者得力於運動。而且現在身體比以前更好。這就是老子說的「禍兮福之所倚」，我也因禍得福。如果照吹電扇，而不運動，可能已經半身不遂，成爲廢人，如果好酒貪杯，三十幾歲就可能胃穿孔而死了。那有今日？那有未來？

四十五、六歲以前，我不運動，但也從未糟塌身體。可是得過胃病，得過風濕。四十六歲以後才開始運動，而且沒有一天間斷。不上班時早晨要運動一個多小時；上班以後，分爲早晚兩次，合共也是一個多小時。現在除早晨練太極操，晚上打太極拳外，還加了三十盆花搬上搬下。看花是賞心樂事，可以使心情更加恬淡；搬花盆是有益的運動，可以使身體更加健康。兩者使我樂而不倦，不但不想參加任何活動，連電影也不願看。山水俱樂部本來是個有益身心的活動，對於晝夜不分，四體不勤的朋友很好，但對我這個天天運動，天天與大自然接觸，嚴守生活規律的人來說，仍嫌不足，所以我一次也沒有參加。「飄風不終朝，驟雨不終日」。縱然一連十天爬山遊水，一個通宵麻將就全功盡棄。我家鄉那位四十來歲時身體就變成一張打黃鼠狼的彎弓的史姓大財主，就是大烟槍在口，美人在抱的結果，通宵麻將猶其餘事。

從前人說「三十不豪，四十不富，五十將相尋死路」。這說明人到五十，萬事皆休。現在時代不同，三十歲還在求學的多的是，四十歲窮兮兮打光棍的也不少，五十歲不但不尋死路（除非自殺，但自殺又不限於五十歲），還正如日方中，大有可為。因此我對於卽將到來的五十歲，一點也不恐懼，一點也不覺得它代表「老」字。在我個人來說，「五十」稍微有點「成熟」的意思，五十以前，稚氣未脫，是屬於「幼稚」階段。「人生七十方開始」，此時稍嫌誇張，到了二十一世紀時，可能完全符合。此時此地如謂「人生五十正成熟」，則合情合理，接近事實。五十歲以前，只能算是奠基，五十歲以後才是黃金時代。要眞正懂得享受人生，懂得盈虛得失，非到五十不行，五十歲實在是大好年華。

從前五十歲的人可以扳起面孔說教，現在五十歲的人還不夠格。談健康長壽之道更是太早。四十九年來我的胃病風濕能不藥而愈，保持現在這種健康狀況，一是生活單純正常；二是心理衞生。

原載中華日報中華副刊

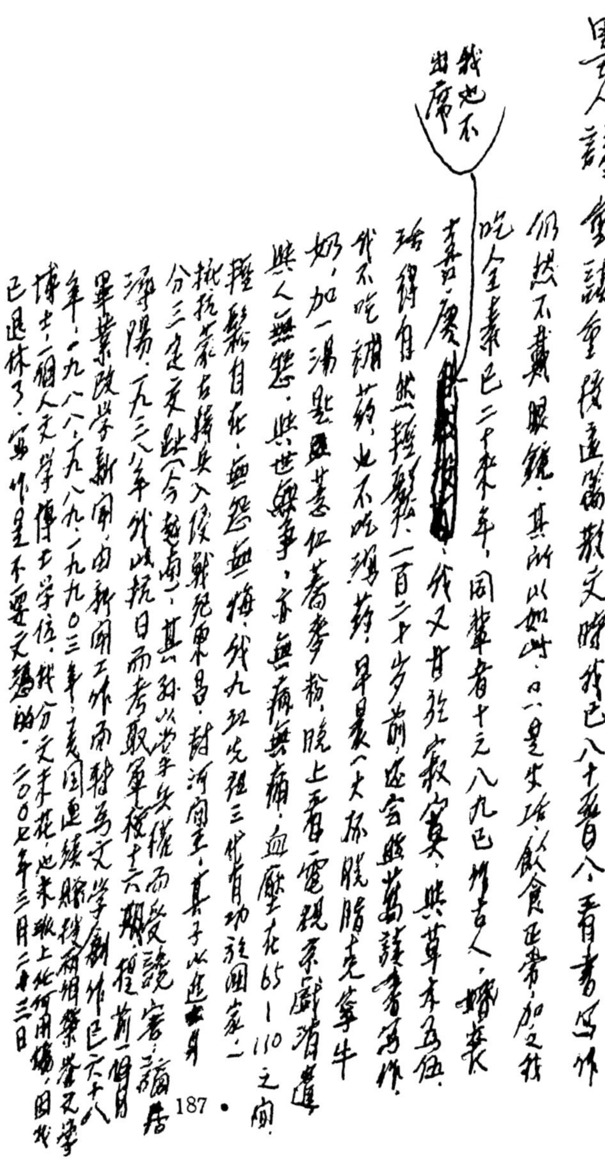
墨人註：重讀這篇散文時我已八十晉八，看書寫作
仍然不戴眼鏡。其所以如此，一是生活飲食正常，加之我
吃全素已二十來年，同輩者十之八九已作古人，蟠桃長
壽、慶[illegible]我也不出席，我又甘於寂寞，與草木為伍，
珍惜自然，輕鬆，一百二十歲前還寫些散文詩書寫作，
我不吃補藥，也不吃殺藥，早晨一大杯脫脂克寧牛
奶，加一湯匙亞麻仁薏仁蕎麥粉，晚上看看電視京戲消遣
與人無怨，與世無爭，有無痛無痛，血壓在65-110之間，
輕鬆自在，無怨無悔，我九五先祖三代有功於國家，一
枕抗蒙古歸安入侵戰死東昌，封河間王，其子以進士身
分三進交趾（今越南），其出孫以兵部尚書失職而受讒害，貶居
潯陽，一九三八年我以抗日而考取軍校十六期，提前一個月
畢業從學新聞，由新聞工作而轉寫文學創作已六十八
年，一九八八、一九八九、一九九〇三年，美國連續贈我兩個榮譽文學
博士，一個人文學博士學位，我分文未花，也未飛上北何處領獎，因我
已退休了，寫作是不要文憑的。二〇〇七年三月二十三日

187 •

王駝子

王駝子大我十多歲，當我六七歲時他和我一般高。以後只看到我長高，他始終是那麼矮，背脊却高高地弓起來，彷彿揹了一個大麻袋。

我第一個大伯母死得太早，我沒有趕上見她一面，我所見到的是第二個伯母，王駝子就是她的「拖油瓶」，所以我們有機會在一塊，更巧的是我們同一個乳名，因此大人們叫我們兩人時便以大小來區分。

雖然他已經二十來歲，可是別人總是把他當孩子，甚至我也覺得他是和我一般大小，因爲他和我一般高。

他在家庭裏不能作別的事，專門放牛，伯父的兩條水牛都由他看管。別的放牛孩子上下牛背動作非常敏捷，他可不成，必須把牛角按得很低，然後一隻脚踏在牛角上，牛再把角往上一甩，他就趁機爬上牛背。我總躭心他會從牛背上摔下來，水牛是那麼高大，一旦摔下來那眞是整駝子，可够慘了。幸好他沒有摔過。

我沒有機會放牛，我非常羨慕他，我覺得那種生活充滿了樂趣，自由自在，比關在房子裏讀書要好得多，而我只有在假期，或是先生有事時，才能得到一天半天和他一道放牛。當我第一次爬上牛背時，那種快樂比第一次坐飛機不知道要勝過多少倍。

放牛的孩子很多，很野，他們常常挖別人地裏花生，芋頭，紅薯，用柴草煨着吃，王駝子自然也是其中之一，不過他只負責生火煨，不敢下地，因爲他跑不快，怕被別人抓住了整他。當我第一次嘗到這種異味時，放牛的生活對我的誘惑更大，那種異味也勝過後來當童子軍時吃的「叫化子鷄」。

我認爲他的放牛生活比我的讀書生活樣樣都好，只有一樣不大好受，就是在大雪天半夜裏要爬起來提着馬燈去牛欄把牛牽出來，站在呼呼的朔風中逼着牛屙尿。每當午夜夢回，總聽着他在風雪中孤獨悠長地呼喊：

「尿——啊！尿——啊！」

有時得叫個把鐘頭。他從來不敢對別人發脾氣，只有在這種時候對牛叱罵，有時也會氣得哭起來，聽見他悠長的叫聲和酸楚的哭聲，我才覺得讀書和放牛可以拉平。假如牛尿在欄裏，第二天他一定要挨伯父和堂兄的罵，甚至吃他們的「栗子」，頭上要起幾個血疱。每當他受了委屈時，他會獨自流淚，不言不語。這時才能看出他有點大人的樣子，不像別的孩子哇哇地哭。

他很聰明，除了教我騎牛之外，還教我摺疊許多小玩意，或是用狗尾草、麥草編織好玩的東西。他的智慧遠在我堂兄之上，但他沒有氣力，所以也就沒有價值。

他像女人一樣，沒有鬍鬚，但當別人抬着花轎迎娶時，他也會偷偷地和我說，那個新娘子漂亮，那個新娘子皮膚白，那個新娘子是妖精。

「你想不想討個老婆？」有時我也問他。

「有那個女的願意嫁我？」他向我一笑，但笑得不是味道。

眞的，一到冬天，不是張家娶媳婦，就是李家說親，可是從來沒有人提到他的婚姻，他好像一個永遠長不大的人。

我漸漸長大之後，我的生活變動很大，我們的距離也越拉越遠，他的活動半徑却始終沒有超過三里以上。勝利後我帶着孩子回家，他還是那麼大，嘴上還是沒有一根鬍子，他要仰起頭來望我。他唯一的改變是不再放牛，學會了剃頭；但他要站在小凳上雙手才能夠得上別人的頭。他用不着開伙，剃到那一家就吃那一家，年底才結一次帳，百來戶人家，五六百個頭，一年的工作大概合得上三四十塊大洋。我看他已經四十多了，便問他要不要成家？他悽涼地回答：

「還做那個夢？趁早弄個棺材本，免得無人收屍。」

這一晃又是十幾年，算算他將近六十，不知道這位兒時伴侶，究竟怎樣下場？

原載中央日報中央副刊

廬山之冬

千山鳥飛絶，萬徑人蹤滅。

作爲夏都的廬山，凡是沒有去過的人，無不心嚮往之，而去過的人又想再去，它實在是一個「歇伏」的最好去處。雖然山下揮汗如雨，通宵無法入睡，而牯嶺蘆林一帶，晚上必須蓋毛毯薄被，早晨傍晚要穿毛背心，身體差的人穿件毛衣也不會熱，卽使日正當中，也很少出汗，山風一吹便全身涼爽，精神舒暢，和電扇吹得頭暈腦脹大不相同。而有趣的是「雲自山頭起，霧向脚邊生」，那怕是麗日當空，而一轉眼間你便身在雲霧裏，不辨南北東西，三五個朋友在一道，往往只聞其聲，不見其人，而語音剛落，又頭頂青天，山碧如洗，綠葉如少女的眼波，盈盈欲滴。這些雲，這些霧，並非從天外飛來，而是從你身邊生起的，此時你如身着一襲長衫，手拄篠杖，即使是一個傖夫，也會有飄飄欲仙之感。故林主席，常常一襲綠長衫，一柄白紙扇，一根篠杖，在黃沙如洗的林蔭道上，獨自優游，衣袂飄飄，銀髯微動，出塵脫俗，如仙如道，那時我雖是一個不滿三尺之童，也爲他這種飄逸的風采而駐足凝神，如癡如醉。而戰後的牯嶺蘆林，實不如戰前的優美寧靜，尤其是馬歇爾的八上廬山，冠蓋雲集，氣氛更不同尋常，我住了一天，遊了一次仙人洞便下山了。

夏天的廬山，去過的人多，寫過的人也多，能說出它的好處的人更多，我這寥寥幾筆，自然很難搔着癢處。可是在廬山過多的人却很少，其實廬山的冬天也另有一番情趣。

一般上山避暑的人，通常一過中秋就紛紛下山了，而一到多天，蘆林一帶的洋房別墅，總是十室九空，有些外僑把房子一鎖，把鑰匙交給管理局，或是請個工人看看房子，直到明年夏天再上山來「歇伏」。由於山上沒有小偷，所以絕大多數的人都是把門一鎖就下山去了。

一過重九，山上就很冷了，往往等不到十月，漢陽峯和五老峯頂就堆着皚皚的白雪，如滿頭白髮的老人，而牯嶺蘆林一帶，一到十月就大雪紛飛了。

平地下雪還有融化的日子，而廬山只要下過第一場大雪，就封了山，即使遇到晴天，雪雖會融化一些，但一入夜，雪水就化作堅冰，又硬又滑，往往第一場雪沒有化完，第二場雪又蓋了下來，幾乎是一次比一次大。下雪的時候又多半無風，樹不搖頭，竹葉也不晃動，雪像棉球般地糾纏着掉下來。到處是一片白，看不見別的顏色，沒有行人，沒有飛鳥，眞是「千山鳥飛絕，萬徑人蹤滅」，空山寂寂，比死還要沉靜。

雪是愈積愈深，路上雪深兩尺不算希奇，山窪積雪數尺是常事，一失足陷下去就有腰深。

廬山的竹子不像臺灣的竹子這麼細小，愈是深山，竹子愈粗愈高，但這些竹子往往被積雪壓得低頭彎腰，像弓一樣。高大的杉樹彷彿撐着銀色的萬民傘，在山頭上成連縱隊或連橫隊肅立，迎着陰沉着臉的冬神。

在這種大雪封山的日子，牯嶺街上幾乎無市，大多數的商人隨着避暑的客人下山了，一季夏天的生意就把他們的口袋塞得滿滿的，冬天自然不必在山上守這幾個月的淡季，少數留下來的商人，則關門閉戶，躲在石屋裏烤火，東西則貴得出奇。因此打算在山上過冬的人，在大雪封山以前，就準備了幾個月的油鹽柴米，可以足不出戶。偶而山南有一兩個鄉下人挑着米炭和蘿蔔之類的蔬菜從含鄱口進入蘆林，就添購一點補充，山北蓮花洞那方面是絕少人上來的，因爲在層層冰雪之下，路特別滑，好漢坡是鬼門關，沒有人敢硬闖。

廬山的風景是山南勝過山北，而夏天上山避暑的人多半只遊遊仙人洞、五老峯、三疊泉、黃龍寺這些地方，很少有餘暇去遊山南的白鹿洞、棲賢寺、秀峯寺、歸宗寺這些名勝古刹，而廬山最有名的馬尾泉就在秀峯寺後面，峭壁如削，瀑布騰空而下，如銀尾長瀉，長虹貫日，冬天的泉水雖然小些，配着青黑色的峭壁和皚皚的白雪仍然可觀，比夏天的烏來瀑布還要壯麗多了。

山南不但名勝多，氣勢好，松、杉、竹也很密茂，冬天的松濤聽起來眞如萬馬奔騰，波濤洶湧，若小立路邊古松之下，則如聞龍吟虎嘯，寒氣刺骨，直透心脾。

冬天的廬山，冰雪自以山上最多最厚，而蘆林又恰巧是山上的谷地，冰雪封閉長達數月，偶有晴天，也化不了幾寸冰雪，而天氣却冷得出奇。好在山上的房屋都是巨石砌成，只要關門閉戶，圍爐烤火，也可以忍受得住。

蘆林有游泳池，却無溜冰場。但在吼虎嶺滑雪，却是很有意思的一件事，因爲用不着任何工具，只要站在嶺上的斜坡，雙脚拼攏，兩臂一張，身體自然輕快地滑了下去，而且滑得很遠，卽使跌倒也沒有什麼關係，跌在厚厚的雪上和跌在棉絮上一般舒服。

來臺灣十多年，沒有過過眞正的冬天，更沒有見過雪。前年十一月在橫貫公路的梨山住了一夜，也只有一點點冬意。梨山比牯嶺高，但沒有一點牯嶺冬天的味道，其他的就更不必談了。

有朝一日如能回去，一定要在廬山再住一夏一冬。

原載中央日報中央副刊

環島散記

蘇花公路初旅

臺灣的名勝我只差阿里山和蘇花公路兩地未遊。這次有機會遊了蘇花公路，現在只剩阿里山未去了。

四月二十一日上午，我和莫葉兩先生從宜蘭去南方澳漁港遊覽。他們兩位是初去，我在幾年前為了寫長篇「合家歡」，曾專程來南方澳參觀，並在漁會蒐集了不少資料，所以在我說來是舊地重遊。相隔數年，這漁港也多少有點改變，港邊的那些棚攤已經拆除，顯得清爽多了。

這次在魚市場又看到不少大魚，最多的還是鯊魚，旗魚也有不少。匆匆遊過之後，就同到蘇澳吃午飯。蘇澳飯菜之貴和宜蘭的特別便宜恰成對比。

我們搭一點半的班車去花蓮。蘇花公路的班車每天開兩次，上午六點半開一次，下午一點半開一次，一次有好幾部車，我們這一次是六部車子，我們坐的是第二號車。

車從蘇澳開出幾分鐘卽爬上山頭，從山頭上看南方澳漁港，像個大火柴盒子，房屋也很低矮，整個看起來倒也不錯。除了踞高臨下地看南方澳之外，還可以遠望野柳基隆，基隆海外的龜山看得十分清楚。

太平洋浩瀚無比，一望無涯。藍色海洋上的漁船，像大草地上的蚱蜢一樣渺小。我的座位是靠海邊的窗口，海上風光一覽無餘。向下看則是千丈懸崖，雪白的浪花衝擊着巨石。車子彷彿天馬行空，但這和坐在飛機上的感覺完全不同，坐在飛機上不怕，坐在蘇花公路的車子上却無安全感，尺寸之差就會粉身碎骨。據說某學者上了車之後看到這種情形，嚇得面無人色，緊閉着眼睛吵着要下車回去，但是騎上了老虎背就不容易下來，徒然給同伴製造笑料。

蘇花公路確實驚險，車子儘在高山絕壁上七彎八拐，拐彎時彷彿是向海裏衝，可是在絕壁邊緣車子又轉過頭來，化險爲夷。望望前後的車隊，每車距離大約五六十公尺，看來不但驚險，而且壯麗。

車行約一小時，忽然發現山谷下有一小塊平地，還有人家，原來這是南澳。在南澳停車休息。有幾個山地女人提着一串串螃蟹兜售，這些螃蟹和淡水河裏的差不多大小，但顏色更深，呈黑褐色，據說是山溪蟹，便宜得很，十塊錢三串，大約有三十隻，很多人都買了，我也想買，但旅途中沒有地方弄，又不能帶回臺北，只好作罷。

這裏出產一種黃玉米，顆粒小，但却清甜可口，在臺北吃不到，和菲律賓克拉克空軍基地附近某鎭出產的又糯又甜的玉米有「異曲同工」之妙。

休息三十分鐘又繼續前進，這一段路沒有蘇澳到南澳那麼驚險，因爲路基離海面較低，還有一小部份是在山裏七彎八拐。和平也是個中途站，這裏比南澳平地較多，店舖也多幾家。車子又停在這裏休息了一陣。

過和平以後地質較爲堅硬，岩石成塊，有不少山洞隧道。愈近太魯閣山石愈堅。臺灣的山脈很奇怪，東西橫貫公路只有大禹嶺以下，尤其是天祥到太魯閣這一段的石頭最堅，蘇花公路也只有快近太魯閣一段較爲堅硬，其他各地山石很多都是可以用手捏成粉碎，所以山崩特多，遇雨公路時常中斷。石門水庫容易淤塞，也和這種鬆脆的地質大有關係。

我們預定在天祥山莊住夜，所以在太魯閣下車。回顧蘇花公路，一眼望去並不算長，就是七彎八拐就擱時間，如果是直線，個把多鐘頭就可以到太魯閣了。現在却費了三四個鐘頭。

重遊天祥

十年前就走過橫貫公路，經過天祥，休息了一會。那時中國旅行社的房子還沒有完工，此外什麼都沒有。現在不知如何？我們改乘小車向天祥進發，太魯閣至天祥十九公里，是東西橫貫公路最精彩的一段，峭壁挿天，質堅無比，山澗中一塊塊的巨石都是大理石，峭壁底層也是大理石，澗水濃綠如膠，別處少見。因爲天色不早，匆匆而過，明天回程還有時間從容遊覽，司機「快馬加鞭」趕到天祥。

天祥今非昔比。除了中國旅行社美侖美奐外，還新建了寶塔、寺廟、天主教堂、基督教堂，以及文天祥塑像，還有幾家土產店。這是一進入天祥就能看見的。

天祥山莊也是新的建築，位置比中國旅行社高，樸素淡雅、環境淸幽，院中的梅子樹綠葉成蔭子滿枝，是最佳襯托。管理員劉福隆先生年輕熱情，他種的野百合開得尤其漂亮，而且別有香味。

晚飯後我們先散步到文天祥塑像，瞻仰一番。整塊大理石刻的正氣歌，氣勢雄偉。文天祥最能代表中華民族精神，儒家精神，也是我們江西人的光榮，使我這個後生晚輩亦與有榮焉。看到文天祥塑像又自然使我想到另外幾位江西先賢歐陽修、曾鞏、王安石，以及比他們更早的本縣大詩人陶淵明。這些人在我們的歷史上閃閃發光，照亮了我們漫長的歷史走廊，在他們的光輝照耀之下，我對於中華民族的前途從不困惑，我從不感覺到迷失方向，永遠不會吃迷幻藥，永遠不會當嬉皮。

文天祥是儒家精神的代表，對面閃着五彩燈光的寶塔和寺廟，自然代表佛教、天主教堂、基督教堂自然象徵耶穌。美中不足的是沒有代表我們自己的道教的建築。儒釋道是我們歷史文化的三大支柱，在這種名勝地方似乎不該少了一隻脚架，耶穌教還不能代替它。

天祥的夜景很幽很美，梅林尤其富有詩意。在梅林中散步是一大享受，空氣清新無比，長久在這種地方生活，眞可以延年益壽。

從文天祥塑像下來，到幾家土產店看看。這幾家店舖裏有不少奇石。這些石頭都是山胞在深山中發掘出來，然後加工琢磨的。其中有一種玫瑰石，色澤如紅玫瑰。大自然眞是奇妙無比，天祥石頭之堅之美之奇，也是別處少見，價値最高的竟在十萬元以上，我們來的前兩天就賣掉一個十幾萬元的石頭，有錢的人多，好此道的人也多。寫文章的朋友縱有此雅興，也無此閒錢。我只買了四包天祥筍乾。

天祥之夜沒有車馬喧囂，沒有人聲吵鬧，可是却有水聲，夜深人靜時這種瀑布般的水聲，我有三十多年沒有聽到，從前住故鄉廬山時，深夜聽着轟轟的瀑布聲，悠然入夢，有天人合一之感。都市裏的機器聲、車聲，十分刺耳，決難與天籟相比。

一覺醒來，就聽見十分奇妙的鳥音，淸亮好聽，在都市決無這種耳福。說臺灣鳥不語的人，大概沒有到過天祥，沒有住過天祥。

我起來走到院中看看手錶，剛好五點十分。我連忙漱洗完畢，出來散步。

天祥是在高聳入雲的羣山環抱之中，四面山峯構成了個大井口，天祥正好是井底。山色蒼翠如洗，空氣一塵不染，這眞是個最好作深呼吸的仙境。我便在平坦的籃球場上運動了半小時，吸足了天祥的新鮮空氣。

昨天晚上劉先生告訴我們說，離天祥山莊兩公里多的山谷裏有個文山溫泉，我作完運動之後，葉先生便邀我一道去洗溫泉。我們三人循着往大禹嶺方向的公路走。因爲八點半花蓮有車來接，我們想早點洗完轉來早餐，以免車子久等，所以我和葉先生快馬加鞭，一口氣急走了三四公里，但是始終沒有發現路邊的房屋標誌，看看已經走了快四十分鐘，依我們步行的速度判斷，足有四公里以上，只好廢然而返。來回十多華里的快步，加上半小時的球場運動，我這一天的運動量已經够了，正好適可而止，洗溫泉等下次再來。

回到天祥山莊，劉先生帶我們到他的小花圃挖野百合送我們，送我的一個球莖特別大。不久前我和朋友去坪林遊玩，很想在山上找到百合，結果空手而回，想不到來到天祥劉先生却送了我這份厚禮。希望我也能像他一樣養得又肥又大。

早餐後乘車赴花蓮，沿途停車欣賞風景。先過吊橋到祥德寺和寶塔遊覽了一番，拍了幾張照片。寶塔踞高臨下，鳥瞰天祥，盡收眼底。祥德寺規模不小，佛像也很大，住的是比丘尼，是一個很好的遊覽區。

從祥德寺下來，繼續進發。澗中巨大的大理石，在陽光下更顯得晶瑩可愛。在「一線天」又停車看「石濤」。一排石壁，狀如波濤，在那上面刻上「石濤」兩字，眞不容易。此處兩山如巨靈之掌相合，下臨絕壑上僅一線通天，鬼斧神工，嘆爲觀止。整條橫貫公路，以天祥到太魯閣最美，而天祥到太魯閣，又以一線天最爲神奇幽美。一般觀光客也往往從太魯閣至天祥而止。

大理石工廠

從蘇花公路的和平到太魯閣天祥這一區域內，幾乎處處都有大理石。這是一大筆地下財富，取之不盡，用之不竭。

輔導會在花蓮設立了大理石工廠，此外還有幾家民營工廠，規模都不及輔導會的大。因此我們參觀了輔導會的大理石工廠。

從山上開採送來的大理石，都是一大塊一大塊的，有好幾噸重，堆在空場上，這些大石頭變成花瓶，變成桌面，變成煙缸……要經過不少程序。那龐大的鋸石機，先把巨石解體，然後依其大小性質，分由各種特製機器加工製造。原先我以爲白色大理石最好，其實不然，白色的最差，黑色的次之，綠色的最好。因爲綠色的質地特別細緻堅硬。

工廠設有奇石部和成品部。奇石部奇石甚多，和在天祥看的大同小異。成品部裝飾品較多，從小巧玲瓏的花瓶煙缸到染色的鷄蛋都有。本來我們想買幾樣紀念品，但價錢和臺北一樣，只好入大理石工廠而空返。葉先生在廢石堆裏檢了一塊四方有孔的綠色大理石，問賣不賣？結果破鈔了五十元。到花蓮仔細一看，還發現一條裂痕，不免後悔。

澄清湖

我們在鳳山下車，換車直赴澄清湖。我們預定在澄清湖住宿。

我最早一次到澄清湖是二十年前。那時叫大貝湖。我在海總服役，是從左營行軍去的。大貝湖只有一泓清水，四周都是荒山，間或有些相思樹。現在却非吳下阿蒙，道路很好，建築很多，已經成爲南部一大名勝了。而我却不再是青年，而是半百之「翁」了。當年率領我們行軍的某公，早幾年就作古了。人是最經不起時間考驗的生物。

我們下榻在相思林中的一座帳蓬似的木屋內。這種屋子別具一格，另有一番情調。房屋周圍的玫瑰也開得很好。

澄清湖面積不小，湖水很清，據說湖中的魚有一人多長，一百多斤重，網不起來。照理這地方比石門水庫好辦。在我家鄉有一種鈎船，長江裏再大的魚也鈎得起來，決不會讓牠們在水中坐大，而無可如何。

文藝座談

經花蓮、臺東，我們又趕到鳳山參加文藝座談。這是最後一次座談。二十日上午從基隆開始，下午又趕到宜蘭，一天兩次，然後是花蓮一次，臺東一次，這是第五次。也是唯一沒有教師參加的一次。

在這五次座談中，以基隆、臺東談的問題最有份量、而切實際；以宜蘭、花蓮情緒最爲熱烈，宜蘭還延長了一個多小時，花蓮師專也要求單獨座談一次，但因時間不够分配，未果；鳳山談的比較廣泛，對詩的疑問較多。大致說來，五次座談，小說佔的時間最多。而小說的「民族語言」問題又幾乎變成了討論的中心。從電視劇到小說，讀者對於中國人說的不是中國話，十分困惑，這是醉心西洋文學所造成的紊亂。我一方面向他們推薦紅樓夢、儒林外史、三國演義、水滸、聊齋；一方面請他們注意吸收現代中國人的活的語言。這樣雙管齊下，將來自己寫劇本也好，寫小說也好，就不會中國人說洋話了。

詩還是使讀者最不可解的問題，十年前如此，現在還是如此。大家都說看不懂新詩。新詩發展到現在，有五十年的歷史，而以這十年來，與讀者脫節最遠。這是一個嚴重的問題，值得詩人們互相檢討。詩人在創作態度上固然不必遷就羣衆，但在創作方法上，運用文字語言的技巧上，却應該建立一座通往讀者心靈的橋樑，使大家能够欣賞。這樣新詩和讀者之間就不會隔着一道牆。

×　×　×

環島一周，費時七日，雪泥鴻爪，走筆散記。

原載中國詩報

重遊雲仙樂園

臺北附近名勝，烏來是可以遊覽的。從前道路未舖柏油，雲仙樂園也未闢建，只能到瀑布爲止，那時我去過兩次。記得瀑布對面有兩個草寮，供人拍照，不失野趣。雲仙樂園興建之後，我又去過兩次，最近一次是和盧郁斐、朱介凡、鳳兮、蕭白、寒爵諸先生一道去的，而且在雲仙樂園過夜。

我們去的那天下午，還有一陣午後雨，稍減炎熱。不但路面顯得特別乾淨，山上的樹木也顯得特別青翠，看來更加賞心悅目。雖無江南清明時節雨後看鶯飛草長那種詩情畫意，但此時此景，亦甚難得。

遊烏來我從來沒有坐過臺車，這次人多，更是安步當車。可以走路的時候我一定走路，尤其是遊覽，走點路更有意思。在這種路上坐計程車騎摩托車反而煞了風景。

烏來的確今非昔比。不但進口處土產店林立，瀑布對面也有一排整齊的店舖，草寮早已不見蹤影。纜車站更是高高在上，纜車懸空上下也是一絕。這在內地是很少看到的。我們到時車剛開出，不到十分鐘車又下來，把我們載了上去，上下兩部對開，倒也方便。下纜車到雲仙樂園，還有一百八十公尺的坡道。天氣熱，這段坡道走出一身大汗。一走進旅社，大家都忙着洗澡。旅社的水很充足，洗得十分痛快。

除了邵先生夫婦住套房之外，我們幾位都住榻榻米上無拘無束地聊天。旅社裏沒有別的旅客，清靜涼爽，自由自在。

這時才五點左右，山上沒有一個遊客，也沒有太陽，外面清靜涼爽，除溪流水聲潺潺，一片天籟外，沒有任何噪音，我們又一起出外散步。

雲仙樂園除人工設備頗具匠心外，最大的好處是有深山意味。四周都是高山，只有天祥差可比擬。谷雖不大，却有丘壑之美。樹木高大茂密，蛇木尤多。有兩個亭子自頂至柱，完全是蛇木造的，頗有詩意。處處曲徑通幽，路面十分乾淨，可與牯嶺蘆林一帶媲美。空氣之清新，更非久住臺北者所能想像。

雲仙樂園除旅社外，還有專供渡假用的一棟棟小別墅，兩三百元一天，十分幽靜，可惜沒有人住。

山水，山水，這裏除高山之外，處處有水，可以划船，可以垂釣，還有一處水池養了很多魚，顏色鮮艷，大的有兩三斤重。我只想有這麼一兩坪大的魚池，養十條八條魚欣賞欣賞，也是好的，可是我就辦不到。介凡兄的院子不小，我勸他做個小魚池，養幾條魚玩玩，培養生趣。這個魚池大約有五六十坪，佈置得很好，我們也坐得最久。

晚飯後，我們又在外面逛了好久。走走，談談，坐坐，眞的自由自在。不必耽心撞車，也不必緊閉嘴鼻，以免吸進汽車後面的黑烟。潺潺的流水是最好的音樂。惟一美中不足的是無法逃避收音機、電視機裏的俗不可耐的時代歌曲。我們幾個人都深惡痛絕，但是走到任何地方都逃避不了，這是現代人的悲哀，最難堪的精神虐待。

這幾天臺北正熱，晚上睡覺也出汗。山上涼得多，別人要加背心，我只是不出汗。回到旅社，我又洗了一個澡，一身舒適。

大家平時難得聚在一塊，尤其難得的是沒有任何目的玩在一塊。自然又坐在榻榻米上窮聊，從穿開襠褲時的艷事聊起，只是不談一件惱人的事，不談一件酸事。雖然不算十分雅，但極自然，因而輕鬆愉快。平時我只喝白開水，睡覺前更不喝茶，但服務生預備的是一大壺茶，我不便單獨要開水，只好從衆。談到十二點才睡，我暗自耽心失眠，想不到一覺睡到四點多鐘，正好起來漱洗，準備戶外運動。

昨天散步時我就看中了溜冰場，是一個最好運動的地方。我走出旅社時還不到五點，但天已大亮。走到溜冰場就開始我每天早晨的一小時的運動節目。先作三十分鐘的軟身運動，再打三十分鐘太極拳，出一身大汗，再洗一個痛快澡，整天不覺疲勞。

溜冰場是磨石地，周圍都是大樹欄杆。早晨鳥聲喧嘩，人却稀少，空氣更加清新，眞是一塵不染。是運動的最好場所。在全臺北也找不到一處這樣的好地方。年齡越大，居住都市越久，越想接近自然，可就不容易辦到，在溜冰場我算是享受了一個多鐘頭。

上午，大家還不想下山，吃過午飯以後才打道回臺北。雲仙樂園一宿三餐，每人所費不過二百元。小團體行動，經濟實惠。

原載「中華文藝」

花的世界

愛花者不是惡人——西諺

種花養鳥，是人生一樂，古人多有此雅興。現在是工商業社會，熙來攘往者無非為名為利，有此閒情逸緻者不多。而臺灣養鳥養花之風雖盛，但都是孜孜為利，與純粹的陶冶性情無關，不能與古人相比。

現在的公教人員，不能為名，也不能為利。八小時的工作之外，也無閒錢上歌臺舞榭尋歡作樂，因此最好的消遣不是參加「四健會」，應該是養一兩隻鳥，栽幾盆花。

鳥的身價較高，而且不容易侍候。栽花比較容易——那些幾千塊錢一盆的蝴蝶蘭自然例外。我所指的花是比較普通的花，如玫瑰、菊花、茶花、石榴等等。甚至那種最賤而花紅似火的爆竹紅，栽一兩盆也極有意思。如果環境許可，花的種類自然愈多愈好，因爲這樣一年四季都有花可看。如果沒有庭院，栽一兩株花也好。而四季能有花看，花色又好的則莫如玫瑰。

玫瑰

玫瑰是英國的國花，象徵和平、幸福、愛情。顏色有紅、黃、白、粉紅幾種主色，變色的更多。全世界的品種有一萬多種，而且新的品種還不斷培植出來。花形又有大輪、中輪和小輪的。一般花店的玫瑰多半是中輪的瓶插的花朶。自己種花還是大輪的好看，我有一棵大輪的大紅玫瑰，花朶直徑有四五寸，圓周比吃飯的盌口還大。

玫瑰花多半不香，以前我買了一棵深紅的芬芳的玫瑰，開了一朶花就死了，不大容易栽培。

玫瑰花不但要輪大，形狀美，而且要能開得久。最近我買了三棵深紅的，就符合這種條件。花朵猩紅，花瓣匀稱，開到兩個禮拜還不凋謝，普通的一個禮拜就謝了。

玫瑰花喜水，但排水不良葉子又會萎黃。土質最好是沙質土壤，再拌三分之一培養土，這樣就容易活。一般盆栽有九寸大的花盆就可以， 最好自然是栽在地上。 夏天每天澆水一次，冬天兩天一次。

玫瑰花需要陽光，每天四五小時最好。但夏天太陽直射又不相宜，尤其是盆栽。

玫瑰需要很多肥料，定植後半個月卽可施肥。每半個月施一次。同達行有花卉肥料賣，施肥時不能靠近根部。肥料足，發育好。除化學肥料外，洗魚蝦的水澆施尤其好。

玫瑰還需要整枝。凡不開花的枯枝、舊枝、細枝、罹病枝，向內側生長的或空心枝都要剪掉。開過花的，從下面有新芽的地方，與芽相距半公分處斜剪。花蕾也只留強壯的。尤其是大花蕾旁邊[illegible]生出的小花蕾必須摘掉，這樣開的花就更大。

玫瑰是一種最宜觀賞的好花。面對盛開的玫瑰，清茶一杯，悠然神往，自然會忘去一切煩惱了。

菊花

現在正是菊花當令的時候。每年祝壽花展時就可以看到不少名貴的菊花。菊花在中國詩人的筆下，評價甚高，比作高風亮節的高人逸士，與松竹梅歲寒三友等量齊觀。菊花品種亦多，顏色殊異，但最常見而可愛的是黃白二色，大輪的花朶如盤，最常見的是盌口大小。小輪叢開的也極可觀，開花時間甚久，每朶花從初開到凋謝約可維持三四個星期。作爲盆景擺在客廳中十分高雅。時價每盆約一百五十元上下。去年我從花店買了一盆黃的，因爲沒有經驗，一直放在室內，花不久凋謝，這才放在室外來，準備培植下一代。

菊花也愛水，必須天天澆水。主枝統統剪掉之後，慢慢從土裏發出新芽，陰曆年後，我將兩三寸長的新芽先後剪下，插在別的盆裏，培植了十幾盆好苗，茁壯可愛，一株分長出四五枝主枝，隨時摘去旁邊小芽，讓它一直上長，主枝約小指粗，六七月間長到兩尺來高，頂端葉子變小，結成球狀。這就是含苞待放。可是我以前沒栽過菊花，經驗不够，鄰居說變了種，要我把頂端摘掉，我信以爲眞，統統摘掉，剪下主枝，讓它重新發芽，結果上了大當。

現在那些後發的枝子很細弱，花蕾也極小，人家的菊花正在盛開，我的菊花却瘦得可憐，而且亂七八糟，因爲我看了生氣，讓它自生自滅，所以完全失敗。如果不誤信人言，今年我有十盆最漂亮的菊花，先後可以開到陰曆年邊。不經一事，不長一智，所以只好等待瘦菊開過之後，再培植新的一代了。

茶花

茶花也是非常漂亮的花，陰曆年前後開放，顏色也分紅白及其變色，大的花朵有茶杯口大，每朵約可開一星期。一樹茶花先後也可維持個把月光景。

以前我從花圃裏買過兩次，隨便種植，既不施肥，也不按時澆水，結果那兩株茶花在第二年夏天都晒死了。

茶花性喜陰濕，尤忌夏天太陽直射，而且要繼續施肥。凡是花卉都要氮、磷、鉀三要素肥料，缺一不可。茶花因爲是木本，不宜盆栽，尤其是樹高兩三尺以上的，應栽在土裏讓其自由發展。

去年多天我買了一株三尺左右的茶花，花苞纍纍，因爲在花店寄放過久，我拿回來定植後花蕾及樹葉都先後落掉。我以爲又是白費心血。幸好皇天不負苦心人，我天天澆水，陸續在它周圍埋了很多蝦子殼，一到春天，果然發出許多新葉，爆出許多花蕾，夏天太陽太大，沒有東西遮蓋， 落了大約三分之一花蕾，現在還救住幾十個花蕾。爲了預防明年夏天的炎陽，我特別搭了一個大棚架，種了一棵葡萄，明年夏天當可安然渡過。菊花玫瑰等也可得到庇蔭。現在茶花苞蕾正欣欣向榮，將來開紅花還是白花還不知道?不過茶花不論紅的白的，都十分好看，只要開花就表示我大功告成了。

蘭　花

蘭花極其尊貴，中國的蘭花稱爲王者之香。

蘭花的種類極多，單是蝴蝶蘭一項就不可勝數。蘭花非常難養，中國大陸的素心蘭雖是生長在山澗裏的花卉，可是移在盆裏就不好養，去年多天我在士林園藝所買了一盆素心蘭，現在還沒有一株花蕾，葉子也不茂盛。今年春天在石門水庫又買了一盆，不久就死了，素心蘭實在太嬌。

可是今年春天我買的一株蟹爪蘭卻養的非常好。蟹爪蘭也是冬天開花，十分好看。大概因為它的葉形像蟹爪，所以呼蟹爪蘭，它的花就是從爪的尖端開出來。這種花只要水多，每天澆一次，長的很快。本來我這一株葉子只有兩三寸長，現在有五六寸長，而且旁邊發了很多，長得像個圓形大燈罩，分披下來，現在尖端已經冒出小丸藥般的花蕾，將來盛開時周圍一圈兩三層都是花，那就特別好看了。

桂花

花以香論，當推桂花和蘭花。蘭花發的是陣陣幽香，沁人心脾，桂花發的是陣陣清香，遠近都能聞到。

大陸上的桂樹，高可數丈，中秋時節，秋風一起，飄香數里，提神醒腦，桂花的香味强烈而不刺鼻，十分純正，眞所謂君子之香。

臺灣的桂樹都很小，花亦不多，香味也不强烈。今年秋天我遊獅子山時，在海會庵看到三棵一丈多高的大桂樹。那時正値大颱風之後，樹頂枝葉已被颳掉，可是花仍然很多，香氣撲鼻，有大陸桂樹的氣魄。後來下到靈塔，也看到兩三棵比海會庵稍小的桂樹，人未走到，就先聞到花香，精神爲之一爽。

八九年前，我買了一棵兩尺多高的桂樹，歷盡滄桑，它還健在，不過八九年來，只長四五寸，生長之慢，實在少見。今年大概是受颱風的影響，到最近才開少許的花。不過我這棵桂樹開花的時間很長，先後要延續半年之久。

桂花並不嬌嫩，易栽易活，不需要太多肥料和水，可惜長的太慢，如果從生下地就栽一棵兩尺高的桂樹，直到老死，恐怕還長不到一丈高。比起樹來，人的生命眞太短促渺小了。

榴　花

五月榴花紅似火，榴花的美就美在花紅似火。大陸上的石榴多半是四五月間開花，八月中秋果實成熟。此地的觀賞石榴隨時都會開花，而且極易栽培，生長迅速，一兩尺高就會開花，也可以盆栽。

石榴枝條柔軟，宛如柳條。開花時固然好看，結的果實吊在柔軟的枝上也很好看。葉子嫩綠，也可觀賞，多澆水時特別好看。

我栽了一棵一尺多高的石榴，不到一年就長了一倍，也結過果實。不過這種石榴果小子小，沒有什麼好吃，鄰居有一棵已經五六尺高了，枝條披垂，果實纍纍，這棵石榴消磨了他不少晨昏。

茉莉花

茉莉彷彿小家碧玉，花也清香。

茉莉也易栽培，我的一棵移來移去一直未死，今年移到盆裏，稍微加點肥料，天天澆水，長得特別茂盛，花自五月間一直開到十月底，每天總有那麼三兩朵開放。茉莉花的香味和蘭花桂花屬於同類性質，幽香，清香，而不刺鼻，尤其是早晚聞聞，提神醒腦。茉莉白色，花朵甚小，大的也不過一元輔幣大小。茉莉不以色勝，而以香存。每逢夏秋之間，有摘下來用鐵絲穿着賣的，在大陸多半是在乘涼時，由賣花的小姑娘送到竹床邊，愛俏愛香的姐兒們，買來插在鬢邊或是別在胸襟的鈕扣上，次日清早起來，餘香猶存呢。

聖誕紅

聖誕紅是臺灣最普遍的植物，就中以關子嶺最多，幾乎遍山都是，正如江南的映山紅（杜鵑）。聖誕紅紅得莊嚴美麗，大概因爲它是在聖誕節前後開花，所以叫聖誕紅。

聖誕紅最易栽培，把枝子砍下來，插在地上準活。這種植物生長迅速，也可盆栽，當年插枝即可高達五六尺。栽在盆裏太高不好看，而且容易吹倒。到七八月間把枝子剪短，僅留兩三寸，聖誕節時高不盈尺，開起花來就很好看，放在客廳裏高雅莊嚴。

聖誕紅性賤，不需肥料，每天澆一次水就長得很快。

爆竹紅

爆竹紅是花紅似火，和榴花一般鮮艷，花形如爆竹，這大概就是它得名的由來。

爆竹紅開花最多，一年四季都開，水越澆得多花越開得好。它和聖誕紅一樣賤，插枝，或用花籽都可栽培，不需澆水，不怕水多，這是一種極賤而又好看的花。不必像對付玫瑰、蘭花、茶花那樣小心。不過它怕大太陽，但即使看着晒死了，只要一澆水，放在外面一露，很快就活了，懶人可以栽聖誕紅和爆竹紅，花好，又不必多管也。

×　　×　　×

愛花的人不是惡人。愛花的人不會作懷事，即使對女人亦如對花一樣，不會摧殘。平凡中有至理，世風日下，不妨培養愛花弄花的興趣。

原載中國時報

香爐贅語

來臺灣二十多年，清明節沒有掃過墓，中元節沒有燒過包袱，家裏沒有祖宗牌位，彷彿自己不是中國人。而每逢這些節日，內心的隱痛，實莫可言宣。黑旋風李逵，看見別人回家去接父母，自己不能去，也會暴跳如雷地說：

「這個也回去接爺，那個也回去接娘，難道咱是土裏蹦出來的？」

雖是粗人粗語，難掩一片孝心。飲水思源，人總不能忘本。愼終追遠，是人倫大道，野蠻民族自不足以語此。而這二十多年來，我們這一代自大陸渡海來臺的中年人，幾乎都作了不孝子孫，更沒有爲下一代立下一個好榜樣。

清明掃墓，正是桃紅柳綠，草長鶯飛時節。打從騎在父兄叔伯的頸子上起，直到抗戰時流亡在外之前，我沒有一年不跟着大伙兒上祖宗廬墓祭掃。記得我家有一處高祖以上的遠祖墳墓，北臨長江，東近鄱陽湖口，山明水秀，站在墓地上望孤山（俗稱鞋山）、石鐘山，近在咫尺。孤山青葱翠綠如畫，鄱陽湖水清可見底，而石鐘山靠近鄱陽湖口這邊的水色碧綠，靠近長江那邊的水則是一片混黃，分得清清楚楚。孤山之美，美在青翠，美在周圍的水如秋夜藍天，美在環山白帆點點，美在山上廟宇若隱若現。即使是丹青妙手，也不能巧奪天工。我祖父母的墳墓也是北依長江，南望廬山，前面幾十公尺處就是一個小湖，也是湖水共藍天一色。周圍都是松樹，亦是個風景如畫的好地方。加之這時田裏的油菜花一片金黃，透着一股清香，家家院落裏都栽有紅杏。所以每年清明掃墓，我總要連跑兩天，一則祭祖，二則欣賞這一片大好春光。

中元節寫包袱更是我一個人包辦。我家有個藍布面的小摺子，像記流水賬樣記了很多。從七八歲開始，每逢中元節，我便從頭到尾一個個寫完。不但寫，而且要將金銀錫箔摺疊成一個個元寶，將錢紙摺成四四方方的包袱，裏面塡滿元寶，再一個個包裏起來，四四方方，整整齊齊。天氣那麼熱，錢紙毛屑沾在身上又奇癢無比，這份工作，需要兩天才能完成。我不是個性如綿羊的人，竟有那份耐性，現在回想起來，也覺得有點奇。而這番辛苦，在頃刻之間就化爲灰燼，竟一點也不覺得懊惱。

祖宗牌位是家家都有的，而且是供在客廳中最高的地方。每逢初一十五，都要上香，過節過年，自然更隆重了。過年上三四尺長的大香，全家大小男女老幼都要三跪九叩。敬過祖先之後纔能吃年夜飯，不像現在這樣亂來。

臺灣沒有祖宗廬墓，所以清明節也無處祭掃，中元節也沒有燒一個包袱。由於住的地方不成格局，一直也不敢設祖宗牌位。這樣因循了二十多年，現在自己年已半百，子女都已成人，他們還不知道源在何處？一旦回到大陸，他們也不知道祖宗廬墓在什麼地方？祖父母叔伯是誰？因此我覺得不能再拖。中秋之前，買了一張上好的燙金橘紅宣紙，請同事揭兄寫了一張世系表，一張歷代祖宗之位，寫明清河郡，百忍堂，並配了一副「嘉定源流遠，潯陽歲月長」的老對聯，分別用鏡框裝了起來，在中秋那天，掛在天花板下當中的牆壁上，利用電視機作香案，臨時找到一隻黃瓷細口大肚皮的金門高粱酒瓶作香爐，第一次上香敬了祖宗，稍減內疚。

可是那隻高粱酒瓶怎麼看也不像個香爐，口太小，香灰會落在電視機上。我們家裏的香爐很大，是上好的景德鎮瓷器，莊嚴好看，香灰也不會落在外面。因此我想另外買一個。

最近中山堂某窰公司瓷器展覽，我就便參觀，想選購一隻香爐。當我蹲在地上選了一隻拿在手上審視時，突然哐啷一聲，掉在地上。我自己也不免一驚，而且莫名其妙，稍一鎮定，纔發現香爐耳在我手上，香爐身子却掉在地上，原來它們分了家，我的手指也被割破了。幾年前撞車時我都沒有破一點皮，這次拿起一隻香爐，它却自己分家，使我的小指流了不少血，眞令人啼笑皆非。旁邊的人都驚奇地望着我，老板伙計却沒有一個敢作聲。我明知道這種瓷器太差，但我還是花了五十塊錢買了一隻香爐。

故鄉是瓷器出口市場，整條大街和濱江路都是瓷器。像香爐這種瓷器只能算是粗瓷，眞正的細瓷薄如鷄蛋殼，透明，上面的山水人物花鳥，亦無一不工，無論是茶壺、茶杯，決不會拎起耳把就分家的。在景德鎭我也住過一年，看過不少大窰，火候如何？窰師一眼就可斷定。繪畫、上釉，同樣專精。出窰的貨，沒有不好的，運到我家鄉出口的，更是上品。

買個香爐，感慨萬千，我們這一代人眞是猪八戒照鏡子，兩面都不是人。

原載中央日報中央副刊

對聯

中國文學作品用字精鍊者無過於詩詞；而對聯又脫胎於律詩的中間兩聯，其用字之精鍊準確，更嘆爲觀止。從前讀書人無不長於此道，而現代的知識份子，十之八九不能，尤其是年輕的一代，別說自己作對聯，卽使是現成的對聯，甚至連上下聯也分不出來，這在三十年前是一大笑話，但是在今天却習以爲常。欲談文化復興，應注意及此。

今年我在東吳大學執教，教的是外文系二年級B班的中文。開學之前，中文系教授有一次集會，大家一致認爲有很多畢業生，連寫信的稱謂，提稱語，啓事前後的敬辭，末尾請安語，往往弄錯，使人啼笑皆非，因此主張二年級應加强應用文教學，而教材又趕編不及，除先教昭明文選中的孔文舉論盛孝章書及曹子建與楊德祖書兩篇外，另由各教授先自編一個月的應用文教材應急。我所選編教材中除書牘公文等外，尚有對聯一項，對聯中又包括壽聯、挽聯、春聯等，且多偏重於性靈之作。如鄭板橋六十自壽聯：

常如作客何問康寧但使囊有餘錢甕有餘釀釜有餘糧取數頁賞心舊紙放浪吟哦興要濶皮要頑
五官靈動勝千官過到六旬猶少

定欲成仙空生煩惱衹令耳無俗聲眼無俗物胸無俗事將幾枝隨意新花縱橫穿插睡得遲起得早
一日時間似兩日算來百歲已多

這是不多見的長聯，但是才人吐屬，不同凡響，豁達典雅，兼而有之。

又如袁寒雲輓汪笑儂聯：

你本是七品令官革職原爲唱捉放

此去有三堂會審問君可敢罵閻羅

此聯貼切瀟洒之至。名士才氣縱橫，名伶亦永垂不朽。

又小鳳仙挽蔡松坡聯，也是難得一見的傑作：

萬里南天鵬翼直上扶搖那堪憂患餘生萍水姻緣成一夢

幾年北地胭脂自悲淪落贏得英雄知己桃花顏色亦千秋

春聯方面，如袁世凱任直督時之幕客方地山，信手所答覆袁之聯語，亦絕妙佳作。

出有車食有魚當代孟嘗能容我

裘未敝金未盡今年季子不還家

從這些對聯當中，我們可以看出，沒有一個字浪費，亦無一字不妥貼，而其所表現的意義，又十分完整，其用字之少，則爲任何文體所不及。

可是現在的青年人很少受過這種訓練，亦無這種文學修養。我雖然教過他們作詩的平仄歌訣，作對聯的要領，並且舉過很多對聯以及律詩的例子說明，到底時間太少，他們平時沒有受過這種薰陶，所以要他們練習作時，竟笑話百出，而這又是我始料不及的，原來我以爲大學二年級的學生，對舊文學應該多少有所涉獵，尤其是學文學的學生，但是大謬不然！全班五十七位學生，還有兩位選課學生，一位是政治系三年級的，一位是經濟系四年級的。其中只有兩位二年級生作得還像對聯，其餘五十五位，作的完全不是那回事。上下聯分不出來，平仄大錯特錯，更不會虛實相對，甚至上下聯毫不相關，既非文言，亦非白話。如其中一位的習作是：

龍騰虎躍了不得
鷄飛狗跳不得了

當我把這一聯抄在黑板講評時，他們自己也大笑不止。其實比這一聯更差更可笑的還多的是，有些眞的「不忍卒讀。」其實這一聯如果去掉兩邊下面三個字，文字稍一調整，變爲四言對聯，就很工穩，平仄也很協調。如：

龍騰虎躍
狗跳鷄飛

但是他們所受的訓練與薰陶太少，自己辦不到。因此一般教授認爲現在大學生的國文程度太差。但是不能完全責怪學生，只要多給他們一點時間，循循善誘，是會有進步的。我認爲他們的潛力不差，文學創作天才也有，只是需要教授細心指導。

對聯屬於應用文的範疇，從前很受重視。我們民間習俗，每逢農曆新年，家家戶戶都要張貼對聯，以示慶賀，或誌哀思等等。此種對聯，名爲春聯。

春聯之風行明朝最盛，大概是由於明太祖提倡的關係。相傳至今不衰，文化局且曾公開徵求春聯，印發參考應用，只是一般人家往往將上下聯貼錯。在從前來講，是一件相當丟人的事。那些沒有讀書的人家，爲了怕丟人，不但春聯要請讀書先生寫，也要請讀書先生指導他們貼。幼年時我在家鄉就充任過這一角色。

那時我纔十歲左右，但四書、詩經、左傳等已經讀完，而且背得滾瓜爛熟。啓蒙書人之初、百家姓、龍文鞭影等更不在話下。大字鍊得不算壞，因此老師應酬不了的就由我代筆，很多人家（多半是本家）爲了找孩子寫比找大人寫方便，而且不須送禮物，甚至連一句多謝也不必講，因此過小年之後，除夕之前的這一段時間，我特別忙碌，也顯得「重要」起來。大陸天氣不比臺灣，那時眞滴水成冰，磨墨寫字是一件十分艱苦的事，難怪老師要端架子，我人小自然「端」不起來，（一直到現在我還沒有學會「端」。）因此來者不拒，兩手就凍成賁熟的蝦子。

　　那時我還不會自撰對聯，但是記得很多現成的對聯，而且知道用在什麼地方。春聯分大門、後門、中堂、厨房、臥室，而且還有些横條相配，甚至牛欄猪圈也有對聯。如果記得不多是不能應付的。此外還有嫁女兒娶媳婦之分，喪家春聯要用藍紙，聯語也不相同。如果把「白梅含笑意，綠柳動哀情」這種對聯寫在紅紙上，貼在喜慶之家，那是一件不得了的事，不但人家不依，而且會騰笑鄉里，丢祖宗八代的人。

　　寫春聯確是一件苦差事，自己磨墨自己寫尤其苦，因爲筆墨隨時都會凍住，硯台要放在銅脚爐上，筆也要隨寫隨烘，麻煩得很。手指又凍得皮膚皸裂，不聽指揮。可是看到家家戶戶貼着自己寫的紅紙春聯時，一種甜甜的味道自然湧上心頭，又在鑼鼓聲中高興地和別的孩子踢毽子，打雪仗去了。

原載「中華文藝」

後記

這是我的第三十部拙作，也是唯一的小說散文合集。

「斷腸人」是我很歡喜的一個短篇小說，也是唯一的歷史小說。朱淑眞是一代詩詞大家，與李易安相互輝映。惜才高命薄，所適非人。數百年後，讀其作品，仍然扣人心弦，爲之扼腕太息不已。可惜資料不夠，不然我眞想把它寫成長篇。這個短篇原載「今日世界」，這之後直到現在我沒有再寫過短篇。本來我想把它編入「墨人自選集」短篇小說部份，一因所選短篇小說字數太多，二因「六十年小說選」把它選了進去，不得已只好放棄。這次彭品光兄和馮愛羣先生約稿，我覺得再沒有什麼餘稿可以出書，但是盛情難却，只好東翻西找，想不到居然找到不少零星剪稿，斟酌取捨之後，還有十來萬字，我就把這篇「斷腸人」編了進來，並以它作爲書名。

「薇薇」、「相見歡」這兩個短篇小說也是抒情之作，凡是這類拙作，我都有點偏愛。但是這兩篇小說在我以前出版小說集時却沒有找到，時間一久，也就忘了，這次在舊紙堆中找出來重讀，猶有餘味，我便像破落戶子弟賣瓦片兒，把它們湊個數兒。「恩怨」原載於大約十年前的一個短命刊物「華燈」創刊號，當時不知怎樣沒有保留，事隔多年，也就忘了曾經寫過這麼一篇小說，不久前偶爾在孫如陵先生主編的「中國文選」上看到它，我便買了一本，這次恰好派上用場。

年齡大了，寫得久了，自然會有老子那種「生而不有，爲而不恃」之感。如果不是碍於人情，這本書的絕大部份稿子不久之後可能和爛報紙舊雜誌一起燒掉。人生本如朝露，現在這個世界又變化得特別快，一切都是過眼烟雲。這本書也不過是我生命中的一縷輕烟，一片微雲而已。

墨人

六十一年十一月十一日台北

（一九七二）

二〇〇七年重讀重校

三月二十日

墨人博士著作書目（校正版）

書目	類別	出版者	出版時間
一、自由的火焰 ｝與《山之禮讚》合併	詩集	自印（左營）	民國三十九年（一九五〇）
二、哀祖國 ｝易名《墨人新詩集》	詩集	大江出版社（臺北）	民國四十一年（一九五二）
三、最後的選擇	短篇小說	百成書店（高雄）	民國四十二年（一九五三）
四、閃爍的星辰	長篇小說	大業書店（高雄）	民國四十二年（一九五三）
五、黑森林	長篇小說	香港亞洲社	民國四十四年（一九五五）
六、魔障	長篇小說	暢流半月刊（臺北）	民國四十七年（一九五八）
七、孤島長虹（全集中易名爲富國島）	長篇小說	文壇社（臺北）	民國四十八年（一九五九）
八、古樹春藤	中篇小說	九龍東方社	民國五十一年（一九六二）
九、花嫁	短篇小說	九龍東方社	民國五十三年（一九六四）
一〇、水仙花	短篇小說	長城出版社（高雄）	民國五十三年（一九六四）
一一、白夢蘭	短篇小說	長城出版社（高雄）	民國五十三年（一九六四）
一二、颱風之夜	短篇小說	長城出版社（高雄）	民國五十三年（一九六四）

一三、白雪青山　長篇小說　長城出版社（高雄）　民國五十四年（一九六五）

一四、春梅小史　長篇小說　長城出版社（高雄）　民國五十四年（一九六五）

一五、洛陽花似錦　長篇小說　長城出版社（高雄）　民國五十四年（一九六五）

一六、東風無力百花殘　長篇小說　長城出版社（高雄）　民國五十四年（一九六五）

一七、合家歡　長篇小說　臺灣省新聞處（臺中）　民國五十四年（一九六五）

一八、紅樓夢的寫作技巧　文學理論　臺灣商務印書館（臺北）　民國五十五年（一九六六）

一九、塞外　短篇小說　臺灣商務印書館（臺北）　民國五十五年（一九六六）

二〇、碎心記　長篇小說　小說創作社（臺北）　民國五十六年（一九六七）

二一、靈姑　長篇小說　小說創作社（臺北）　民國五十七年（一九六八）

二二、鱗爪集　散　文　水牛出版社（臺北）　民國五十七年（一九六八）

二三、青雲路　短篇小說　臺灣商務印書館（臺北）　民國五十八年（一九六九）

二四、變性記　短篇小說　臺灣商務印書館（臺北）　民國五十八年（一九六九）

二五、龍鳳傳　長篇小說　幼獅書店（臺北）　民國五十九年（一九七〇）

二六、火樹銀花　長篇小說　立志出版社（臺北）　民國五十九年（一九七〇）

二七、浮生集　散　文　聞道出版社（臺南）　民國六十一年（一九七二）

二八、墨人詩選　詩　集　臺灣中華書局（臺北）　民國六十一年（一九七二）

二九、鳳凰谷　長篇小說　臺灣中華書局（臺北）　民國六十一年（一九七二）

三〇、墨人短篇小說選	短篇小說	臺灣中華書局（臺北）	民國六十一年（一九七二）
三一、斷腸人	短篇小說	臺灣學生書局（臺北）	民國六十一年（一九七二）
三二、詩人革命家胡漢民傳	傳記小說	近代中國社（臺北）	民國六十七年（一九七八）
三三、心猿	長篇小說	學人文化公司（臺北）	民國六十八年（一九七九）
三四、山之禮讚	詩　　集	秋水詩刊（臺北）	民國六十九年（一九八〇）
三五、心在山林	散　　文	中華日報社（臺北）	民國六十九年（一九八〇）
三六、墨人散文集	散　　文	學人文化公司（臺中）	民國六十九年（一九八〇）
三七、山中人語	散　　文	臺灣商務印書館（臺北）	民國七十二年（一九八三）
三八、花市	散　　文	江山出版社（臺北）	民國七十四年（一九八五）
三九、三更燈火五更雞	散　　文	江山出版社（臺北）	民國七十四年（一九八五）
四〇、墨人絕律詩集	詩　　集	臺灣商務印書館（臺北）	民國七十六年（一九八七）
四一、全唐詩尋幽探微	文學理論	臺灣商務印書館（臺北）	民國七十六年（一九八七）
四二、第二春	短篇小說	采風出版社（臺北）	民國七十七年（一九八八）
四三、全唐宋詞尋幽探微	文學理論	臺灣商務印書館（臺北）	民國七十八年（一九八九）
四四、小園昨夜又東風	散　　文	黎明文化公司（臺北）	民國八　十年（一九九一）
四五、紅塵（上、中、下三卷）	長篇小說	臺灣新生報社（臺北）	民國八　十年（一九九一）
四六、大陸文學之旅	散　　文	文史哲出版社（臺北）	民國八十一年（一九九二）

四七、紅塵續集　長篇小說　臺灣新生報社（臺北）　民國八十二年（一九九三）
四八、墨人半世紀詩選　詩　選　文史哲出版社（臺北）　民國八十四年（一九九五）
四九、張本紅樓夢（上下兩巨冊）　修訂批註　湖南出版社（長沙）　民國八十五年（一九九六）
五〇、紅塵心語　散　文　圓明出版社（臺北）　民國八十五年（一九九六）
五一、年年作客伴寒窗　散　文　中天出版社（臺北）　民國八十六年（一九九七）
五二、全宋詩尋幽探微　文學理論　文史哲出版社（臺北）　民國八十九年（二〇〇〇）
五三、墨人詩詞詩話　詩詞・理論　詩藝文出版社（臺北）　民國八十九年（二〇〇〇）
五四、娑婆世界（定本）　長篇小說　昭明出版社（臺北）　民國八十八年（一九九九）
五五、白雪青山（定本）　長篇小說　昭明出版社（臺北）　民國八十九年（二〇〇〇）
五六、滾滾長江（定本）　長篇小說　昭明出版社（臺北）　民國八十九年（二〇〇〇）
五七、春梅小史（定本）　長篇小說　昭明出版社（臺北）　民國八十九年（二〇〇〇）
五八、紫燕（定本）　長篇小說　昭明出版社（臺北）　民國九　十年（二〇〇一）
五九、紅樓夢的寫作技巧（定本）　文學理論　昭明出版社（臺北）　民國九　十年（二〇〇一）
六〇、紅塵六卷（定本）　長篇小說　昭明出版社（臺北）　民國九　十年（二〇〇一）
六一、紅塵法文本　巴黎友豐（you fonq）書局出版　二〇〇四年初版

附註：

▲北京中國文聯出版社　二〇〇三年出版　大陸教授羅龍炎・王雅清合著《紅塵》論專書

▲臺北市昭明出版社出版墨人一系列代表作，長篇小說《娑婆世界》、一百九十多萬字的空前大長篇《紅塵》（中法文本共出五版）暨《白雪青山》（兩岸共出六版）、《滾滾長紅》、《春梅小史》、《紫燕》，短篇小說集、文學理論《紅樓夢的寫作技巧》（兩岸共出十四版）等書。臺灣中華書局出版的《墨人自選集》共五大冊，收入長篇小說《白雪青山》、《靈姑》、《鳳凰谷》、《江水悠悠》（爲《東風無力百花殘》易名）、《短篇小說・詩選》合集。《哀祖國》及《合家歡》皆由高雄大業書店再版。臺北詩藝文出版社出版的《墨人詩詞詩話》創作理論兼備，爲「五四」以來詩人、作家所未有者。

▲臺灣商務印書館於民國七十三年七月出版先留英後留美哲學博士程石泉、宋瑞等數十人的評論專集《論墨人及其作品》上、下兩冊。

▲《白雪青山》於民國七十八年（一九八九）由臺北大地出版社第三版。

▲臺北中國詩歌藝術學會於一九九五年五月出版《十三家論文》論《墨人半世紀詩選》。

▲《紅塵》於民國七十九年（一九九〇）五月由大陸黃河文化出版社出版前五十四章（香港登記，深圳市印行）。大陸因未有書號未公開發行僅供墨人「大陸文學之旅」時與會作家座談時參考。

▲北京中國文聯出版公司於一九九二年十二月出版長篇小說《春梅小史》（易名《也無風雨也無晴》）；一九九三年四月出版《紅樓夢的寫作技巧》。

▲北京中國社會科學出版社於一九九四年出版散文集《浮生小趣》。

▲北京群眾出版社於一九九五年一月出版散文集《小園昨夜又東風》；一九九五年十月京華出版社出

版長篇小說《白雪青山》大陸版，第一版三千冊，一九九七年八月再版一萬冊。

▲長沙湖南出版社於一九九六年一月初出版墨人費時十多年精心修訂批註的《張本紅樓夢》，分上下兩大冊精裝一萬一千套。立即銷完、因未經墨人親校，難免疏失，墨人未同意再版。

Mo Jen's Works

1950 *The Flames of Freedom*（poems）《自由的火焰》

1952 *Lament for My Mother Country*（poems）《哀祖國》

1953 *Glittering Stars*（novel）《閃爍的星辰》

The Last Choice（short stories）《最後的選擇》

1955 *Black Forest*（novel）《黑森林》

The Hindrance（novel）《魔障》

The Rainbow and An Isolated Island（novel）《孤島長虹》（全集中易名為富國島）

1963 *The spring lvy and Old Tree*（novelette）《古樹春藤》

1964 *Narcissus*（novelette）《水仙花》

A Typhonic Night（novelette）《颱風之夜》

Ms.Pei Mong-lan（novelette）《白夢蘭》
The Joy of the Whole Family（novel）《合家歡》
Flower Marriage（novelette）《花嫁》
1965 *White Snow and Green Mountain*（novel）《白雪青山》
The Short Story of Miss Chung Mei（novel）《春梅小史》
The Powerless Spring Breeze and Faded Flowers（novel）《東風無力百花殘》（《江水悠悠》）
Flower Blossom in Loyang（novel）《洛陽花似錦》
1966 *The Writing Technique of the Dream of Red Chamber*（literature theory）《紅樓夢的寫作技巧》
Out of The Wild Frontier（novelette）《塞外》
1967 *A Heart-broken Story*（novel）《碎心記》
1968 *Miss Clever*（novel）《靈姑》
Trifle（prose）《鱗爪集》
1969 *The Road to Promotion*（novelette）《青雲路》
1970 *A Sex-change Story*（novelette）《變性記》
The Biography of the Dragon and the Phoenix（novel）《龍鳳傳》
1971 *A Brilliantly lighted Garden*（novel）《火樹銀花》
1972 *My Floating Life*（prose）《浮生記》

Selection of Mo Jen's Poems《墨人詩選》
A Heart-broken Woman（novelette）《斷腸人》
Phoenix Valley（novel）《鳳凰谷》
Mo Jen's Works（five volumes）《墨人自選集》
Selection of Mo Jen's short stores《墨人短篇小說選》
1978 *Hu Han-ming, the Poet and Revolutionist*（novel）《詩人革命家胡漢民》
1979 *The Mokey in the Heart*（i.e. The Purple Swallow renamed）《心猿》
1980 *The Hermit*（prose）《心在山林》
A Collection of Mo Jen's Prose（prose）《墨人散文集》
A Praise to Mountains（poems）《山之禮讚》
1983 *Mountaineer's Remarks*（prose）《山中人語》
1985 *My Candle Burns at Both Ends*（prose）《三更燈火五更雞》
Flower Market（prose）《花市》
1986 *A Mundane World*（novel, four volumes, over 1.9 million words）《紅塵》
1987 *Remarks on All Poems of the Tang Dynasty*（theory）《全唐詩尋幽探微》
1988 *Remarks On All Tsyr*（prose poem）*of the Tang and Sung Dynasties*（theory）《全唐宋詞尋幽探微》
1991 *The Breeze That Came From The East Last Night in My Little garden Again*（prose）《小園昨夜又東風》

1992 *Travel for Literature in Mainland China*（prose）《大陸文學之旅》

1995 *Selection of Mo Jen's Poems, 1992-1994*《墨人半世紀詩選》

1996 *I'll look upon the World*《紅塵心語》

Chang Edition of the Dream of Red Chamber《張本紅樓夢》（修訂批註）

1997 *Cherish thy guests and the Muses*《年年作伴寒窗》

1999 *Saha Shih Gai*《娑婆世界》

1999 *Remarks on All Poems of the sung Dynasties*《全宋詩尋幽探尋》

1999 *Mo Jen's Classical Poems and Prose Poems*《墨人詩詞詩話》

2004 *Poussiere Rouge*《紅塵》法文譯本

墨人博士創作年表（二〇〇五年增訂）

年度	年齡	發表出版作品及重要文學紀錄摘要
民國二十八年己卯（一九三九）	十九歲	在東南戰區《前線日報》發表〈臨川新貌〉。淪陷區著名的上海《大美晚報》隨即轉載。
民國二十九年庚辰（一九四〇）	二十歲	在《前線日報》發表〈希望〉、〈路〉等新詩作品。
民國三十年辛巳（一九四一）	二十一歲	在《前線日報》發表〈評夏伯陽〉書評等文。
民國三十一年壬午（一九四二）	二十二歲	在各大報發表〈苦難的行列〉、〈贛州禮讚〉（長詩）、〈老船夫〉、〈盲歌者〉、〈自己的輓歌〉、〈抹去那怯弱的眼淚吧〉、〈生命之歌〉、〈快割鳥〉、〈鷂鷹與雲雀〉等詩及散文多篇。
民國三十二年癸未（一九四三）	二十三歲	在各大報發表長詩〈鋤奸隊長〉、〈搜索連長〉、〈遙寄〉、〈寫在第七個七七〉、〈父親〉、〈受難的女神〉、〈城市的夜〉及〈火把〉、〈擊柝者〉、〈橋〉、〈古鐘〉、〈汽笛〉、〈山居〉、〈沙灘〉、〈夜行者〉、〈孤芳〉、〈蚊蟲〉、〈蒼蠅〉、〈園圃〉、〈陽光〉、〈深秋〉、〈贈某詩人兼寫自己〉、〈哀亡命詩人〉、〈自供〉、〈白屋詩抄〉、〈哀歌〉、〈生活〉、〈給偶像崇拜者〉、〈戰書〉、〈燈下獨白〉、〈夜歸〉、〈失眠之夜〉、〈悼〉、〈殘英〉、〈黃昏曲〉、〈補綴〉、〈復活的季節〉、〈擬戀歌〉、〈晨雀〉、〈春耕〉、〈天空的搏鬥〉等長短抒情詩。另發表散文及短篇小說多篇。

民國三十三年甲申（一九三九）	二十四歲	發表〈山城草〉五首及〈沒有褲子穿的女人〉、〈襤褸的孩子〉、〈駝鈴〉、〈無聲的哭泣〉、〈長夜草〉、〈春夜〉、〈擬某女演員〉、〈蛙聲〉、〈麥笛〉等詩及散文多篇。
民國三十四年乙酉（一九四五）	二十五歲	發表〈最後的勝利〉及〈煉獄裏的聲音〉、〈神女〉、〈問〉等長詩與散文多篇。
民國三十五年丙戌（一九四六）	二十六歲	發表〈夢〉、〈春天不在這裡〉等詩及散文多篇。
民國三十六年丁亥（一九四七）	二十七歲	發表〈冬天的歌〉、〈流浪者之歌〉、〈手杖、煙斗〉及長詩〈上海抒情〉等與散文多篇。
民國三十七年戊子（一九四八）	二十八歲	主編軍中雜誌、撰寫時論，均不署名。
民國三十八年己丑（一九四九）	二十九歲	七月渡海抵臺，發表〈呈獻〉、〈滿妹〉，及長詩〈自由的火燄〉、〈人類的宣言〉等及散文多篇。
民國三十九年庚寅（一九五〇）	三十歲	發表〈站起來，捏死他！〉、〈滾出去，馬立克！〉、〈英國人〉、〈海洋頌〉等詩。出版《自由的火燄》詩集。
民國四十年辛卯（一九五一）	三十一歲	發表〈春晨獨步〉、〈炫與殉〉、〈悼三閭大夫屈原〉、〈詩聯隊〉、〈心靈之歌〉、〈子夜獨唱〉、〈真理、愛情〉、〈友情的花朵、〈啊，西風啊！〉、〈歲暮吟〉、〈師生〉、〈往事〉、〈天書〉、〈歷程〉、〈雨天〉、〈火車飛馳在海岸線上〉、〈帶路者〉、〈送第一艦隊出征〉等詩，及〈哀祖國〉長詩。
民國四十一年壬辰（一九五二）	三十二歲	發表〈未完成的想像〉、〈廊上吟〉、〈窗下吟〉、〈白髮吟〉、〈秋夜輕吟〉、〈秋訊〉、〈渴念，追求〉、〈寂寞、孤獨〉、〈冬眠〉、〈我想把你忘記〉、〈想念〉、〈成人的悲歌〉、〈訴〉、〈詩人〉、〈詩〉、〈貝絲〉、「春天的懷念」五首，〈和風〉、〈夜雨〉、〈臺灣海峽的霧〉等及散文、短篇小說多篇。 出版《哀祖國》詩集。

民國四十二年癸巳（一九五三）	三十三歲	發表〈寄台北詩人〉等詩及散文短篇小說多篇。高雄百成書店出版短篇小說集《最後的選擇，收入〈華玲〉、〈生死戀〉、〈梅蘭馨〉、〈敵人的故事〉、〈最後的選擇》、〈蔣復成〉、〈姚醫生〉等七篇。大業書店出版長篇小說《閃爍的星晨》一、二兩冊。
民國四十三年甲午（一九五四）	三十四歲	發表〈雪萊〉、〈海鷗〉、〈鳳凰木〉、〈流螢〉、〈鵝鑾鼻〉、〈海邊的城〉、〈長夏小唱〉及散文、短篇小說多篇。
民國四十四年乙未（一九五五）	三十五歲	發表〈雲〉、〈F-86〉、〈題 GK〉等詩及散文、短篇小說多篇。香港亞洲出版社出版長篇小說《黑森林》，並獲中華文獎會國父誕辰長篇小說第二獎（第一獎從缺）。
民國四十五年丙申（一九五六）	三十六歲	發表〈四月〉等詩及散文、短篇小說多篇。
民國四十六年丁酉（一九五七）	三十七歲	發表〈月亮〉、〈九月之旅〉、〈雨和花〉等詩及長篇小說《魔障》。
民國四十七年戊戌（一九五八）	三十八歲	暢流半月刊雜誌社出版長篇連載小說《魔障》。
民國四十八年己亥（一九五九）	三十九歲	發表短篇小說、散文多篇。文壇雜誌社出版長篇小說《孤島長虹》（全集中易名爲《富國島》）。
民國四十九年庚子（一九六〇）	四十歲	發表〈橫貫小唱〉等詩及散文、短篇小說多篇。
民國五十年辛丑（一九六一）	四十一歲	發表〈熱帶魚〉、〈豎琴〉、〈水仙〉等詩及短篇小說甚多。奧國維也納富出版公司編選的《世界最佳小說選》選入短篇說〈馬腳〉，同時入選者有諾貝爾文學獎得主威廉福克納、拉革克菲斯特等世界各國名作家作品。

民國五十一年壬寅（一九六二）	四十二歲	發表〈青鳥〉、〈兩腳獸〉、〈晚會〉、〈祈禱〉等詩及短篇小說甚多。奧國維也納納富出版公司又將短篇小說《小黃》（以江州司馬筆名撰寫者）選入《世界最佳小說選》，同時入選者有諾貝爾獎得主蕭洛霍夫，郭沫若及世界各國名作家作品。
民國五十二年癸卯（一九六三）	四十三歲	香港九龍東方文學出版社出版中篇小說《古樹春藤》。發表短篇小說、散文甚多。
民國五十三年甲辰（一九六四）	四十四歲	香港九龍東方文學社出版短篇小說集《花嫁》，收入〈教師爺〉、〈劉二爹〉、〈二媽〉、〈異鄉人〉、〈花嫁〉、〈扶桑花〉、〈南海屠鮫〉、〈高山曲〉、〈古寺心聲〉、〈誘惑〉、〈隱情〉、〈美珠〉、〈新苗〉、〈心聲淚影〉等十四篇。 高雄長城出版社出版中短篇小說集《水仙花》，收入〈水仙花〉、〈銀杏表嫂〉、〈圓房記〉、〈江湖兒女〉、〈天鵝〉、〈賭徒〉、〈搶親〉、〈黃龍〉、〈風雪歸人〉、〈花子老趙〉、〈景雲寺的居士〉、〈人與樹〉、〈過客〉、〈阿婆〉、〈馬腳〉、〈小黃〉等十六篇。 高雄長城出版社出版中短篇小說集《白夢蘭》。收入〈情敵〉、〈空手〉、〈師生〉、〈斷夢〉、〈黃昏曲〉、〈白夢蘭〉、〈平安夜〉、〈凱塞琳、萊蒙托夫與我〉、〈陽春白雪〉、〈亂世佳人〉、〈傷心之旅〉、〈白衣清淚〉、〈護士與病人〉、〈如夢記〉、〈除夕〉等十五篇。 高雄長城出版社出版《中華日報》連載的二十五萬字長篇小說《白雪青山》。 發表短篇小說、散文甚多。
民國五十四年乙巳（一九六五）	四十五歲	高雄長城出版社出版連載長篇小說《洛陽花似錦》、《春梅小史》、《東風無力百花殘》三部。 發表短篇小說、散文甚多。 省政府新聞處出版長篇小說《合家歡》。
民國五十五年丙午（一九六六）	四十六歲	是年五月赴馬尼拉華僑文教講習會講授「紅樓夢的寫作技巧」及新詩課程一個月。 商務印書館出版文學理論專著《紅樓夢的寫作技巧》，全書共十五萬字。 商務印書館出版中短篇小說集《塞外》。收入〈塞外〉、〈鬍子〉、〈百合花〉、〈天山風雲〉、〈白金龍〉、〈白狼〉、〈秋圃紫鵑〉、〈曹萬秋的衣缽〉、〈半路夫妻〉、〈百鳥聲喧〉、〈風竹與野馬〉、〈美人計〉、〈夜襲〉、〈花燭劫〉等十四篇。

民國五十六年丁未（一九六七）	四十七歲	發表短篇小說、散文甚多。小說創作社出版連載長篇小說《碎心記》。
民國五十七年戊申（一九六八）	四十八歲	小說創作社出版《中華日報》連載長篇小說《靈姑》。水牛出版社出版散文集《鱗爪集》，收入〈家鄉的魚〉、〈家鄉的鳥〉、〈雪天的懷念〉、〈秋山紅葉〉、〈學問與創作之間〉等散文七十六篇、舊詩三首。
民國五十八年己酉（一九六九）	四十九歲	商務印書館出版中短篇小說集《青雲路》。收入〈世家子弟〉、〈青雲路〉、〈空棺記〉、〈久香〉等四篇。
民國五十九年庚戌（一九七〇）	五十歲	商務印書館出版中短篇小說集《變性記》。收入〈變性記〉、〈嬌客〉、〈歲寒圖〉、〈泥龍〉、〈祖孫父子〉、〈秋風落葉〉、〈老夫老妻〉、〈恩愛夫妻〉、〈布販與偷雞賊〉、〈芳鄰〉、〈沙漠王子〉、〈沙漠之狼〉、〈世界通先生〉、〈寶珠的祕密〉、〈奇緣〉等十五篇。幼獅文化事業公司出版長篇小說《龍鳳傳》。臺北立志出版社出版長篇《火樹銀花》出版全集時易名《同是天涯淪落人》。
民國六十年辛亥（一九七一）	五十一歲	立志出版社出版長篇小說《火樹銀花》。發表散文多篇及在高雄《新聞報》連載長篇小說《紫燕》。
民國六十一年壬子（一九七二）	五十二歲	聞道出版社出版散文集《浮生集》。收入〈文藝的危機〉、〈貝克特高風〉、〈五十年華〉等散文十三篇，舊詩六首。學生書局出版短篇小說散文合集《斷腸人》。收入短篇小說〈斷腸人〉、〈薇薇〉、〈相見歡〉、〈滄桑記〉、〈恩怨〉、〈夜宴〉等七篇及散文〈文學系與文學創作〉、〈大學國文教學我見〉、〈作家之死〉等十五篇。　中華書局出版《墨人自選集》五大冊。包括長篇小說《白雪青山》、《靈姑》、《鳳凰谷》、《江水悠悠》（《東風無力百花殘》易名）及《短篇小說、詩選》（精選短篇小說二十八篇，抒情詩一〇六首），共一百五十萬字。
民國六十二年癸丑（一九七三）	五十三歲	發表散文多篇。列入英國劍橋國際傳記中心（International Biographical Centre Cambridge England）出版的《國際詩人名錄》（*International Who's Who in Poetry. 1973*）。

民國六十三年甲寅（一九七四）	五十四歲	出席第二屆世界詩人大會。發表散文多篇。
民國六十四年乙卯（一九七五）	五十五歲	列入正中書局出版的《中華民國文藝史》（1975）。發表〈臺北的黃昏〉新詩一首及散文多篇。
民國六十五年丙辰（一九七六）	五十六歲	列入英國劍橋國際傳記中心出版的 *Men of Achievement. 1976* 發表〈歷史的會晤〉新詩及散文、短篇小說多篇。
民國六十六年丁巳（一九七七）	五十七歲	應 I.B.C 邀請於三月間赴義大利翡冷翠出席國際文藝交流大會（The 3rd I.B.C. International Congress on Arts and Communications）。會後環遊世界。發表〈羅馬之雲〉、〈羅馬之松〉、〈翡冷翠的女郎〉、〈翡冷翠之柳〉、〈塞納河〉等詩及羅馬掠影」、〈單城記〉、〈威尼斯之旅〉、〈藝術之都翡冷翠〉、〈西雅奈與比薩斜塔〉、〈美國行〉、〈江戶、皇宮、御苑〉、〈環球心影〉等遊記。在《中國時報》發表有關中國文化論文〈中國文化的三條根〉，在《新生報》發表〈文藝界的『洋』癲瘋〉等多篇。
民國六十七年戊午（一九七八）	五十八歲	近代中國社出版長篇傳記小說《詩人革命胡漢民傳》。列入英國劍橋國際傳記中心出版的《國際名人辭典》（*Dictionary of International Biography.1978*）。《國際知識分子名錄》(*International Who's Who of Intellectual.1978*、《國際人名剪影》 *International Register of Profiles*）、《國際社會名人錄》（*International Who's Who in Community Service*），發表〈六月之荷〉詩一首。在各報發表〈中國文化的宇宙觀〉、〈中國文化的真面目〉、〈文化、社會形態與當代文學創作（爲亞洲文學會議而作）〉、〈人與宇宙自然法則〉等。出席亞洲文學會議。　列入中華書局出版的《中華民國當代名人錄》（*Who's Who of R.O.C. 1978*）　列入行政院新聞局編印的一九七八年英文《中華民國年鑑名人錄》（*China Yearbook Who's Who*）。

民國六十八年己未（一九七九）	五十九歲	學人文化事業有限公司出版長篇小說《心猿》（《紫燕》易名）。發表短篇小說〈春〉、〈杏林之春〉、長詩〈哀吉米・卡特〉及〈山之禮讚〉五首。短篇〈客從故鄉來〉、〈人瑞〉。理論〈中國古典小說戲劇〉、〈抗戰文學的整理與再創作〉（《中央日報》）等多篇。
民國六十九年庚申（一九八〇）	六十歲	秋水詩刊社出版詩集《山之禮讚》、收集六十四年以後新詩四十四首及七言絕律詩十首。　中華日報社出版散文集《心在山林》、收集〈花甲雲中過〉、〈老當益壯〉、及抒情寫景散文數十篇。 臺中學人文化事業出 版有限公司出版《墨人散文集》收集〈文化、社會形態與當代文學創作〉、〈人與宇宙自然法則〉、〈中國文化的三條根〉、〈宇宙爲心人爲本〉、〈文藝界的『洋』瘋癲〉等理論性散文數十篇。 在《中央日報・副刊》發表〈紅樓夢研究的正確方向〉，《中華日報・副刊》發表〈人生六十樹常青〉，《青年戰士報・新文藝副刊》發表〈山中人語〉專欄文章〈山水之間〉、〈生命長短價值觀〉、〈寶刀未老〉、〈七進七出鬼門關〉、〈報人甘苦〉、〈杏壇生涯〉等。 接受《大華晚報》採訪組副主任程榕寧兩次訪問，一爲談胡漢民生平，一爲談《易經》、《道德經》、命學，並發表〈醫學命學與人生〉專文。
民國七十年辛酉（一九八一）	六十一歲	繼續撰寫《山中人語》專欄。 應臺中市《自由日報》特約撰寫《浮生小記》專欄。 應行政院新聞局邀請參觀本省農漁畜牧事業單位，並在《中央日報》發表〈人在福中〉散文。 接受臺灣廣播公司《成功之路》節目訪問，於四月廿七日晚八時半播出。 在高雄《新聞報》發表〈撥亂反正說紅樓〉（六月十七、十八日）論文。
民國七十一年壬戌（一九八二）	六十二歲	九月赴漢城出席第二屆中韓作家會議，並在東京參加中日作家會議，曾暢遊南韓、北海道、大阪至東京名勝地區，歸後撰寫〈韓國掠影〉、〈秋遊北海道〉，發表於《中央日報》。 列入中華民國名人傳記中心出版的《中華民國現代名人錄》。

		列入英國劍橋國際傳記中心出版的《傑出男女傳記》（*Men and Women of Distinction*）並附照片。 列入美國 MarQuis 公司出版的《世界名人錄》（*Who's Who in the World*）第六版。 接受義大利藝術大學授予的文學功績證書。
民國七十二年癸亥（一九八三）	六十三歲	商務印書館出版散文集《山中人語》，收集散文七十篇。
民國七十三年甲子（一九八四）	六十四歲	商務印書館出版《論墨人及其作品》上、下兩冊，包括評論文章六十餘篇。 列入義大利 Accademia Itlia 出版英、法、德、義四種文字的《國際文學史》（*The History of International Literature*）及《百科全書：當代人物（*The Encyclopadeia: Contemporary Personalities*）。 端午節（六月四日）開筆撰寫已構思準備十餘年的一百餘萬字的大長篇小說《紅塵》，年底完成初稿四十餘萬字。 十月在韓國漢城舉行的第四屆中韓作家會議，事忙未能出席，但提出一萬餘字的論文〈古典與現代〉一篇。
民國七十四年乙丑（一九八五）	六十五歲	由江山出版社出版《三更燈火五更雞》、《花市》散文集等兩本，前者收入散文，理論二十四篇，後者收入散文遊記二十七篇。 八月一日退休，專心寫作《紅塵》，於十二月底完成九十二章，告一段落，共一百二十萬字，超出《紅樓夢》十餘萬字，內有絕律詩（聯）三十一首。
民國七十五年丙寅（一九八六）	六十六歲	年初開始研讀《全唐詩》，撰寫《全唐詩尋幽探微》，十一月完成，共十二萬餘字，一面在《新聞報・西子灣》發表，並連同歷年所作絕律詩三十七首，定名爲《墨人絕律詩集》，一併交與臺灣商務印書館簽約出版。 列入美國 A.B.I.出版的 5000 Personalities of the World：英國 I.B.C.出版的 *The Intemational Authors and Writers Who's Who.*

民國七十六年丁卯（一九八七）	六十七歲	訪問考察東南亞地區、國家馬來西亞、新加坡、泰國、菲律賓、香港十七天，並出席多次座談會。 商務印書館出版《全唐詩尋幽探微》（附《墨人絕律詩集》）。 《紅塵》長篇小說於三月五日開始在（臺灣新生報）連載。 七月四、五日出席在臺北市召開的抗戰文學研討會。 八月一日出席在高雄市召開的第七屆中韓作家會議。
民國七十七年戊辰（一九八八）	六十八歲	元月二日完成《全唐宋詞尋幽探微》（附《墨人詩餘》）全書十六萬字。設於美國深受世界尊重的「國際大學基金會」（The Marguis Giuseppe Scicluna 1855-1907 Intemarional University Foundation）（Founded 1973）授予榮譽文學博士學位。
民國七十八年己巳（一九八九）	六十九歲	臺灣商務印書館出版《全唐宋詞尋幽探微》。 臺北大地出版社三版長篇小說《白雪青山》。 世界大學（World University）授予榮譽文學博士學位。
民國七十九年庚午（一九九〇）	七十歲	五月應大陸黃河文化實業公司邀請，作四十天文學之旅，與北京、上海、杭州、九江、武漢、西安、蘭州等地作家座談中華文化、文學創作，坦誠交換意見，獲得一致共識、真摯友情與尊敬，廣州電視臺並全程錄影，製作專輯播出，六月底返臺後即撰寫《大陸文學之旅》專著。 艾因斯坦國際學院基金會（Albert Einstein 1879-1955 Intemational Academy Foundation）授予榮譽人文學博士學位。 榮列英國劍橋國際傳記中心出版的 IBC Book of Dedications.占全書篇幅五頁，刊登照片五張，介紹五十年創作生涯，十分翔實，篇幅之大，爲全書冠，並禮聘爲 IBC 副總裁。
民國八十年辛未（一九九一）	七十一歲	二月底新生報出版《紅塵》，二十五開本，上、中、下三鉅冊。黎明文化事業公司出版《小園昨夜又東風》散文集。 應香港廣大學院禮聘爲中國文學研究所客座指導教授。 《紅塵》榮獲新聞局著作金鼎獎及嘉新優良著作獎。

民國八十一年壬申（一九九二）	七十二歲	文史哲出版社出版《大陸文學之旅》。 應聘香港廣大學院中研所客座指導教授。 一月五日開筆寫《紅塵續集》，自九十三章起至一百二十章止，共四十萬字，六月十日完稿，《紅塵》全書共一百九十萬字。續集自十二月一日開始在《臺灣新生報・副刊》連載近年，雙破長篇鉅著及連載紀錄。中國廣播公司《中廣小說選播》節目，亦於十二月一日十四時三十分，在AM657千赫第一廣播網開始播出長篇鉅著《紅塵》上、中、下三冊，由戴愛華小姐導播，集該公司播音精英，通力合作，龍老夫人一角由播音元老白銀飾演，其餘人物均爲一時之選，效果奇佳，前所未有。　北京「中國文聯出版公司」出版《也無風雨也無晴》。 墨人故鄉九江《師專學報》，於本年起開闢《墨人研究》專欄，與《陶淵明研究》、《黃山谷研究》，並稱三大專欄，甚受教育、學術界重視。
民國八十二年癸酉（一九九三）	七十三歲	十月下旬，偕《秋水》詩刊同仁涂靜怡、雪柔、麥穗、汪洋萍、風信子、林蔚穎等爲慶祝《秋水》創刊二十周年，訪問哈爾濱、北京、西安三大都市，與當地詩人座談交流，水乳交融，兩岸詩人因而建立深厚友誼。十一月初，隻身訪問昆明、探親，昆明作協主席曉雪、八十多歲老作家李喬、小說家張昆華、《春城晚報》副總編輯熊廷武、副刊主編原因、理論家教授余斌、作家湯世傑、李錦華等集會歡迎，其中多爲白族、彝族等少數民族作家，乃以雲南少數民族文化資源努力創作相勉，深獲共鳴。資深作家彭荊風，晚間並來下榻處暢談。 繼續應聘香港廣大學院中研所客座指導教授三年。 十二月新生報社出版《紅塵續集》，全書共四大冊，其實前後一貫，爲一整體，該報爲方便，乃以《續集》名之。一生心願心血得以完成，在輕、薄、短、小及商品文學獨占市場情況下，亦一大異數。北京「中國文聯出版公司出版《紅樓夢的寫作技巧》。

民國八十三年甲戌（一九九四）	七十四歲	一月開始研讀自北京購回的《全宋詩》，擬續寫《全宋詩尋幽探微》。 四月十一日接受臺北復興廣播電臺《名人專訪》節目主持人裴雯小姐訪問：談一生寫作歷程及大長篇《紅塵》寫作經過。 臺北《世界論壇報》副社長兼副刊主編詩人評論家周伯乃先生，特自五月三十一日起一連三天出版特刊，慶祝七十晉五誕辰暨創作五十五周年，除刊出〈小傳〉、〈七五人生一首詩〉、〈中國新詩與傳統詩詞的整合〉、〈叩開生命之門〉三篇新作外，並刊出蒙古族女詩人作家薩仁圖婭的〈墨人：屈原風骨中華魂〉，及馬來西亞霹靂州立女子中學校長，詩詞家、散文作家彭士麟女士論《紅塵》與大陸作家作品比較的書信，墨人著作校長，詩詞家、散文作家彭士麟女士論《紅塵》與大陸作家作品比較的書信，墨人著作目錄、美國兩個榮譽文學博士、一個人文學博士照片三張，《紅塵》獲獎照片一張，及周伯乃〈無限的祝禱〉文等。 八月七日，中國時報系的《工商日報・讀書版・大書坊》刊出蓓齡的《紅塵》墨人專訪文章，並配合攝影記者何日昌拍攝的墨人及《紅塵》四冊照片。 大陸廣州暨南大學中文系教授兼臺港暨海外華文文學研究中心主任、評論家潘亞暾，費時月餘撰寫《紅塵續集》論文達一萬餘字的〈偉大史詩的歸結〉，於九月二十一至二十五日在臺北市《世界論壇報・副刊》全文刊出，見解不凡，對《續集》的成功更使他大吃一驚，因此，更肯定《紅塵》的史詩價值、地位。 八月二十八日第十五屆世界詩人大會在臺北召開，僅提出〈中國新詩與傳統詩詞的整合〉論文一篇，並未出席、論文則由《中國詩刊》主編曾美霞女士代讀。
民國八十四年乙亥（一九九五）	七十五歲	一月，臺北文史哲出版社出版《墨人半世紀詩選》（一九四二—一九九四）。 一月十日應臺北廣播電臺《藝文夜話》主持人宋英小姐訪問，許導播秀玲決定十日開播《紅塵》全書四冊，每日廣播兩次。 中國詩歌藝術學會主辦、中國文藝協會協辦，於五月二十二日在臺北市中國文藝協會舉行《墨人世半紀詩選》學術研討會，與會詩人、評論家六十餘人，討論情況熱烈，並印發海峽兩岸評論家王常新、古繼堂、古遠清、李春生、楊允達、周伯乃等十三家論文專集。各家均推崇、肯定新舊詩兩方面的成就與半個多世紀的貢獻。

		英國劍橋國際傳記中心頒贈二十世紀文學傑出成就獎。 榮列一九九五年英國劍橋國際傳記中心出版的 The Definitive Book of the Deputy Directors General of the IBC.佔全書篇幅五頁，刊登照片五張，爲全書之冠。
民國八十五年丙子（一九九六）	七十六歲	臺北圓明出版社出版涵蓋儒、釋、道三家思想的散文集《紅塵心語》。卷首有珍貴的文學照片十餘張。 臺北中國詩歌藝術學會出版《十三家論文》論《墨人半世紀詩選》。
民國八十六年丁丑（一九九七）	七十七歲	臺北中天出版社出版與《紅塵心語》爲姊妹集的散文集《年年作客伴寒窗》，各篇亦均以五、七言詩作題，內中作者詩詞亦多，並附錄珍貴文學資料訪問記、特寫、著作目錄等十餘篇。出任「乾坤」詩刊顧問，並主編該刊古典詩詞。 完成《墨人詩詞詩話》、《全宋詩尋幽探微》兩書全文。
民國八十七年戊寅（一九九八）	七十八歲	構思六年的以佛學精義結合修行心得化爲文學創作的長篇小說《娑婆世界》，於三月二十八日開筆，十二月脫稿。共三十八章，五十多萬字。 英國劍橋國際傳記中心（IBC）出版《二十世紀傑出人物》以照片配合文字將墨人傳記刊卷首重要位置，並頒發獎狀。大陸中國國際經濟文化交流促進會、燕京國際文化藝術研究會等七大單位編纂出版的《世界華人文學藝術界名人錄》，中國國際交流出版社出版的《世界名人錄》，均爲十六開巨型中文本。
民國八十八年己卯（一九九九）	七十九歲	本年爲來臺五十周年，創作六十周年，中國習俗八十歲，昭明出版社出版長篇小說《娑婆世界》。 美國傳記學會（ABI）出版二十世紀《五百位有影響力的領袖》，以照片配合文字將墨人傳記刊於卷首重要位置並頒發獎狀。照片及詩詞五首編入中國《當代吟壇》巨著。　美國「世界智庫」與艾因斯坦國際學會基金會」聯合頒贈墨人傑出成就榮譽獎，以紀念千禧年，並榮列中國出版的《中華精英大全》。 美國傳記學會頒贈墨人「二十世紀成就獎」。

民國八十九年庚辰（二〇〇〇）	八十歲	臺北昭明出版社陸續出版定本長篇小說《白雪青山》、《滾滾長江》、《春梅小史》；文學理論《紅樓夢的寫作技巧》，連同民國八十八年出版的長篇小說《娑婆世界》，並列爲墨人一系列代表作品，以慶祝墨人八十整壽。臺北詩藝文出版社出版《墨人詩詞詩話》。臺北文史哲出版社出版《全宋詩尋幽探微》。
民國九十年辛巳（二〇〇一）	八十一歲	臺北昭明出版社出版長篇小說定本《紅塵》全書六冊及長篇小說《紫燕》定本。
民國九十一年壬午（二〇〇二）	八十二歲	五月三日偕長子選翰赴上海訪友小住。英國劍橋國際傳記中心授予「終身成就獎」。
民國九十二年癸未（二〇〇三）	八十三歲	八月底偕夫人及在臺子女四人經上海轉往故鄉九江市掃墓探親並遊廬山。
民國九十三年甲申（二〇〇四）	八十四歲	準備出版全集（經臺北榮民總醫院檢查無任何疾病。）巴黎 you-Feng 書局出版豪華典雅法文本《紅塵》。
民國九十四年乙酉（二〇〇五）	八十五歲	此後五年不遠行，以防交通意外，準備資料。計劃百歲前開筆撰寫新長篇小說。北京「中央出版社」出版《強國丰碑》，以著名文學家張萬熙爲題刊出墨人傳略，爲臺灣及海外華人作家唯一入選者。並先後接到北京電話、書函邀請寄送資料編入《一代名家》、《中華文化藝術名家名作世界傳播錄》。
民國九十五年丙戌（二〇〇六）至民國一百年（二〇一一）——	八十六歲至九十二歲——	重讀重校全集，已與臺北市文史哲出版社簽訂出版《墨人博士作品全集》合約，民國一百年年內可以出版。此爲「五四」以來中國大陸與臺灣所未有者。